郭氏易解

［明］郭子章／著

謝輝／點校

上海古籍出版社

郭氏易解卷一

易總論

易論一

　　泰和　　郭子章　著

大易者何也生生之謂也生生者何也易有太極是生兩儀兩儀生四象四象生八卦八卦定吉凶生大業則生生之謂也而易管是矣有天地然後萬物生焉盈天地之間惟萬物故受之以屯屯以下六十四卦以次而受故曰生生

全國高等院校古籍整理研究工作委員會項目

"法國國家圖書館藏《郭氏易解》整理"（項目編號 1408）

北京外國語大學中國文化走出去

協同創新中心 2017 年度後期資助項目

前　言

　　郭子章(1543—1618),字相奎,號青螺,一號蠦衣生,江西泰和人。明穆宗隆慶五年(1571)登進士第,官至兵部尚書、右都御史。爲官之餘頗事著述,一生著作超過七十種,而其在易學方面的代表作,即是成於晚年的《郭氏易解》。

一、《郭氏易解》的撰述與流傳

　　郭子章之治《易》,可謂有其家學淵源。據記載,郭氏之父郭元鴻年十六時,即"從劉先生基學《易》,弗解,授程正公《易傳》,乃曰:是詳於理而略於數。私披《焦氏易林》讀之,因旁通數學"①。郭子章幼年時,郭元鴻即"手書程《傳》、朱《義》而口授之"②。其後郭氏二十七歲入京師試恩貢,廷試第一,二十八、二十九歲又連中舉人、進士,③蓋皆以《易》中,故郭氏自言因《易》竊一第。④ 郭氏出仕之後,仍與當時一些治《易》名家保持密切交往。例如,其於萬曆十四

---

① （明）鄒元標《誥封都察院右都御史兼兵部尚書右侍郎兩峰郭公墓誌銘》,《鄒公存真集》卷七,《四庫禁毀書叢刊補編》第 76 册,北京出版社,2005 年,第266 頁。
② （明）郭子章《易解序》,《郭氏易解》卷首,明萬曆四十六年(1618)刻本。
③ （明）郭孔延《資德大夫兵部尚書郭公青螺年譜》,《北京圖書館藏珍本年譜叢刊》第 52 册,北京圖書館出版社,1999 年,第 505—508 頁。
④ （明）郭子章《易解序》,《郭氏易解》卷首。

年至十六年（1586—1588）督學四川時，曾拜會著名學者來知德，
“單騎直造其廬，知德具粗糲相留，竟日始歸”①，並於萬曆二十九
年（1601）爲來氏所著《易經集注》作序。明代後期另一象數學派名
家，著有《易象鈎解》之陳士元，亦與郭氏有交往，郭氏且曾以易學
“與陳、來面質”②。在家學與交遊的影響下，郭氏亦對易學頗有研
究，而其代表性成果，即是成於晚年的《郭氏易解》。

　　《郭氏易解》之成書，在萬曆四十五年（1617）③，但其部分章節
之撰述，可能遠在此之前。例如，郭氏所著《蜀草》中，有《易論》二
篇，其内容與《郭氏易解》卷一《易論》第一至第三篇頗有重合，蓋即
其初稿。《蜀草》所收之《易論》成於萬曆十六年（1588）④，如以此
計算，則《郭氏易解》自始撰至成書，前後長達三十年。書成之後隨
即付刻，約於次年（1618）刻成，即初刻十五卷本。此本在明末清初
尚有流傳，如徐𤊹《徐氏家藏書目》有“《郭青螺易解》十五卷”⑤，祁
承𤉲《澹生堂藏書目》有“《郭司馬易解》十五卷六册”⑥，當皆是此
本。朱彝尊《經義考》載《螟衣生易解》十五卷，注曰：“一作《郭氏易
解》。”並注明“存”⑦，可見朱氏尚曾得見。但此後便流傳日稀，目
前所知國内外各收藏機構，僅法國國家圖書館藏有一部。

① （清）張晋生等纂《四川通志》卷六，《景印文淵閣四庫全書》第559册，臺灣商
　務印書館股份有限公司，2009年，第255頁。
② （明）郭子章《乾坤二卦集解序》，《傳草》卷二之四，《四庫全書存目叢書》集部
　第155册，齊魯書社，1997年，第685頁。
③ （明）黄養正《易解序》，《郭氏易解》卷首。
④ （明）郭孔延《資德大夫兵部尚書郭公青螺年譜》，《北京圖書館藏珍本年譜叢
　刊》第52册，第529頁。
⑤ （明）徐𤊹《徐氏家藏書目》，上海古籍出版社，2014年，第214頁。
⑥ （明）祁承𤉲《澹生堂藏書目》，上海古籍出版社，2015年，第253頁。
⑦ （清）朱彝尊著、許維萍等點校《點校補正經義考》，“中央研究院”中國文哲研
　究所，2004年，第552頁。

今見法國國家圖書館藏本,半頁十行二十二字,白口,四周單邊,單魚尾。版心上題"易解",中題卷數,下題頁數。卷端題"泰和郭子章著"。卷前有萬曆四十六年黃養正《易解序》、萬曆四十五年郭子章《易解序》,及《郭氏易解目録》。各卷之後多題"門生江夏黃養正、攸縣文楚典、譚宗濂仝挍刊",其中黃養正爲舉人、攸縣教諭,還曾序刻《月泉吟社》①。卷十之末題"吉水廖國英寫",按廖氏爲萬曆間刻工,曾刻有王思宗《象考疣言》②、張燧《千百年眼》等③,其刻書工作多在湖南進行。加之負責校刊的黃養正、文楚典、譚宗濂等人,或在湖南攸縣爲官,或爲攸縣人,可見此本當是刻於湖南。全書十五卷,卷一爲《易論》六篇,卷二至卷十論六十四卦,卷十一至卷十三論《繫辭傳》上下,卷十四多論《説卦傳》,僅末篇《損益論》似論《序卦傳》,卷十五則爲《天文論》《地理論》《知幾論》《庶幾論》四篇論説,總計二百六十九論。各卷天頭、卷末及行間多有批注,大致包括墨筆楷書、墨筆行書、朱筆行書三種,可能出自二三人之手,而以墨筆楷書者爲早。今見該本卷五之末,有大段墨筆楷書批注,而天頭與文末又有對此段楷書批注的朱、墨筆行書批注,由此可推知其前後關係。惜書曾經改裝,天頭批注被裁去甚多,多不能卒讀。法國漢學家古郎(Maurice Courant)於 1902 年所編《中韓日文目録》(Catalogue des livres Chinois,Coréen,Japonais,etc.),即已著録該書,謂爲法國國王路易・菲力浦(Louis‐Philippe,1773—1850)舊藏。④ 該本卷中

---

① 方勇《南宋遺民詩人群體研究》,人民出版社,2000 年,第 305 頁。
② 東北師範大學圖書館編《古籍善本書目解題》,東北師範大學出版社,1984 年,第 5 頁。
③ 尋霖、劉志盛《湖南刻書史略》,岳麓書社,2013 年,第 541 頁。
④ Maurice‐Courant. Catalogue des livres Chinois, Coréen, Japonais, etc. Paris: Ernest Leroux, 1902: 273.

尚有"BIBLIOTEQUE ROYALE"鈐印，亦可見當是皇家圖書館時期的藏品。則大約在清代中後期，此本即已流入法國。

除了現存的十五卷本，《郭氏易解》可能還有一種十四卷本。此本著録於《四庫全書總目》，爲江西巡撫採進。檢《江西巡撫海第一次呈送書目》有《易解》四本①，或即此本。此本的内容爲："卷一爲《易論》六篇。卷二至卷九，六十四卦各爲總論，少者一篇，多者至八篇，總論之外，又標舉文句，發揮其義，自師、謙、噬嗑、復、頤、大過、咸、恒、損、萃、革、鼎、旅、節、中孚、未濟十六卦無所標舉外，餘卦少者一條，多者至五條。十卷至十四卷，則雜論《繫辭》《説卦》，而《序卦》以下不及焉。"②與十五卷本相比，其最大的區別在於論六十四卦的部分僅占八卷，而十五卷本占九卷。此外還有一些細節上的差異，如十四卷本師卦以下十六卦僅有總論，未摘其卦爻辭立論，故《四庫全書總目》稱之爲"無所標舉"。但今見十五卷本中，此種僅有總論者尚有同人、蠱、晋等卦。未知是館臣撰寫提要時漏檢，還是二本之間本來即存在差異。此本《四庫全書》列於存目，今已不傳，故具體情況難以考察。

在《郭氏易解》之外，郭氏還撰有其他一些易學著作。例如，約編刊於萬曆四十四年（1616）的《燕草》四卷，收録郭氏隆慶三年（1569）恩貢入京時所作經書時藝，其中即包括《易經》文二卷③。又《乾坤二卦集解》一書，在郭氏此前所著《經書類解》十四卷的基礎上撰成，内容爲"名理取諸程、朱者十九，象數取諸陳、來者十九，而不侫淺衷，昔與陳、來面質者，間筆之書。而羅明德、管東溟、鄧

① 吳慰祖校訂《四庫進呈書目》，商務印書館，1960 年，第 159 頁。
② （清）永瑢等《四庫全書總目》，中華書局，2003 年，第 57 頁。
③ （明）郭子章《傳草》卷十六，《四庫全書存目叢書》集部 156 册，第 211 頁。

定宇、鄒南皋、周海門五公所論乾元、龍德、潛龍、先天，又予平日所推高者，一一著之篇中"①，可見應是一種輯諸家解説，附以郭氏己意的著作。郭氏自言成於"丙辰大水後"，按郭氏《年譜》於萬曆四十四年(丙辰)書"夏，大水，無麥禾"②，蓋即指此，亦是晚年之作。此後可能又有所增補，今見《郭氏易解》卷三《不當位》篇下，引程子、朱子、王弼、來知德諸説，謂"諸説紛紛，似皆有理，今並載之，以俟知者"，附注"詳見《集解》"。所謂《集解》，可能即是《乾坤二卦集解》的增補之作，因"不當位"之文出需卦，已在乾坤二卦之外。這些著作有些在明代還有流傳，如《乾坤二卦集解》曾載於祁承㸁《澹生堂藏書目》③，但今皆未見傳世。又清代郭子仁所編《郭青螺先生遺書》，收有《删補周易本義解注序》，謂"竊不自揣鄙劣，按《本義》而爲之補"④，似乎郭氏還曾撰有注釋朱子《易本義》的著作《删補周易本義解注》。此書國内未見流傳，日本内閣文庫藏有明楊發吾重刻本《周易本義删補便蒙解注》四卷，其書名頁題"刻郭青螺删補周易便蒙解注"，卷端題"廬陵郭青螺精著"，從表面上來看，似即所謂《删補周易本義解注》。但其卷前郭氏序文，與《郭青螺先生遺書》所收者完全不同，且序中謂著此書者乃"豫章涵真子"⑤。卷前另有署名"李太素涵真"者之序文，蓋即其人。其生平無考，然其序文與卷前另一篇署名李應春作之序，文字上反而與《郭青螺先生遺

①　(明)郭子章《傳草》卷二之四，《四庫全書存目叢書》集部第 155 册，第 685 頁。
②　(明)郭孔延《資德大夫兵部尚書郭公青螺年譜》，《北京圖書館藏珍本年譜叢刊》第 52 册，第 569 頁。
③　(明)祁承㸁《澹生堂藏書目》，第 253 頁。
④　(明)郭子章《删補周易本義解注序》，《郭青螺先生遺書》卷十九，清光緒七年(1881)冠朝三樂堂刻本。
⑤　(明)郭子章《刻周易本義删補便蒙解注敍》，《周易本義删補便蒙解注》卷首，明楊發吾重刻本。

書》所收郭氏序文有相合之處。總的來看，此書疑點甚多，很可能是坊間冒題郭氏之名，兩篇不同的序言恐也屬僞託，未必出郭氏之手。流傳至今且較爲可靠的郭氏易學著作，仍當屬《郭氏易解》。

二、復古求真的治《易》特色

　　作爲一部撰述時間長達三十年、七十五歲方告成書的著作，《郭氏易解》可謂凝聚了郭氏一生的精力，也集中體現了郭氏治《易》之特色，即崇尚復古與求真，亦即黄養正《易解序》所稱"折衷群儒，直探四聖"①。

　　《郭氏易解》之復古，表現在推崇古説與重視文字音義兩個方面。在推崇古説方面，《郭氏易解》引前代易説多達二十餘家，其中既有唐代之前的《易緯》《京氏易傳》《子夏易傳》《關氏易傳》等，也有宋代易學的一些代表性著作，如程子《易傳》、朱子《本義》、項安世《周易玩辭》、蘇軾《東坡易傳》等，此外還有與郭氏時代大致相同的明代中後期著作，如馮時可《文所易説》、鄒德溥《易會》、陳士元《易象鈎解》、來知德《周易集注》、楊時喬《周易古今文全書》、李贄《九正易因》等。在所引諸書中，唐代之前的古説頗受郭氏推崇。如對於託名爲北魏關朗撰《關氏易傳》中的損益之説，其評價之曰：

　　　　予讀關子明損益盛衰之説，而知子明於《易》深矣。本之於道，稽之於德，而極之於數，約之於禮，推之於時，而歸之於《易》，何其晰也！然又曰"聖人濟其衰，戒其盛"，於盛衰之際，尤卷卷焉。（卷八《損論》）

────────────

① 　（明）黄養正《易解序》，《郭氏易解》卷首。

此處郭氏稱關氏"於《易》深矣",推崇之情溢於言表。此類對《關氏易傳》的推獎,在《郭氏易解》中頗不鮮見。如對於《繫辭傳》天一大衍章,郭氏提出,此章精義,秦、漢、兩晉人皆未得之,至《關氏易傳》方爲之發明,且下啓宋儒,其説曰:"至後魏,予得關子明焉。其與張彝論大衍義、乾坤策義、盈虛義三篇,皆漢晉人所未發,語甚精徹,宋儒多主其説。"(卷十二《天一大衍論》)基於此種推崇,《郭氏易解》對《關氏易傳》常有連篇累牘的引用,而幾無一語貶損。又如,對於《京氏易傳》,郭氏亦多有引用與贊許。如論離卦時,其即説:"京氏之論離,陸氏之注京,可謂極精矣。而概以卜占少之,可乎?"(卷六《離論》)與對《關氏易傳》的一味稱贊不同,郭氏對《京氏易傳》多少還有一些批評,如指其以孔子爲旅人之説曰:"甚矣夫房之不知仲尼也。"(卷九《旅論》)但總的來看,推許之辭明顯多於批評。郭氏對古説的崇尚,亦由此體現出來。

另一方面,郭氏在解《易》時,很重視對文字音義的考訂。例如,師卦《彖傳》"以此毒天下而民從之",郭氏先引程朱"毒害"之説與來知德"腊毒"之説,以爲未盡,而後論曰:

> 王肅毒讀育,《歸藏易》卦名小畜、大畜作小毒、大毒。蓋畜取育養牽止之義,毒亦育也。《老子》"亭之毒之",注:"亭以品其形,毒以成其質。"唐代宗詔書"中孚及物,亭育爲心",張説《姚崇碑》"亭育之功成",皆以亭毒爲亭育也。毒、育古字通用,未聞師正而毒天下者。(卷三《師論下》)

對於"毒"字,郭氏並未簡單地隨文解義,而是在王肅之説的基礎上，又博引衆家，以證成其與“育”字通假。此種考訂在《郭氏易解》中同樣屢見不鮮。如對於乾卦用九“群龍无首”，郭氏引《説文》釋“亢”爲頸，故“不亢即无首”(卷二《乾論二》)。對於需卦“衍在中”，郭氏則引《説文》“水朝宗於海”爲説，而不取程朱以“衍”爲“寬”之義(卷三《衍在中》)。這些考訂未必皆是，有些也恐非郭氏首創，如以亢爲頸之説，即又見於來知德《易經集注》[1]。但郭氏對文字音義的重視程度，却由此可見。

與復古相比，《郭氏易解》求真的特色表現得更爲明顯。具體而言，郭氏在解《易》時，並不專主或盲從某家之言，無論是在明代前期佔據統治地位的程朱之説，還是與郭氏交好的來知德、陳士元等人的注解，郭氏都要一一加以分析對比，擇善而從。如對於屯卦九五“小貞吉，大貞凶”，郭氏即稱“程《傳》得之矣”，同意程子的以小貞爲漸正、大貞爲驟正之説，並批評朱子與來知德之説曰：

> 朱子謂以處小事，則守正猶可獲吉，以處大事，則雖正而不免於凶。夫天下未有以正處大事而凶者。來氏謂六二爲臣，小貞則吉，九五爲君，大貞則凶。夫天下未有爲人君大貞而凶者。(卷三《屯論下》)

在郭氏看來，朱子以小事爲小貞、大事爲大貞，來氏以臣事爲小貞、君事爲大貞，都不如程子之説爲妥。但對於本卦的“建侯”之辭，郭氏則轉從朱子之説，謂：“建侯有二解：程子謂建侯以資輔助，建萬國、親諸侯之説也；朱子謂宜立君以統治，《左氏》立君之説也。今從

---

① 周立升《易經集注導讀》，齊魯書社，2009年，第120頁。

朱。"(卷三《建侯》)某些情况下，郭氏甚至要參考多達六七家之説，才能從中選擇出較佳的一家。如隨卦上六"王用亨于西山"，郭氏即説：

> 程朱云："居隨之極，固結而不可解。"於"上窮"字難説。李氏謂上六不道，馮氏謂上六鷙悍小人，則太過，且於"西山"字難通。蘇子以西山爲西戎，來氏謂上六歸山，則太泥。惟鄒氏以爲文王羑里之時，爲得其解。(卷五《隨論下》)

此處郭氏比對了程子、朱子、李贄、馮時可、蘇軾、來知德、鄒德溥七家之説，才得出鄒氏之説較佳的結論。其不專主一家、唯真是從的求真精神灼然可見。

除了對前代諸家的批判性吸收之外，郭氏還勇於對一些相沿已久的成説，提出不同的意見。最具代表性者，當屬其對"四聖作《易》"説的批判。關於《周易》經傳的作者，孔穎達《周易正義》載二説：一謂伏羲畫卦，文王作卦爻辭，孔子作《易傳》，即《漢書·藝文志》所謂"人更三聖"，鄭玄主此説；又一説謂文王作卦辭，周公作爻辭，馬融、陸績等主此説。其後以卦辭、爻辭分屬文王、周公的"四聖作《易》"説漸成主流，郭氏早年亦沿襲其説，在《蜀草》中的《易論下》篇，其即謂："文王始圖後天，次序方位稍異於羲，每卦各繫以辭……周公又以象言乎象，未言乎變，每卦一畫又繫以辭。"[1]但到了晚年，其却又轉而支持三聖作《易》説，並對主流的四聖之説提出批評。郭氏認爲，孔子《易傳》、司馬遷《史記》及《易緯通卦驗》等緯

---

① （明）郭子章《易論下》，《蜀草》卷六，《四庫全書存目叢書》集部第 154 册，第 659 頁。

書,都未提及周公作爻辭之事。後人之所以有此説,主要是因爲爻辭中有文王身後之事,如隨卦上六"王用亨于西山"、升卦六四"王用亨于岐山","王"皆指文王,而文王稱王,乃身後武王追稱,故斷爲周公所作。不知此乃誤讀爻辭。其説曰:

> 文正①囚羑里時,未封王,安得自稱王? 不知文意謂繫之維之,臣罪當囚,天王明聖,未知何日用亨于岐山乎? 蓋期望紂恩云耳。且古者天子巡狩,其始至方嶽之下,則望秩於山川,朝見兹土之諸侯。紂之時不行巡狩之禮久矣,故於羑里而思曰:王其用亨岐山乎? 蓋欲以巡狩之典,望紂舉行耳。"王"指紂,"岐山""西山",文自謂,非文自稱王也。(卷一《易論四》)

按照郭氏的看法,爻辭中"王用亨"之"王"指紂王,意謂文王希望紂王巡狩西土,祭於岐山,召見諸侯,並非指文王而言。這樣就否定了爻辭"多是文王後事"的説法,並由此批判了四聖作《易》説。基於此種觀點,其將《蜀草》所收之《易論下》改入《郭氏易解》時,即删改了其中周公作爻辭的部分,將卦辭爻辭均屬之於文王。

《郭氏易解》中表現出的此種特徵並非偶然,而是與晚明經學的發展息息相關。明代後期,經學界興起了一場復興運動,其内容包括"開始懷疑或批評宋人注解的可靠性,書中開始兼采漢儒之説,甚或以漢儒之注代替宋人經説""以爲通經學古必須從字學入手,所以開始研究小學""以實事求是的考證方法來研究經書"等②。《郭

---

① 按:"正"疑當作"王"。
② 林慶彰《晚明經學的復興運動》,《明代經學研究論集》,華東師範大學出版社,2015年,第149—150頁。

氏易解》正是在此背景下誕生，並以其復古與求真，在一定程度上推動了這一風潮的發展，從而成爲晚明經學復興運動中一部不容忽視的著作。

三、易學中的心學與經世思想

從學術譜系來看，郭子章二十六歲師從胡直，而胡直爲陽明再傳，故郭氏屬於陽明後學中的江右王門一派，而《郭氏易解》亦因之體現出濃重的心學色彩。在本原問題上，郭氏提出：

> 是太極也，謂之性可，謂之道可，謂之心可，謂之一可，謂之中可，謂之物可。（卷十二《太極論》）

對於朱子以太極爲理的説法，郭氏並不能認同，認爲"理氣本無先後，有理即有氣，有氣即有理，未聞理生氣也"（卷十二《太極論》），而主張以性與心解釋太極。一方面，此性與心爲天地萬物之本，對此郭氏所説："太極者，乾元之別名。曰大生，曰是生兩儀，則天地且從此生，萬物且從此始，故曰大始。"（卷二《乾論一》）"太極"即性與心，而太極一名乾元，郭氏亦以爲"在《中庸》即所云性，所云中"，故"天地且從此生，萬物且從此始"（卷二《乾論一》），實際上即有心生天地萬物的意味。另一方面，在易而言，性與心即是易，亦即郭氏所謂："易在天地間曰生生，人得是生生之易而爲性，故性之字從心從生。古聖賢未嘗廢生言性也……易也，性也，一也。"（卷一《易論一》）而《尚書》《中庸》等典籍中關於性的論説，則遭到郭氏的質疑：

　　　　人受天地之中以生，不知天地之中何所受邪？天生此民，
　　使先知先覺覺後知後覺，不知天之知覺，何所使邪？上帝降衷
　　于下民爲性，帝亦有衷有性，是誰降邪？天命之謂性，天亦有
　　性，是誰命邪？（卷一《易論二》）

　　此種質疑的實質，是郭氏不能同意朱子據《中庸》"天命之謂
性"，以理爲本原，以命爲天道流行賦予，以性爲人所秉受，從而將
性置於第二位的説法。故其即針鋒相對地提出："乾元之統天，性
統之也。大明聖人之御天，性御之也。大人之先天，性先之也。天
且不違大人，不違大人之性也。而天惡能以性降下民、命人物邪？"
（卷一《易論二》）總之即推本心性，作爲其學説的最高範疇。在修
養工夫方面，郭氏亦從心學的角度，提出了求物之本的格物之説。
其説曰：

　　　　格物者格此太極，而後謂之真格物；致中者致此太極，而
　　後謂之真致中；得一者得此太極，而後謂之真得一；明道者明
　　此太極，而後謂之真明道；洗心者洗此太極，而後謂之真洗心；
　　知性者知此太極，而後謂之真知性。（卷十二《太極論》）

　　郭氏認爲，格物當直求作爲本原之太極，不能像朱子等宋代理
學家那樣物物而格之，否則必流於支離。正是基於此種認識，其即
對朱子等將窮理、盡性、至命分爲三事的説法提出了批評："窮此性
命之理，了了無疑，便是盡性，便是至命。非窮理之外，別去盡性至
命也。"（卷十四《窮理盡性至命論》）此即是由於郭氏以窮理爲求理

之本,本原一得,上下貫通,所謂"一窮理,一了百了,性盡而命至矣"(卷十四《窮理盡性至命論》)。在郭氏其他的著作中,也時常流露出類似的思想,如其於《格物齋記》中言"格物者,格物之本而末自舉"①,《疾慧編》中言"格物者,格物有本末之物也"②。可見此"格物之本"之説,是郭氏比較成熟而穩定的一個觀點。除此之外,郭氏還提出"存性洗心"的内求之説。在郭氏看來,"《易》之入手在洗心"③,而洗心即是存性:

> 天地生生之易,而乾坤占事,以及陰陽不測之神,胥此出焉。故曰"乾坤易之門"。吾人生生之性,存存不已,而知禮德業,以效法於天地,胥此出焉。故曰"道義之門"。故存吾性,則可以見易……故存性便是洗心,洗心藏密,自然見易。(卷十一《易行論》)

按照郭氏的看法,易與心譬如水之於波,不一不異,故《繫辭傳》"聖人以此洗心",非以外來之易洗我心,乃是通過反求於内,將本然之性存存不已,最終達到心、易爲一,"虚空清净"的境界。郭氏形容此境界説:"吾心之神,與蓍之神一也。吾心之智,與卦之知一也。吾心之易,與爻之易亦一也。稍不相似,便不名洗……極而言之,必一念不起,萬念不留,而後謂之洗;塵垢不污,嗜欲弗亂,而

---

① (明)郭子章《格物齋記》,《黔草》卷十二,《四庫全書存目叢書》集部第155册,第404頁。
② (明)郭子章《疾慧編》,《黔草》卷二十一,《四庫全書存目叢書》集部第155册,第549頁。
③ (明)郭子章《易解序》,《郭氏易解》卷首。

後謂之洗；磨而不磷，涅而不緇，而後謂之洗；爪髮不痛，手足不思，而後謂之洗；生不持來，死不持去，而後謂之洗。"（卷十二《洗心論》）此種直指本原、反求於内的修養方法，同樣具有明顯的心學特徵。

值得注意的是，江右王門中胡直一派，都具有明顯的援佛入儒傾向。如胡直即認爲，在"天地萬物不外乎心"一點上，儒家和佛教是一致的，二者之區別，只在於"盡心與不盡心之分"而已①。與郭氏同爲胡直門人的鄒元標，於禪學亦所不諱，以爲"求見本體即是佛氏之本來面目也。其所謂恕，亦非孔門之恕，乃佛氏之事事無礙也。佛氏之作用是性，則離達道無大本之謂矣"②。此種傾向在《郭氏易解》中，也同樣存在。如其論《易》之生生與佛家之無生曰：

> 生生者，易教也。無生者，釋教也。究言之，一也。應無所住，無所住於六根也。無所住於六根，真心自生，心本自在，非至此乃生，雖生其心，猶無生也。無生之生，是名不生。不生不滅，有無雙遣，即名中道，是即生生之易也……故儒禪之論生一也。天地大德之生，與生生之易一也。釋氏之無生，與金剛生其心之生一也。（卷十三《大德日生論》）

此處郭氏以生生與無生爲一，實際上是以佛家的"不生不滅，有無雙遣"解説心性。在《洗心論》中，郭氏謂："夫心惡可洗也？虚空清净，不著垢闇。或時風雲闇翳，便言是不净，或時風吹雲散，便

---

① （明）胡直著、張昭煒編校《胡直集》，上海古籍出版社，2015年，第570頁。
② （清）黄宗羲《明儒學案》，中華書局，2013年，第534頁。

言清净,皆非也。其寔虚空,無垢無净,是洗之説也。"(卷十二《洗
心論》)又引入佛家的"不垢不净"之説以釋心性。此種援佛入儒之
説,可謂是郭氏心學的一個特色,即通過《郭氏易解》鮮明地體現
出來。

儘管郭氏之學屬心學一派,但其學並非空談心性,而多欲見諸
實事,頗有經世之風。此點在《郭氏易解》中,也有很顯著的體現。
一方面,郭氏繼承了前代史事宗易學的思路,廣泛援引史事以證成
卦爻之義。如其注坤卦《文言傳》"由辯之不早辯也"説:

> 秦二世不早辯趙高,而來望夷之弒;漢武不早辯江充,而
> 興誣①蠱之獄;成帝不早辯王氏,而成新莽之篡;漢靈不早辯
> 節、甫,而釀卓、氾之亂;唐太宗不早辯武氏,而改天授之元;唐
> 玄宗不早辯禄山,而動漁陽之鼓。(卷二《坤論二》)

在此段論述中,郭氏舉秦二世、漢武帝、成帝、靈帝、唐太宗、玄
宗六事,以闡明不能早辯小人之害,是典型的以史證《易》之説。另
一方面,郭氏還經常在解《易》過程中,表達自己對時事的一些看
法。如對於訟卦,郭氏首先指出,此卦之主旨在於"使民無訟",進
而在此基礎上發表議論:

> 今日訟源未清,大端有二:一,國計時詘,嘗倚贖金,曰濟
> 邊,曰養兵,曰備荒,此三者皆大政也,而鍰焉倚?不肖有司借
> 以實苞苴,借以通莫夜,是國爲喉,有司爲腹也。則惟恐訟之

---

① 按:"誣"疑當作"巫"。

不長不成也。其端一。天下固有介在幾希之間，理不可勝而事可勝，或一理之外，復有一理存。有司明決不足，歲月不斷，則訟長矣。群胥在旁慫慂操持之而不得休，在官舍名曰主文，曰積年，在市衢名曰訟師，曰訪窩。指鹿爲馬，變白爲黑。甚至指夷齊爲盜跖，飾大盜爲極冤。庸有司墮於其中而不覺察，則訟成矣。其端二。（卷三《訟論下》）

郭氏認爲，其所生活的明代後期，之所以有"訟源未清"之弊，其故有二：一是國家收入不足，不得不倚賴獄訟之贖金，而官員又於其間借機貪污受賄。二是主政者缺乏決獄之才，而胥吏訟師又在其旁舞文弄法，促成冤案。故息訟之道，在於"上之司計無必甚倚鍰金爲歲入，下之有司無甚倚主文爲師保"二端（卷三《訟論下》）。此種因言《易》以及時政的情況，在《郭氏易解》中同樣較爲常見。如解井卦時，郭氏舉四川、太原、貴陽三地爲例，謂四川有鹽井、油井、火井，故擅天下之富；太原、貴陽或城內少井，或多苦井，如有緩急，必將爲患。以此説明"井之通塞，民之渴濡係焉；民之渴濡，國之存亡係焉"（卷八《井論》）。又以萬曆間征播之役比之於既濟卦九三"高宗征鬼方，三年克之"，謂："播州正鬼方夜郎地。征播之役，一年而克，比之三年稍近，然三省用兵，費金錢千萬，憊之憊矣。"（卷十《三年克之》）如此者不一而足。

郭氏此種不尚空談，以《易》經世之傾向，與其學術師承及個人經歷均有關係。在師承方面，郭氏之師胡直先後在湖北、四川等地爲官多年，故其爲學有注重踐履、講求實踐的特點[1]，應對郭氏産

---

[1]　侯外廬等主編《宋明理學史》，人民出版社，1997年，下册，第356頁。

生了一定影響。在個人經歷方面,郭氏與胡直相似,均以進士出仕,而爲官長達四十餘年,仕履及於廣東、四川、山西、湖北、福建、貴州等地,又在胡直之上。此種豐富的爲官主政經驗,亦必對其學術產生影響。今見《郭氏易解》中很多論及時事者,均是郭氏據其親身經歷而立論。如井卦言四川、太原、貴陽之井及利害甚詳,是由於郭氏在此三地都曾爲官;既濟卦九三爻言及的征播之役,亦爲郭氏所親歷,故其即感慨道:"予幸生還,萬死一生,言及於是,談虎色變。"(卷十《三年克之》)在此背景下,郭氏儘管對來知德、陳士元的象數之學頗爲推崇,稱"《周易》象大旨失傳,有陳、來《易》象注在……讀《易》者不可不讀陳、來二注"(卷一《易論六》),但在撰述《郭氏易解》時,並没有遵循以象解《易》的思路,而是偏向了義理一邊。《四庫全書總目》譏其"往往牽合時事,或闌入雜説"[1],論雖過苛,然亦可見其學術取向。

四、從《郭氏易解》看郭子章與天主教之關係

郭子章生活的明代嘉靖、萬曆年間,適逢西方傳教士來華之初,而郭氏在廣東、貴州等地爲官期間,也與利瑪竇有所交往,並爲其刻印《山海輿地全圖》。此段史實,以洪業爲代表的前代學者,已有較爲充分的研究,此處不擬贅述[2]。值得討論的是,清康熙年間,郭子章後人郭廷裳摘取郭氏論説九篇,編入《太平萬年書》,其中頗有推崇西學與西教之語。學者即多據此九篇論説,認爲郭子章可能接受了一些天主教思想。如方豪先生即説:"(郭)廷裳信教

---

① (清)永瑢等《四庫全書總目》,第57頁。
② 詳見洪業《考利瑪竇的世界地圖》,《洪業論學集》,中華書局,2005年,第171—174頁。

歷史或可上推至其祖青螺。"①黄一農先生雖然認爲郭氏未必入教,但也主張其"對西學與西教頗爲認同"②。此説是否屬實,郭氏與天主教之關係究竟如何? 對於這一問題,或可從《郭氏易解》中探知一二。

《太平萬年書》與《郭氏易解》同藏於法國國家圖書館,半頁八行,行二十二字,白口,四周雙邊,單魚尾,版心題"太平萬年書"。卷前有郭廷裳開列的"上隆聖治,下擴憲化"諸事條目,及地方官批語十餘條。其刻印時間,據卷内避"玄"字而不避"弘"字,當在康熙年間,但卷中多有挖改之處,如卷前批語的地方官名字與版心間頁碼多作墨釘,似曾經修版。全書原應爲十六卷,前十五卷蓋郭廷裳對其建言諸事之詳細闡述,故監督贛關橋税務赫某即批曰:"十五條内,建議發論,痛切時弊,洵有益於人心政治。"但此部分今不可見,所存者僅卷十六《述祖説》。從版心間頁碼改作墨釘這一點來看,可能是編刻者有意將此卷抽出單行。卷末補抄有《南京羅主教神道碑記》,其行款與前全同,可見原本也應爲《太平萬年書》之組成部分,也能從側面證實此爲單行之本。

此卷作爲《太平萬年書》之十六的《述祖説》共九篇論説,郭廷裳稱其爲"附補先祖青螺《易解》内言天地之理",亦即采自《郭氏易解》。經核對,《述祖説》中的《天文説》《地理説》出自《郭氏易解》卷十五,《太極説》《河圖洛書説》出卷十二,《帝出乎震説》出卷十四,《與天地相似故不違説》《幽明死生鬼神説》及《通乎晝夜之道而知

---

①　方豪《中國天主教史人物傳》,宗教文化出版社,2007年,第488頁。
②　黄一農《兩頭蛇:明末清初的第一代天主教徒》,上海古籍出版社,2006年,第99頁。

説》上下出卷十一。其文字與《郭氏易解》所載者大致相同，但有細微但十分關鍵的差異，其差異大體可包括以下三方面：

第一，對西學與西士的推崇。例如，《天文説》篇末云“庶幾有合天學諸先生之旨云”，《太極説》篇末云“敬請求質於今日天學諸先生之高明者”，此二句皆不見於《郭氏易解》。

第二，與“帝”“天”相關之説。例如，《太極説》“《老子》曰：有物混成，在天地先”下，有“詎非《易注》所謂帝者天之主宰乎”一句；“是太極也”下，有“謂之天可也”；“致中者致此太極，而後謂之真致中”下，有“知天者知此太極，而後謂之真知天”。此三句亦皆不見於《郭氏易解》。又本篇“故邵子曰：太極，天之性也”，“天之”二字《郭氏易解》無。

第三，對佛家與風水占卜等説的批評。批評佛家者，如《通乎晝夜之道而知説》下篇云：“釋氏之以八千萬萬億百千八百萬歲爲一劫者，雖皆妄誕不經，然亦可以借喻無窮之晝夜也。”此句《郭氏易解》作“釋氏以八千萬萬億百千八百萬歲爲一劫，此無窮之晝夜也”，並沒有指其“妄誕不經”。批評風水占卜説者，如《地理説》“語其小者，則今堪輿術家，亦名地理。雖云妄誕，頗關至理”，《郭氏易解》“妄誕”作“小道”，也沒有太重的批判意味。又下文“而自漢晉至今，上自天子園陵，下至士庶墳隴，顯究六吉，微察五行，似亦不得均置之於不講也”，“而自漢晉至今”下，《郭氏易解》尚有“禍福吉凶，如影隨形，如響應聲”十二字，可見其對風水之靈驗頗爲篤信，而《太平萬年書》則將其刪去。

以上《太平萬年書》不同於《郭氏易解》的三方面内容，均與天主教有關。如對“帝”“天”的論説，實際是遵循著明末清初索隱派學者的思路，含有將其比附於天主的意味；對佛家與風水占卜的批判，也是傳教士與天主教徒的一貫立場，類似的論述在王一元《推驗正道論》、徐光啓《闢釋氏諸妄》、朱宗元《答客問》等多種護教類著作中大量存在；至於對西學與西士的推崇，更是自不必言。但值得注意的是，這些内容均不見於《郭氏易解》原書，而是到了《太平萬年書》引用郭氏之説時方才出現，可見應是郭廷裳引録時改入，並不能視爲郭子章的思想。按《太平萬年書》所載，郭廷裳聖名保禄，乃天主教徒，則此類論述出於其手比較合理。若指爲郭子章之説，則與其思想不合。例如，郭子章對風水與佛教均較爲崇信，曾刻有風水著作《校定天玉經六注》與佛教著作《大明三藏聖教目録》《四十二章經輯注》①，無緣指其爲妄誕。今見《太平萬年書》中九論，也有很明顯的因修改而導致前後抵牾的痕跡。如《河圖洛書説》文末謂"乃歐陽子以河圖洛書爲怪妄之尤者，不亦宜乎"，指河圖洛書爲怪妄；然前文又曰"即小康之時，亦間有之，而況於帝王之世乎"，則又承認其有之。按《郭氏易解》，"不亦宜乎"本作"何哉"，經郭廷裳之修改，意思正好相反，遂導致矛盾。

　　總之，《太平萬年書》所引郭子章之説，雖然出於《郭氏易解》，但曾經郭廷裳改易，已非本來面貌，並不能據以認定郭子章與西學西教關係緊密。恰恰相反，在《郭氏易解》全書中，郭氏均罕言西學，甚至在《天文論》《地理論》等篇章中，連其曾刻印過的利瑪竇《山海輿地全圖》也未提及。此或許可以説明，郭子章不僅未曾入教，且西方科技對其的影響，可能也較爲有限。

---

① （明）郭子章《傳草》卷十七，《四庫全書存目叢書》集部第 156 册，第 234—236 頁。

　　本次對《郭氏易解》的整理，以法國國家圖書館藏明萬曆四十六年刻本爲底本。因其爲孤本傳世，別無校本，故校勘以他校與本校爲主。凡引文儘量查核出處，擇要出校。書中原有批注，雖因改裝而遭裁落甚多，但仍有一定參考價值，今擇其較完整者，注於相應篇章或文句之下，殘缺殊甚、不可卒讀者則不録。正文之外，又輯入歷代目録對《郭氏易解》之著録五則、郭子章論《易》文章七篇、傳記資料一篇，以及《傳草》所載郭子章著述總目，編爲附録一至四。郭廷裳《太平萬年書》所載《郭氏易解》九論，其中推崇西學與西教之語，疑皆出郭廷裳之手，不足爲據，故今僅取一二處文字較優者出校，而別附此九論中之七論全文於書後，作爲附録五，以供學者參考。其《幽明死生鬼神説》與《與天地相似故不違説》二篇，因與《郭氏易解》無實質性差異，故僅存其目。不足之處，敬請讀者批評指正。

北京外國語大學國際中國文化研究院　謝　輝

二〇一六年五月二十日

主要參校書目

《易緯通卦驗》,《緯書集成》本,河北人民出版社一九九四年版。

(漢)京房《京氏易傳》,《中國易學文獻集成》影印《漢魏叢書》本,
　　國家圖書館出版社二〇一三年版。

(三國魏)王弼注、(晋)韓康伯注,(唐)孔穎達疏《周易正義》,《十
　　三經注疏》本,中華書局一九八〇年版。

(三國魏)王弼《周易略例》,《王弼集校釋》本,中華書局二〇〇九
　　年版。

(宋)程頤《周易程氏傳》,《二程集》本,中華書局二〇〇四年版。

(宋)蘇軾《蘇氏易解》,《學津討原》本,廣陵書社二〇〇八年版。

(宋)朱熹《易本義》,《朱子全書》本,上海古籍出版社、安徽教育出
　　版社二〇〇二年版。

(宋)項安世《周易玩辭》,《原國立北平圖書館甲庫善本叢書》影印
　　宋刻本,國家圖書館出版社二〇一三年版。

(宋)張栻《南軒易說》,《枕碧樓叢書》本,中國書店一九九〇年版。

(宋)楊萬里《張先生校正楊寶學易傳》,《中華再造善本》影印宋刻
　　本,北京圖書館出版社二〇〇六年版。

(明)胡廣等《周易傳義大全》,《景印文淵閣四庫全書》本,台灣商
　　務印書館股份有限公司二〇〇九年版。

（明）來知德《易經集注》，上海書店一九八八年影印清寶廉堂
　　刻本。

（明）傅文兆《羲經十一翼》，《四庫全書存目叢書》影印明書林李潮
　　刻本，齊魯書社一九九七年版。

（漢）毛亨傳、（漢）鄭玄箋、（唐）孔穎達疏《毛詩注疏》，《十三經注
　　疏》本。

（宋）朱熹《詩集傳》，《朱子全書》本。

（晉）杜預注、（唐）孔穎達正義《春秋左傳正義》，《十三經注疏》本。

（漢）董仲舒《春秋繁露》，《中華再造善本》影印宋嘉定四年刻本。

（三國魏）何晏注、（宋）邢昺疏《論語注疏》，《十三經注疏》本。

（漢）趙岐注、（宋）孫奭疏《孟子注疏》，《十三經注疏》本。

（晉）郭璞注、（宋）邢昺疏《爾雅注疏》，《十三經注疏》本。

（宋）陸佃《埤雅》，《北京圖書館古籍珍本叢刊》影印明刻本，書目
　　文獻出版社一九八八年版。

（宋）羅願《爾雅翼》，《學津討原》本。

（漢）司馬遷《史記》，中華書局一九五九年版。

（漢）班固《漢書》，中華書局一九六二年版。

（南朝宋）范曄《後漢書》，中華書局一九六五年版。

（後晉）劉昫等《舊唐書》，中華書局一九七五年版。

《國語》，《中華再造善本》影印宋刻遞修本，北京圖書館出版社二〇
　　〇六年版。

《汲冢周書》，《中華再造善本》影印元至正十四年嘉興路儒學刻本，
　　北京圖書館出版社二〇〇五年版。

（漢）揚雄著、鄭萬耕校釋《太玄校釋》，北京師範大學出版社一九

八九年版。

《纂圖分門類題五臣注揚子法言》,《中華再造善本》影印宋劉通判宅仰高堂刻本,北京圖書館出版社二〇〇三年版。

(宋)朱熹《近思録》,《朱子全書》本。

何寧《淮南子集釋》,中華書局一九九八年版。

(漢)徐幹《中論》,《四部叢刊》影印明刻本,上海書店一九八九年版。

(北齊)劉晝《劉子》,《中華再造善本》影印宋刻本,北京圖書館出版社二〇〇四年版。

(唐)歐陽詢《藝文類聚》,《中華再造善本》影印宋刻本,北京圖書館出版社二〇〇四年版。

(宋)王應麟《玉海》,江蘇古籍出版社、上海書店一九八七年影印浙江書局本。

(宋)朱熹《晦庵先生朱文公文集》,《朱子全書》本。

(宋)邵雍《伊川擊壤集》,《邵雍集》本,中華書局二〇一〇年版。

(明)郭子章《蜀草》,《四庫全書存目叢書》影印明萬曆十八年刻本。

(清)郭廷裳《太平萬年書》,《法國國家圖書館明清天主教文獻》影印清康熙間刻本,臺北利氏學社二〇〇九年版。

目　録

卷三

卷四

卷七

卷八

卷九

卷十

易解序

　　《易》者，聖人更世耦變之書也。《易》未作，而風雷山澤已有其物，舟車弧矢已有其器，吉凶悔吝已有其象。聖人仰觀俯察，遠取近取，直從人情物理，見性命之流行，而知吾身之無息非《易》；凡宇宙中，無物無處之非爻象也。故德行不備，功業未成，不足以言《易》。而吾夫子亦謂五十學《易》，可以無大過。其贊《易》也，直於《詩》《書》删定之後。則不更世耦變，豈能盡《易》之理乎？我師青螺郭先生，以甲科高等敫歷中外者幾五十年，綏文緯武，討蠻服叛，無日輟講學談道之功。其撰述種種，訓今傳後者，何啻百卷，業已家有其録，人藏其書矣。獨《易解》未以示人，歲在丁巳始脱藁。正忝門下士，遠辱寄示，因展讀之，見其折衷群儒，直探四聖。蓋元老極深研幾之談，而非若康成介士、輔嗣少年以捉塵岸幘、肆之口説者可同日語也。德行孰而神明通，功業著而文思焕，得是編者，不惟《易》之疑端奧義，一披閱而即可涣然，凡我師之所以搏捖當世，經事揆務，匡大變而不驚，處大功而無跡，進而用晦，退以存幾，胥可考見之矣。其啓示後學，豈淺鮮哉？正尚愚之資，未窺《易》一斑，欣服膺之有藉也。□爲之引，以示同學之士云。

　　萬曆戊午二月朔日，攸縣儒學署教諭事舉人門生江夏黃養正頓首拜撰。

易解序

　　子所雅言，《詩》《書》、執禮，皆雅言也。獨不及《易》，《易》難言也。惟難言，故罕言。子罕言命，《易》，性命之書也。子言性與天道不可得聞，中人以下不可語上，何輕與人雅言《易》也？微獨難言，亦難學。孔子五十以前豈不學《易》？而不以學《易》名。其自名曰："假我數年，五十學《易》，可以無大過矣。"孔子將縱之聖，五十學《易》，董可以無大過。何晏、王輔嗣諸人，奈何以輕俊少年，謾言《易》邪？則真管窺天、郄視文也。夫學之爲言效也。效之不俏，不得名學。《易》之入手在洗心，其入神在知來藏往。今學《易》者，能洗心乎？知來藏往乎？《易》之終萬物始萬物莫盛乎艮，其妙萬物莫妙於神。今學《易》者，能終、能始、能神乎？乾六龍可雨天下，漸六鴻可儀天下，今學《易》者，出可爲雨，處可爲儀乎？一不效，不名學《易》。故學《易》難。孔子之可仕可止學艮，可久可速學咸、恒，不厭不倦學乾，多識多聞學大畜，寧儉寧戚學小過，焉不學，焉不《易》？故《易》惟孔子能學也。然韋編三絶，鐵摘三折，如此其塵；河不出圖，嘆不如羲，鳳鳥不至，嘆不如文，如此其憂，而董云"無大過"。《易》可易學邪？子章幼習《易》，先君手書程《傳》、朱《義》而口授之，因之竊一第。今犬馬齒七十有五矣，讀三《易》語，如隔牆聽瞽咳，不審云何。自歸養以來，日極研而旁鑽之，稍窺一班，爲論若干篇，爲解若干條，總名之曰《易解》，以訓子弟，子弟付之剞劂。嗟乎！荀子有言“善爲《易》者不占”，管輅謂“《易》安可注”，信斯言也。予兹解贅矣，予之過大矣。

萬曆丁巳秋七月七夕，後學郭子章謹序①。

---

① 按：此序後有批注：“正月太，二月壯，三月夬，四月乾，五月姤，六月遯，七月否，八月觀，九月剥，十月坤，十一月復，十二月臨。”

郭氏易解卷一

易總論

易論一

夫易者何也？生生之謂也。生生者何也？易有大極，是生兩儀，兩儀生四象，四象生八卦，八卦定吉凶、生大業，則生生之謂也。而易管是矣。有天地，然後萬物生焉。盈天地之間惟萬物，故受之以屯。屯以下六十四卦以次而受，故曰“生生之謂易”。彼乾、坤者，易之縕也。大生於乾，廣生於坤，生生之易，蘊蓄於乾、坤也。乾、坤毀，則大生、廣生者不生，無以見易。易不可見，生機不暢，則乾、坤或幾乎息矣。曰“毀”、曰“息”，蓋對生生言也。天地之大德曰生，聖人不過以天地生生之德筆之於書，故曰易也。易在天地間曰生生，人得是生生之易而爲性，故性之字從心從生。古聖賢未嘗廢生言性也。告子曰“生之謂性”，蓋指食色之蠢然者名之，不知所謂大極、兩儀、四象也，知生而不知生生也，則未明於易故也。孟子曰“口之於味，耳之於聲，目之於色，鼻之於臭，性也”，即生之謂性也；而曰“有命焉",則明於生生之易故也。大哉生生！在天地則爲易，在人則爲性，故曰："天地設位，而易行乎其中矣。成性存存，道義之門。"易也，性也，一也。聖人之作《易》，不過盡天地人之生生者而發明之，故曰：《易》，性命之書也。有天道焉，有地道焉，有人道焉。彼不明於天地人之生生者，未可遽與論《易》也。

易論二

或問曰：生生之謂易，是矣。生生之謂性，是矣。不知是性也，從何來邪？《詩》曰"天生烝民，有物有則"，《記》曰"人受天地之中以生"，伊尹曰"天之生此民也，使先知先覺覺後知後覺也"，明屬之天，而未注"性"字。《書》曰"維皇上帝降衷于下民，若有恒性"，《中庸》曰"天命之謂性"，其説更明。郭子曰：此語其半，未敢以爲全也。"人受天地之中以生"，不知天地之中何所受邪？"天生此民，使先知先覺覺後知後覺"，不知天之知覺，何所使邪？"上帝降衷于下民"爲性，帝亦有衷有性，是誰降邪？"天命之謂性"，天亦有性，是誰命邪？故曰語其半也。夫説性莫辨於《易》之乾，孔子之《彖》其晰矣。《彖》曰"大哉乾元，萬物資始，乃統天。大明終始，六位時成，時乘六龍以御天"，又曰"大人先天而天不違"。乾元之統天，性統之也。大明聖人之御天，性御之也。大人之先天，性先之也。天且不違大人，不違大人之性也。而天惡能以性降下民、命人物邪？《彖》又曰"乾道變化，各

正性命,保合太和",乾道即乾元也。變化,一陰一陽,即所
謂易也。有乾道之變化,而天地人物各正其性命,以保合
太和,則天地之性命且屬於乾道之變化,而況於人乎,況於
物乎?《本義》曰"天所賦爲命,物所受爲性"[一],遺乾道而
專屬之天,猶未語其全也。故曰"一陰一陽之謂道,繼之
者善也,成之者性也",則性根於一陰一陽之道謂之性
道,其降於人心謂之道心,一也。"易有太極,是生兩儀,
兩儀生四象",太極即乾元也。太極生天地陰陽,乾元統
天,一也,故曰:《易》之爲書也,"將以順性命之理。是以
立天之道曰陰與陽。"天道之立,立以陰陽,而謂天之性
不由陰陽邪?知天則知地與人物矣。世之讀《易》者,惑
於《説卦》曰"乾,天也",又曰"乾爲天",以爲乾即天也。
不知乾與天大有分別。乾能生天、能統天,以天當乾,是
未明於乾也。

易論三

嗟夫!世之注《易》者,吾惑矣。夫《易》,廣矣,大矣,
無容注矣。凡書皆始於人,惟《易》始於天。天以生生之
機,凝而爲圖而出於河,是《易》之祖也。所謂"《易》者,象
也"。伏羲氏畫而象之,八卦有次序、有方位,六十四卦有
次序、有方位,所謂"象也者,像也",是圖之注也。顧有畫
無文,民用弗前,文王始圖後天,次序方位稍異於羲,每卦
各繫以辭。曰乾、曰坤者,名其卦也。曰"元亨利貞"、曰

“元亨利牝馬之貞”者，著其辭也。總而名之曰彖，所謂“彖者，材也”，是羲之畫之注也。又以彖言乎象，未言乎變，每卦一畫又繫以辭，如潛龍、見龍之説，名之曰爻辭，所謂“爻也者，效天下之動者也”，是文之象之注也。三才之蘊管是矣，聖人之情具是矣。孔子曰：《易》彖、象、爻“吉凶生而悔吝著也”。則亦可以無言矣。而更爲《彖辭》、爲《文言》、爲《小象》、爲《繫辭》、爲《説卦》，何也？意若曰：書不盡言，言不盡意。伏羲立象以盡意，設卦以盡情僞，文王繫辭以盡言。神明默成，存乎其人耳矣。而神明默成者不可得，不得已取文王之辭而備注之，以示萬世。五十學《易》，三絶韋編，故後之注《易》者，無若孔子也。今由乾一卦論之，文王曰“乾，元亨利貞”，孔子解之曰：“元者善之長也，亨者嘉之會也，利者義之和也，貞者事之幹也。君子行此四德者，故曰‘乾，元亨利貞’。”自乾而坤，六十四卦莫不注焉。由乾一爻論之，文王曰“初九，潛龍勿用”，孔子解之曰：“龍德而隱者也。”又曰：“陽在下也。”又曰：“陽氣潛藏。”自乾而坤，三百八十四爻莫不注焉。而况十翼又若是其明且悉乎？後之儒者創爲異論，愈多愈晦。孔曰“生生之謂易”，注《易》者不曰生生。孔曰“元者善之長”，注元者不曰善長。豈其所見果有加於孔子邪？噫！孔注周[二]文，文注[三]羲，羲注圖，廣矣大矣，無容注矣。

易論四

或問：《易》更四聖，其説已久。而又云止更三聖，不及周公者，何也？郭子曰：予得之孔子矣。孔子曰："昔有庖犧氏之王天下也，仰則觀象於天，俯則觀法於地，觀鳥獸之文與地之宜，近取諸身，遠取諸物。於是始作八卦，以通神明之德，以類萬物之情。"則卦下爻下俱未有詞，且未及文王。孔子又曰："《易》之興也，其當殷之末世、周之盛德邪？當文王與紂之事邪？是故其詞危。"則卦下爻下俱有詞矣。止言文王，未及周公。太史公《史記》曰："余聞之先人曰：伏羲至純厚，作《易》八卦。"又曰："西伯蓋即位之五十年，其囚羑里，蓋益《易》之八卦爲六十四。"又曰："西伯拘而演《周易》。"又《史記》司馬季主曰："文王演三百八十四爻，越王勾踐倣文王八卦。"太史公去周未遠，《周易》未焚，而演《周易》止云西伯，不數周公，則卦詞爻詞，皆文王筆也。又《易通卦驗》[四]："遂皇燧人。始出，握機矩，表計冥[五]。其刻白蒼牙通靈。伏義。昌之成，文王。孔演命，明道經。處義作易，仲命德維紀[六]。仲謂四角[七]之卦，震、兑、坎、離也。維者四角之卦，艮、巽、坤、乾也。周文增通八八之節，轉序三百八十四爻，以繫王命之瑞。故正其本而萬物理，失之毫釐，差以千里。"又宋葉氏《三易辯》曰："三《易》經卦皆八，其別皆六十四。經者其常，別者其變也。伏義、神農、黄帝、堯、舜取離、益等十有三卦，文王但爲六十四卦之爻辭爾。其爲六十四者，自伏義以來，未之有異也。"由《通驗《易辨》之説，爻詞確屬文王。及讀唐孔穎達《正義》，始二其説矣。其言曰："《周易》繫辭，凡有二説。一説謂卦辭、爻辭並是文王所作。案《繫辭》云：'《易》之興也，當文王與紂之事。'明道經準此云[八]。伏羲制卦，文王繫辭，孔子作十翼。《易》歷三聖謂此。鄭學之徒並依此説。二以爲驗爻辭，多周公[九]後事。案升卦、隨卦王用亨于西山、岐山[一〇]，武王克殷之後，始追號文王爲王。若爻辭是文王所制，不應云'王用亨于岐山'。又明夷六五'箕子之明夷'。故以爲卦辭屬文王，爻辭屬周公。馬融、陸績，並同此説。其曰'《易》更三聖'，不數周公者，以父統子業故也。"然則以爻詞屬周公，説出穎達。予謂隨上六"王用亨于岐[一一]山"，文正[一二]囚羑里時，未封王，安得自稱王？不知文意謂繫之維之，臣罪當囚，天王明聖，未知何日用亨于岐山乎？蓋期望紂恩云耳。且古者天子巡狩，其始至方岳之下，則望秩於山川，朝見兹土之諸侯。紂之時不行巡狩之禮久矣，故於羑里而思曰：王其用亨岐山乎？蓋欲以巡狩之典，望紂舉行耳。"王"指紂；"岐山""西山"，文自謂，非文自稱王也。"箕子之明夷"謂箕子自晦其明，非言箕子爲奴也。由是言之，即爻詞亦屬文王，微獨卦詞也。不然，何小畜之卦詞與小過之爻詞皆曰"密雲不雨，自我西郊"也？何蠱之卦詞與巽之爻詞皆曰"先甲後甲""先庚後庚"，如出一手也？或問：六爻之重，有謂伏羲，有謂神農，有謂文王，其説紛紛，何也？郭子曰：解在王伯厚《玉海》。

《玉海》曰："重卦之人有四説：王輔嗣等以爲伏羲，鄭康成之徒以爲神農。淳于俊曰：'包羲因燧皇之圖而制八卦，神農演之爲六十四。'孫盛以爲夏禹，史遷等以爲文王。《淮南子》：'伏戲爲之六十四變，周室增以六爻。'張行成曰：'伏羲先天示《易》之體，故孔子謂之作八卦。文王後天明《易》之用，故子雲謂之重六爻。'楊繪曰：'筮非八卦之可爲，必六十四之，然後爲筮。舜禹之際曰龜筮協從，則何文王重卦之有乎？八卦成列，象在其中矣。因而重之，爻在其中矣。則重卦之始，其在上古乎？'京房引夫子曰：'神農重乎八純。'"由《玉海》觀之，有此爻便有此重，其在上古爲是。予又得之孔子矣。《説卦》曰："昔者聖人之作《易》也，將以順性命之理。是以立天之道曰陰與陽，立地之道曰柔與剛，立人之道曰仁與義。兼三才而兩之，故《易》六畫而成卦。分陰分陽，迭用柔剛，故《易》六位而成章。"曰"聖人"，曰"昔者"，未明屬爲誰，其亦在上古之謂邪？爻詞爻重，是千古二大疑，予故揭之篇首，以就正於知者。

易論五

正叔《易傳》有序，而元晦《本義》無序，何也？元晦於《易》，大費精神，而議論又甚瑩明。《本義》《圖説》《五贊》，俱有小序，特未有一總序若正叔耳。正叔序曰："予所傳者，辭也。由辭以得其意，則在乎人。"謝上蔡曰：

“伊川以《易傳》示門人，曰：只說得七分，後人更須自體究。”則正叔自家已在疑信之間，而元晦論《易傳》亦曰：“此程氏之《易》，非文王、孔子之《易》也。”故予作乾、坤二解，於《易傳》取十之三，於《本義》取十之七。至於本朝諸儒，論名理則羅明德、管東溟、鄧定宇、鄒南皋、周海門、馮元敏、鄒汝光諸公，論象數則陳養吾、來瞿塘二公，比之宋時，益更光大，豈非吾道之大幸與！而惜乎邵堯夫、朱元晦未之見也①。

易論六

黃楚望云：“《春秋》《周易》二書，大旨皆失傳。《周易》所失者象學，不傳則無以窺見聖人精神心術之妙，而《易》所謂不測之神不可得見。”嗟乎！使楚望得陳士元、來矣鮮《易》象讀之，不知欣賞當何如也。予嘗謂《周易》象大旨失傳，有陳、來《易》象注在；《春秋》大旨失傳，有楚望《春秋師說》在。讀《易》者不可不讀陳、來二注，讀《春秋》者不可不讀楚望《師說》。微獨此也。朱文公云：“‘此謂物格，此謂知之至也’，此句之上，別有闕文，此特其結語耳。”又云：“蓋釋格物致知之義，而今亡矣。”使此章不亡，則文公何必補格致之傳，後世格物之說何用紛如？黃楚望云：“《春秋》所以難看，乃是失却不修《春秋》。若有不修《春秋》互相比

---

① 按：“邵堯夫朱元晦”旁，有批注曰：“恐亦不能驚此二人。”

證，則史官紀載，仲尼所以筆削者，亦自顯然易見。"章謂《周易·文言》亦亡其大半，乾、坤二卦《文言》全，故其義明。六十四卦想俱有《文言》，讀《繫辭》"籍之用茅""亢龍有悔"等章自見。使諸卦《文言》俱存，則《易》義亦顯然自見①。

【校勘記】

〔一〕 天所賦爲命，物所受爲性：原作"天所賦爲性，物所受爲命"，據《易本義》改。

〔二〕 周：據上下文，似衍文。

〔三〕 注：原作"著"，據《蜀草》卷六《易論下》改。

〔四〕 易通卦驗：原作"易卦通驗"，按下文所引，出自《易緯通卦驗》，據改。

〔五〕 冥：《易緯通卦驗》作"宜"。

〔六〕 處羲作易，仲命德維紀：《易緯通卦驗》作"處羲作易仲，仲命德，維紀衡"。

〔七〕 角：《易緯通卦驗》作"仲"。

〔八〕 明道經準此云：按《周易正義》卷首《第四論卦辭爻辭誰作》云："《通卦驗》又云：'蒼牙通靈，昌之成，孔演命，明道經。'準此諸文，伏犧制卦，文王繫辭，孔子作十翼。《易》歷三聖，只謂此也。"郭氏節引作"明道經準此云"，不可通，或有脫誤。

〔九〕 周公：《周易正義》作"文王"。

---

① 按：本卷之末有批注："陳士元養吾、來矣鮮瞿塘《易》象，黃楚望《春秋師説》，急宜買讀。"

〔一〇〕　案升卦、隨卦王用亨于西山、岐山：《周易正義》作
“案升卦六四王用亨于岐山”，未及隨卦。

〔一一〕　岐：《周易》隨卦上六爻辭作“西”。

〔一二〕　正：疑當作“王”。

郭氏易解卷二

乾

乾論一 論乾元

“乾,元亨利貞”,此文王初著卦辭也。原無“天”字。《説卦》曰“乾爲天”,“乾,天也”,皆語象也。朱子《本義》云“三奇之卦名之曰乾,而擬之於天”是也。又曰“乾者,健也,陽之性也”,與《繫辭》“乾,至健也”“乾,陽物也”之説同。至程《傳》乃曰“乾者天之性情”。予讀孔子《文言》曰:“乾元者,始而亨者也。利貞者,性情也。”以“始亨”釋“乾元”,以“性情”釋“利貞”,未聞以乾爲天之性情也。孔子之《象》曰:“大哉乾元,萬物資始,乃統天。”天猶在乾元統括之中,而以乾爲天之性情,可乎? 故乾元者,先天而天弗違者也。明於乾元之旨,何以始物,何以統天,而亨利貞不待言矣。孔子曰:“易有太極,是生兩儀。”老子曰:“天得一以清。”一邪,太極邪,其乾元之謂邪? 夫乾元何以能統天也? 萬物資始於乾元,天亦一物也,亦資始於乾元也。乾元豈不能統天乎? 夫天大矣,而乾元統之,乾元之大可知,故曰

“大哉”。夫大明何以能御天也？御天謂能馳驅乎天也。列子且御風而行，豈有聖人不能御天乎？夫天大矣，而聖人御之，則聖人之大可知，故曰“大明”。此所謂先天而天不違也。來子曰：“統者，統治綱領。統天之統，如身之統四體。御者，分治條目。御天之御，如心之御五官。”其説辨矣。愚又聞之羅明德云：“伏羲仰觀俯察，遠求近取，其初也同吾儕之見，謂天自爲天，地自爲地，人自爲人，物自爲物。爭奈他志力精專，以致天不愛道，忽然靈光爆破，粉碎虛空，天也無天，地也無地，人也無人，物也無物，渾作個圓團團、光爍爍的東西，描不成，寫不就，不覺信手禿點一點，元也無名，也無字，後來却只得叫他做乾、叫他做太極也。此便是性命的根源。吾孔子自少而壯、而老，直至五十歲來，依然乾坤混沌，貫通一團，而曰‘天命之謂性’也。居常想像吾夫子此言出口之時，真傾瀉銀漢，嘘吸滄溟，以潤其津唾；扶搖剛風，迴旋灝氣，以舒其喘息。自此以後，口則悉代天言，身則悉代天工，所以率此性而爲道，道則四達不悖，學安得厭？修之爲教，教則並育而有成，又安得倦？”所以模擬乾元廣大景象亦明矣。雖然，猶從模擬中來也。愚讀《繫辭》曰“乾知大始”，又曰“夫乾，其静也專，其動也直，是以大生焉”，又曰“易有太極，是生兩儀”，則太極者，乾元之別名。曰“大[一]生”，曰“是生兩儀”，則天地且從此生，萬物且從此始，故曰“大始”。此乾元所以爲大也。此是吾夫子口筆，覺更親切。

或問：乾元在人身上何所指乎？愚謂在《大學》即所云至善，所云物，止之格之而已；在《中庸》即所云性，所云中，率之致之而已。

乾論二 論用九群龍无首

六十四卦以乾爲首。《説卦》以人身取象，又曰"乾爲首"。以一卦言，上爻爲首。比上六"比之无首，凶"，大過上六"過涉滅頂，凶"，離上九"有嘉折首"，既濟上六"濡其首，厲"，未濟上九"濡其首，有孚失是"，《易》以上爻爲首明矣。乾用九"群龍无首"，群龍無上之亢，是無首矣。不曰"六龍"，而曰"群龍"者，以下五爻言也。無上之亢則無悔，故曰"吉"。用九何也？大衍之數五十，其用四十有九。用九用六，"用"字本此。邵子言之備矣。陽之數一、三、五、七、九，陰之數二、四、六、八、十，故陽之數有首無尾，陰之數有尾無首。乾用九，陽變爲陰，故曰"无首"。醫書曰："陽會於首而不至於足，陰會於足而不至於首。"故首爲諸陽之會。乾用九，陽變爲陰，故曰"无首"。用九陽變爲陰，則天德變爲地，乾道變爲坤。首，先也。坤爲首則先迷，故不可爲首也。用六"永貞"，永貞，陽也。陰小陽大，陰變爲陽，以小始，以大終也。或問：乾群龍無首吉，比之無首則凶，大過滅頂則凶，未濟、既濟濡首則厲、則失是，何也？首有陽之義，乾五爻本龍德而無首，是陽而不過於陽也，不亢也，無首則吉。比、大過上六俱以陰柔處極地，陰而不能變陽也,是無陽也。無陽則有無首滅頂之象,故凶也。乾取龍象,龍,陽物也。無首則不過於陽,故吉。既濟、未濟俱取狐象,狐,陰物也。濡首則過於陰,故厲、故失是。士君子爲龍毋狐。或問:不亢何以爲無首? 郭子曰:不讀《説文》乎?《説文》云:亢本喉亢字,即肮字。肮,頸也。本作亢,象頸脉形。《前漢書·張耳傳》"絶亢而死",《婁敬傳》"搤其亢",今文作"肮"。由是言之,亢即首也,不亢即無首也。無首則吉。

乾論三　論天行健

天行一日一周,明日又一周,雖云健矣,一日之間,爲時幾何? 日月之行,人皆見之,則地之道里,不幾於狹乎? 地之形體,不幾於薄乎? 而何以曰博也、厚也? 孔子曰:"夫乾,確然示人易矣。"又曰:"夫乾,天下之至健。"惟易故健,惟健故於穆不已,而萬古常存。此以氣言、以理言,未必以形言也。不然,何以不曰"天行乾",而曰"天行健"? 六十四卦《大象》皆明卦,惟乾不名乾而名健,尊乾也。程明道曰:"日月謂一日一個亦得,謂通古今一個亦得。"則一日一周之説,明道亦疑之矣。夫行莫速於天,莫過於風雷,故曰"天行健",乾。"風行天上",小畜。曰"風行地上",觀。曰"風行水上",渙。曰"天下雷行"。无妄。然風雷之行有聲,而天行無跡,其神之所爲乎? 故曰:"神也者,妙萬物而爲言者也。不疾而速,不行而至。"

乾論四　論或之

四之"或",其商周改革之時乎？孔子曰："湯武革命,
順乎天,應乎人。"似無可疑者。然爲殷之孫,爲周之臣,孫
爲親諱,臣爲尊諱,蘇子言之矣。牧之誓,義士疑之,頑民
疑之,親而兄弟管蔡疑之。孔子有"武未盡善"之疑,子貢
有"紂之不善不如是甚"之疑,歐陽子有"《泰誓》三篇暴紂
惡太甚"之疑,蘇子有"武非聖人"之疑,吾師胡正甫有"微
箕可立"之疑。吾友管子登尊湯武爲躍龍,然亦爲之言曰:
"百世而後,卒不以順應之師,而掩首陽之節。"則亦未免於
疑者。若夏之割,商衆曰："我后不恤我衆,舍我穡事而割
正夏。"則商民疑矣。巢之放,湯惟有慙德,曰："予恐來世
以台爲口實。"則湯亦自疑矣。故曰："或之者,疑之也。"

乾論五　論變化

《易》言變化始於乾,曰"乾道變化"。有乾道之變化,
而後有天地之變化,故坤曰"天地變化",則開太之漸也。
《繫辭》曰"在天成象,在地成形,變化見矣",即所謂天地變
化也。又曰"天地變化,聖人效之",則變化在聖人矣。故
效之而設卦觀象,則曰"剛柔相推而生變化","變化者,進
退之象也"。效之爲象占,則曰"變化云爲,吉事有祥"。效
之極數通變,而爲大衍之數,則成變化、行鬼神。而孔子曰
"知變化之道者,其知神之所爲乎",語變化而歸之神,至
矣。神也者,妙萬物而爲言者。然後能變化,既成萬物,皆

神之所爲矣。此《易》中之變化，皆從乾道變化中來也。至於黃[二]帝、堯、舜，通其變，使民不倦，神而化之，使民宜之，則效變化更制作矣。擬議以成其變化，則效變化善言動矣。嗟乎！乾道不變化不成宇宙，天地不變化不成造化，象數不變化不成《易》，帝王不變化不成治，言動不變化不成學。《太玄經》曰："攡措陰陽而發氣，一判一合，天地備矣。天日迴行，剛柔接矣。還復其所，終始定矣。一生一死，性命瑩矣。"此子雲語陰陽之變化也。《關氏易傳》曰："觀其變，極其數，知其來，受命如嚮，乾坤之神，夫《易》極乎神而已矣。"此子明語變化之神也。邵子詩曰："恍惚陰陽初變化，氤氳天地乍迴旋。中間些子好光景，安得工夫入語言。"此堯夫語陽陰[三]變化之初也。夫變化未易言也。

乾論六　論天則

天則之説，其來久矣。《詩》云："天生蒸民，有物有則。民之秉彝，好是懿德。"孔子曰："爲此詩者，其知道乎！"《詩》又曰："不識不知，順帝之則。"物則、帝則，即天則也。曰"好"曰"順"，天則始見，見亦何妨？《書》曰"先王顧諟天之明命"，《易》曰"復其見天地之心乎"，見道見《易》，其又何妨？惟求見之心則非也。故曰"乃見"。考諸爻詞，共五"則"字。同人之"反則"，反此天則也。謙之"不違則"，不違此天則也。明夷之"順以則"，順此天則也；“失則”，失此天則也。即“天生神物，聖人則之”
“河出圖，洛出書，聖人則之”，亦則此天則也。“巍巍乎，
惟天爲大，惟堯則之”，則此天則也。脱此中未見天則，
何以則天乎？然必用九乃見天則，何也？考《説文》：“則，
等畫物也。”凡制度品節皆曰則。在天爲則，在心爲矩，在
物爲權度，皆此物也。大過而剛焉則亢，亢非則也。不及
而柔焉則靡，靡非則也。用九則剛而能柔，不亢不靡，天則
見矣。孔子曰“不踰矩”，又曰“可與權”，聖學至此，乃爲極
則。“知我者其天乎”，是“乃見天則”之説也。《左傳》“惟
則定國”，“毁則爲賊”。又天理不差曰則。《前漢·律志》
“夷則”，七月律名。則，法也。言陽氣正法度，而使陰氣夷
當傷之物。知《左傳》之天理，又知《漢書》之夷則，於乾之
天則，容有二乎？《中庸》曰：“天地之道，可一言盡也。其
爲物不貳，則其生物不測。”不二，一也。不測，不可測度
也。知一則知則矣。

乾論七　論三四不稱龍

或問：乾爻三與四不稱龍，何也？即《象》稱六龍，亦
概言之耳。郭子曰：《文言》有云：“遯世无悶，不見是无
悶，樂則行，憂則違，龍德也。”惕則未免於悶、未免於憂，故
勉之進、勉之修，以造於龍也。邵子曰：“龍者陽類，與時相
須。首出庶物，同遊六虚。能潛能見，能吸能呼。能大能
小，能有能無。”則何惕何厲？湯惟慙德，武未盡善，四不稱

龍以此。朱子曰："有隱見[四]而無淺深。"管子曰："龍德無優劣。"既龍矣，何淺何深，何優何劣？第恐未龍，惡得無淺深優劣之別？孔子曰："龍食乎清而游乎清，螭食乎清而游乎濁，魚食乎濁而游乎濁。今丘上不及龍，下不若魚，丘其螭邪？"他日問禮於老子，去，謂弟子曰："鳥吾知其能飛，魚吾知其能游，獸吾知其能走。走者可以爲網，游者可以爲綸，飛者可以爲繒。至於龍，吾不能知，其乘風雨而上天。吾今見老子，其猶龍邪？"聖至孔子，不敢自龍，其龍老子，亦曰"其猶"，若之何輕以龍湯武也？

乾論八　論亢龍、龍戰

陽極必亢，故《象》曰："亢龍有悔，窮之災也。"陰極必戰，故《象》曰："龍戰于野，其道窮也。"《易》窮則變，變則通，通則久，故窮而亢、而戰，皆災也；窮而變、而通、而久，皆吉也。凡當窮時，惟在善變耳。故陽窮當用九，陰窮在用六。考《易》稱"窮之災也"二：乾上九"亢龍有悔，窮之災也"，无妄上九"无妄之行，窮之災也"。來氏曰："无妄未有不可行者，以時位與亢龍同，故二《小象》俱同。"《易》稱"其道窮也"六：坤上六"龍戰于野，其道窮也"，比"後夫凶，其道窮也"，蹇"不利東北，其道窮也"，節"苦節不可貞，其道窮也""苦節貞凶，其道窮也"，既濟"終止則亂，其道窮也"。坤窮而戰，以陰窮也。比窮於後，以勢窮也。蹇窮於東北，以地窮也。節窮於苦，既濟窮於止，苦與止皆不得中道，以理窮也。總而命之曰“道窮”。

乾文言

　　孔子《文言》正是解卦辭，孔子《小象》曰[五]正是解爻辭，最極明晰，不必復添注脚。如云“元者善之長也”，是解“元”，何必又解曰“元，大也”？如云“潛龍勿用，何謂也？曰：龍德而隱者也”，是解“潛龍勿用”，何必更解曰“潛，藏也”①？竊意孔子《文言》，六十四卦三百八十四爻皆有，今止存乾、坤二卦，餘卦爻都亡了。讀《繫辭》“困于石”“公用射隼”十章，則凡爻皆有《文言》。如其俱存，《易》理自明。今之注解，皆贅語耳。

龍德

　　乾、坤二卦，其聖學之大綱乎！乾，龍德也。初九龍德曰確不可拔，九二龍德曰謹信寬仁，三、四龍德曰進德修業，九五龍德曰先天後天，上九亢龍，戒曰不失其正。總之曰不息而已。坤，厚德也。初六厚德曰積善餘慶，六二厚德曰直方敬義，三、四厚德曰含、曰慎，九五厚德曰美在其中，上六龍戰，歸於天玄地黃。總之曰不疑而已。故曰“乾、坤其易之門”，又曰“乾、坤其易之縕”，此所以爲聖學也。不息即强，不疑即明，非《中庸》必明必强之旨邪？

---

① 按：此處有夾注云：“詳此真可發笑。”

坤

坤論一　論乾元、坤元

或問：乾元、坤元，有異同乎？郭子曰：元無二也。但乾得之爲乾元，遂能資始而統天；坤得之爲坤元，菫能資生而承天。知坤之不能資始而資生，不能統天而承天，則坤之別於乾亦明矣。以愚評之，乾元統天，是先天而天弗違也。其在於人，爲大明終始、乘龍御天，則亦先天之聖人矣。坤元資生，是後天而奉天時也。其在於人，爲坤道其順、承天時行，則亦後天之聖人矣。乾、坤之辨如此。顧乾之大人與天地合德者，合先天後天共歸之一人，而總承之曰“天且弗違”，何也？曰：分乾、坤二聖人言之，先天屬乾，後天屬坤。以乾九五大人一人言之，當其無思無爲、不疾不行時屬先天，及其開物成務、制禮作樂時屬後天。故乾之大人可以兼坤，而坤之聖人不可並乾也。其大小之辨又如此。

坤論二　論早辨

或問：慶屬善，殃屬不善，此迪吉逆凶之應也。然不曰積善之人有慶，而曰“積善之家，必有餘慶”；不曰積不善之人有殃，而曰“積不善之家，必有餘殃”。何也？郭子曰：善貴積。積善於一人，止於其身；積善於一家，不知其歷幾世。不善忌積。積不善於一人，止於其身；積不善於一家，

不知其歷幾世。故慶與殃，皆曰"餘"也。周自夏末公劉遷
豳，歷商六十年，以仁厚立國，而周武受始命[六]，則積善之
家之慶也。秦自靈公歷惠、出、獻、孝、惠文、昭襄，蠶食六
國，至始皇滅周，二世而亡，則積不善之家之殃也。豈一朝
一夕之故哉？由辨之不早辨也。顧早辨亦難矣，惟積善之
家能辨，積不善之家不能辨。何也？積善之家，父慈子孝，
兄友弟共，夫正婦順，主明僕忠，無一小人廁[七]其間，即有
亦自能辯之。積不善之家，父不慈，子不孝，兄不友，弟不
共，夫不正，婦不順，主不明，僕不忠，一家都是小人，又誰
能辯之？秦二世不早辯趙高，而來望夷之弒；漢武不早辯
江充，而興巫[八]蠱之獄；成帝不早辯王氏，而成新莽之篡；
漢靈不早辯節、甫，而釀卓、汜之亂；唐太宗不早辯武氏，而
改天授之元；唐玄宗不早辯祿山，而動漁陽之鼓。蓋由人
主不識善爲何物。能識善，自能擇善；能擇善，自能爲善；
能爲善，自能積善。則善惡邪正，亦自了了。不然，大姦似
忠，大詐似信，大佞似愿，大雄似柔，而又誰能辯之？故欲
早辨者，在積善也。

坤論三 論六二、六三、六四

乾以易知，其功在不息，不息則德日進，業日修，可與
幾，可與存義。此願息之賜，不如回之進也。坤以簡能，其
行在不疑，不疑則內曰直，外曰方，敬義立而德不孤。此非
與之賜，不如參之唯也。坤至柔而動剛，剛即直也，而敬爲

主。不敬之直，其失也，爲絞爲訐，甚且流而爲詐，非直而
禮之直也。至靜而德方，即方也，而義爲質。不義之方，其
失也，爲適爲莫，甚且流而爲滯，非方以知之方也。主敬之
直，其直也正；比義之方，其方也圓。而德不孤，孤則不大，
不孤則大，此善信美大之境也。大而化之，聖不可知，此不
習无不利之境也。又何疑之有？三[九]之美曰含，不敢暢，
不敢發，臣道也。五之美曰暢、曰發，而不必含，君道也。
臣而不含，勢必凌上；君而不暢，勢必隨下。或問：坤作成
物，而此曰"无成有終"，何也？坤雖无成而代有終，有終則
成矣。是无成而成也。雖云成而有終，畢竟无成，是成而
无成也。故曰"坤作成物"，又曰"无成"。夫三何以曰"地
道也"？董子曰："地出雲爲雨，起氣爲風。風雨者，地之
所[一〇]爲。地不敢有其功名，必上之於天，命若從天氣者。
故曰天風天雨也，莫曰地風地雨也。勤勞在地，名一歸於
天。"故曰"地道"。何以曰"妻道也"？曹世叔《女憲》曰：
"婦如影響，焉不可爽[一一]。天固不可逃，夫固不可離。"視
夫如天，故曰"妻道"。何以曰"臣道也"？《抱朴子》曰："爲
人下者，其猶土也，深扣之而得甘泉焉。樹之而五穀蕃焉，
草木植焉，禽獸育焉。生則立焉，死則入焉。功多不望賞，
勞瘁不敢怨。"故曰"臣道"。

坤論四 論變化

乾《文言》曰："乾道變化，各正性命，保合太和。"坤《文

言》曰："天地變化,草木蕃。"《繫辭》曰："變化云爲,吉事有
祥。"由是言之,變化者,開泰之漸也。然成變化行鬼神始
於數,能變化成萬物妙於神,則變化可易言哉? 或問:天
地閉,賢人隱,而伊尹五就湯、五就桀,孔子周流列國,見七
十君,何閉而不隱也? 郭子曰:此聖賢之辯也。伊尹,聖
之任者也。故思天下匹夫匹婦,有不被堯舜之澤者,若己
推而内之溝中。孔子,聖之時者也。四時行焉,百物生焉。
故自言曰:"天下有道,丘不與易。"又曰:"果哉,末之難
矣。"若一閉而隱,其何以爲聖人? 乾六爻,二、五稱大人,
初、三、四止稱君子,上雖稱聖人,不屬亢龍。坤六爻,《文
言》於二、五稱君子,四稱賢人。夫大人即聖人也。以聖人
事責賢人君子,猶以乾元事責坤元也,必不能矣。

坤論五 論玄黃

　　或問:"玄黃者,天地之雜也。天玄而地黃",則玄屬
天,黃屬地矣。坤,地也。爻曰"黃裳元吉",《象》曰"黃裳
元吉,文在中也",《文言》曰"黃中通理",即黃離、黃耳,亦
屬陰爻,則地黃明矣。乃乾,天也,卦詞無一"玄"字,何也?
郭子曰:元與玄一也。乾之《彖》曰"大哉乾元,萬物資
始",又曰"元者,善之長也",又曰"乾元者,始而亨者也"。
雖未言"玄",言"元"即言"玄"矣。何休曰:"變一爲元,元
者氣也。"王涯曰:"以一生三,三相生,玄之數也。"元以一
變,玄以一生,無甚異也。《爾雅翼》云:"天地之初,介潭生

光^[一二]龍，光龍生玄黿，玄黿生靈龜，靈龜生庶龜。"凡介者生於庶龜。然則黿，介蟲之元也。又天黿，辰星次名，一曰玄枵。則"元"與"玄"，古字或通用也。故劉昭烈字玄德，一名元德；唐明皇謚玄宗，一名元宗。豈謂是邪？予讀揚子《太玄總序》："馴乎玄渾，行無窮，正象天。"桓譚《新論》曰："揚雄《玄書》，玄者天也。伏羲^[一三]謂之《易》，老子謂之道，孔子謂之元，而揚子謂之玄。"即《易》所云天玄也。又首名中"陽氣潛萌於黃宮，信無不在其中"，礩初一曰"黃純于潛，不見其畛，藏鬱於泉"，即《易》所云"地黃"也。又中次二"神戰于玄，其陳陰陽"，即《易》所云"龍戰于野，其血玄黃"也。《太玄》擬《易》，玄自玄，黃自黃，天自天，地自地，無相雜矣。邵子曰："揚雄作《玄》，可謂見天地之心者也。"

早辨

坤曰"早辨"，解曰"夙吉"。訟曰"謀始"，震曰"畏鄰"，治之於未亂，爲之於未有。

括囊

囊所以貯物，辟心藏知也。閉其知而不用，故曰"括囊"。韞玉以待賈，孔子所以喻子貢也。潛龍以不見成德，管寧所以箴邴原也。全身以待時，杜襲所以戒繁欽也。《易》曰"括囊，无咎无譽"。

坤文言

《文言》申《彖傳》之意。“至柔”至“剛”，“至哉坤元”之謂也。“後得主而有常”，“先迷失道，後順得常”之謂也。程《傳》“主下當有利字”，失之。“含萬物而化光”，“含弘光大，品物咸亨”之謂也。“坤道其順乎，承天而時行”，“乃順承天”之謂也。乾元統天，“先天而天弗違”也。坤元承天，“後天而奉天時”也①。

【校勘記】

〔一〕　大：原作“太”，據上文改。

〔二〕　黃：原作“皇”，據《周易·繫辭下傳》改。

〔三〕　陽陰：疑當作“陰陽”。

〔四〕　見：《易本義》作“顯”。

〔五〕　曰：疑衍文。

〔六〕　受始命：疑當作“始受命”。

〔七〕　厠：原作“厮”，據文意改。

〔八〕　巫：原作“誣”，據《漢書·武帝紀》改。

---

① 按：卷末有批注曰：“乾，健也。使有一毫私意，則爲用罔、用壯，非健也。故詞曰大通至正。坤，順也。使守之不固，則爲委靡廢弛，故詞曰利牝馬之貞。乾有主而坤有爲。有爲者，作成之道也。論乾則無容着力，故克復敬恕分屬乾。屯之乘馬班如、求婚媾，渙之用拯馬壯，皆求人濟險者也。然屯之四、初相應，而渙之初與二比，似不宜。然要其相比，亦有相應之情。相應者，用上求下，而屈己以致賢；相比者，以下承上，則安意聽命。凡以廣求人之義也。處險難之極，時有可爲，陰柔則如屯之泣血漣如，陽剛則如否之先否後喜。陰柔則當求人以濟，如蹇之利見大人，陽剛尤當自信自養以俟命，如未濟之有孚飲酒。敬之終吉，藉人以濟之義也。有悔征吉深爲感悟之詞也。悔之何如，利見大人而已。此皆爲陰爻發也。”

〔九〕　三：原作“四”，據《周易》坤卦六三爻辭改。

〔一〇〕　所：原作“爲”，據《春秋繁露·五行對第三十八》改。

〔一一〕　爽：《後漢書》卷八四《列女傳》作“賞”。

〔一二〕　光：《爾雅翼》卷二八作“先”，下同。

〔一三〕　義：原作“希”，據《後漢書》卷五九《張衡列傳》注文改。

郭氏易解卷三

屯

屯論上 論建侯

剛柔始交而難生，雷雨滿盈，天造草昧，天地屯矣。初曰"磐桓"，二曰"屯如"，三曰"吝窮"，四曰"馬班"，五曰"屯膏"，上曰"泣血"，人事屯矣。君子經綸，不暇他有事事。卦辭曰"利建侯"，《象》曰"宜建侯"，初九又曰"利建侯"，三言之不置，則建侯者，亨屯之首務也。惟天生民有欲，無主乃亂，干戈紛紛未息，有主乃定，此侯之利也。顧侯亦難言矣，不得民不可侯，侯不下賤不可得民。孟子曰："得乎丘民而爲天子，得乎天子而爲諸侯。"得民之説也。又曰："孰能一之，不嗜殺人者能一之。"下賤之説也。秦楚之屯，高帝建而定於西；新莽之屯，光武建而定於東。五胡之屯，元帝建而定於江左；楊隋之屯，唐高祖建而定於關中。完顏①

---

① 按："完顏"旁有夾批"五季"。

之屯，高宗①建而定於杭②；胡元之屯，我高皇帝建而定於金陵。故建侯濟屯，經綸之大策，區區用人行政，其節目耳。六朝五代金元，世非不屯，侯非不建，而無濟於屯，其所謂侯，武人大君，非大得民之侯也。

屯論下　論小貞、大貞

"小貞吉，大貞凶。"夫貞則無不吉者，至於大而反凶，何也？程《傳》得之矣。九五以陽剛中正居尊，亦有德有位者，宜其撥亂反正有餘也。但陷於險中，爲陰所掩，雖有六二正應，而陰柔才弱，則無臣。初九得民於下，衆皆歸之，則無民。威權去己，膏澤不下，是屯其膏也。當屯之時，而驟欲反正，是大貞也。魯昭公之所以逐，高貴鄉公之所以弑也。故曰凶。若漸漸正之，而[一]盤庚、周宣，修德用賢，復先王之政，諸侯復朝，是小貞也。故曰吉。朱子謂以處小事，則守正猶可獲吉，以處大事，則雖正而不免於凶。夫天下未有以正處大事而凶者。來氏謂六二爲臣，小貞則吉，九五爲君，大貞則凶。夫天下未有爲人君大貞而凶者。漢文恭謙，未皇禮樂，書下尉佗，猶稱側室之子，是小貞吉。漢武改正朔，易服色，東征西討，幕南無王庭，而海内虛耗，是大貞凶。宋仁宗恭儉四十年，與遼夏平，是小貞吉。神

---

① 按："高宗"旁有夾批"藝祖"。
② 按："杭"旁有夾批"汴"。

宗用兵西夏，卒致永樂之敗，是大貞凶。故尚大則憂，有大
不可以盈。甚哉，人君之不可大也。大雖貞亦凶，況不貞
乎？或曰：《周禮》小宗伯之職：“若國大貞，則奉玉帛以詔
號。”注：“大貞，謂卜立君、卜大封也。”大卜注亦云：“大貞，
大事求正於龜也。”立君封國，事之重者也。屯宜建侯，然
膏澤既屯，即立君卜封，亦無所濟，故曰大貞凶。亦通。

建侯

　　建侯有二解：程子謂建侯以資輔助，建萬國、親諸侯
之説也；朱子謂宜立君以統治，《左氏》立君之説也。今從
朱。按：《左傳》衛襄公夫人姜氏無子，嬖人婤[二]生孟縶，
又生元。孟縶之足不良弱行。孔成子筮立元，遇屯；又筮
立縶，遇屯初九。史朝曰：“立元何疑焉？其繇曰：利建
侯。嗣吉何建？建非嗣也。”孔成子遂立元，是爲靈公。又
畢萬筮仕於晉，遇屯初九。辛廖占之曰：“吉孰大焉？其必
蕃昌，公侯之卦也。”

十年乃字

　　朱子云：“《易》中説十年、三年、七日、八月等處，皆必
有所指，但今當闕疑。”第程《傳》云：“十，數之終也。”來梁
山云：“中爻坤土，土數成於十，十之象也。”陳應城云：“坤
爲年，其數十，故曰十年。”足以補朱注之闕。朱注又曰：
“字，許嫁也。《禮》曰：女子許嫁，笄而字。”予讀《曲禮》

云：“男子二十，冠而字。女子許嫁，筓而字。”注：“男子二十，冠而字之，敬其名也。女子許嫁，則十五而筓；未許嫁，則二十而筓。亦成人之道也，故字之。”據此，則男女皆可字。謂女子許嫁，筓而字之則可，非以許嫁解字也。如以許嫁解字，則男子之字，亦解作許嫁乎？便難通矣。吳陸績解京房《易注》曰：“字，愛也。時通則道亨，合正匹也。”程子字育之說，蓋本之此。《禮記》“許嫁筓而字”，乃名字之字；《易》“十年乃字”，則字育之字也。不可亡辨。

即鹿

“即鹿”，陳氏作“獸”，來氏作“麓”。然《象》曰“即鹿无虞，以從禽也”，若鹿是獸，不當云禽，還作“麓”爲是。《周易舉正》曰：“即鹿无虞，何以從禽也。”多一“何”字。石經亦然。

往明①

知己不足，求初自輔，而往以濟屯，不獨知人，抑且自知，可謂明也已矣。《太玄經》曰：“大開帷幕，以引方客。測曰：大開帷幕，覽衆明也。”亦是此意②。

---

① 按：此下有批注：“鄒四山以初求四而四往初，更順妥。”
② 按：段後有批注：“開帷幕引方客語，便俗腐矣。”

蒙

蒙論 論稺與著

《序卦》云：“蒙者，蒙也，物之稺也。物稺不可不養也。”《雜卦》云：“蒙雜而著。”並未以昧訓蒙。使蒙而昧也，何以亨，何以養，何以著乎？愚謂蒙以童爲上，困爲次。童者，赤子之心，大人之具也。困者，困於心而後作，困而學之，又其次也。困而知之，及其成功一也。困而不學，斯爲下矣。若見金夫，不有躬，其行不順，是下愚不移者，不得謂之蒙矣。故獨此爻無蒙字。治蒙者，用嚴則爲發、爲擊，利用刑人，幾於爲寇，乃果行之説也；用寬則爲包、爲養，子可克家，正可作聖，乃育德之説也。總之皆所以養正也。《説文》云：“稺，幼禾也。”穗之低小，刈所不及，其種晚者後必熟，故曰後生可畏，謂其可養也。《説文》又云：“雜，參錯也。”物相雜，故曰文，謂其必著也。可養則可聖，必著則必明，蒙之所以亨也，而誰謂其昧也？周南仲云：“聖人教人用蒙而不用復，蓋復者，去其不善而復於善之謂也。若蒙則無不善，亦未有所失也。”得蒙之旨矣①。

---

① 按：段後有批注：“陰柔爲蒙，陽剛爲明，亨蒙者也。亨之道，過剛非宜，故用脱桎梏，便是不利爲寇。”

三順

蒙卦《小象》稱順者三：一曰"行不順也"，一曰"順以巽也"，一曰"上下順也"。如訓順作慎，則"順以巽"當作"慎以巽"，"上下順"當作"上下慎"，便難通。

金夫

貞不字之女，則慰之曰"乃字""反常"；見金夫之女，則戒之曰"勿用取女"。聖人之利女貞如此。五爻皆云蒙，而三不云蒙，不順之行，不足稱蒙也。不童不困，無可發，無可包，無可擊，下愚不移者也。

需

需論上 論需不進

蒙以人取象。《彖》曰"童蒙"、曰"我"、曰"聖"，爻曰"刑人"、曰"婦"、曰"子"、曰"女"、曰"夫"、曰"寇"，皆人象也。從卦名蒙言也。需以地取象。《彖》曰"大川"，爻曰"郊"、曰"沙"、曰"泥"、曰"衍"、曰"穴"，皆地象也。從坎爲險言也。蒙曰"險而止"，需曰"險在前"，蓋當屯難之後，不得不如是委婉舒徐，以濟險矣。《雜卦》曰："履不處也。需不進也。"關子明以①不處屬周公，言不處尊

---

① 按：自"以"至"子胥乃修"爲補抄。

位也；以不進屬孔子，言待而不進也。予觀孔子自言曰：
"沽之哉，沽之哉，我待賈者也。"孟子曰："孔子進以禮，
退以義，得之不得曰有命。"則古今善需者，莫如孔子。
其次則伯夷、太公，一居北海，以待天下之清，一居東海，
以待天下之清，庶幾近之。然首陽之餓，後車之載，終不
若孔子之逍遥洙泗。故曰：孔子聖之時者也。際清任則
有別矣。

需論下 論飲食宴樂

聖人之於事，急而緩之，速而遲之，以待時也。雲上於
天以待雨，君子飲食宴樂以待時。《雜卦》曰："需不進也。"
關子明以屬之孔子。飯疏飲水，樂在其中，孔子之飲食宴
樂而需也。簞食瓢飲，不改其樂，顏子之飲食宴樂而需也。
孔子需於洙泗以待賈，顏子需於陋巷而舍藏，故道雖不行，
而身不陷於險。微獨孔顏爲然，"王季歷困而死，文王苦
之，不忘羑里之醜，時未可也。武王事之，夙夜不懈，亦不
忘王門之辱，立十二年而成甲子之事。"此十二年者，武王
之需也。"太公望，東夷之士也。欲定一世而無其主，年至
八十，聞文王賢，故釣於渭以觀之。"此八十年者，太公望之
需也。伍子胥說吳，"王子光大說。伍子胥以爲有吳王國
者，必王子光也，退而耕於野七年。王子光伐吳王僚，爲
王，任子胥，子胥乃修法制，下賢良，選練士，習戰鬥。六
年，然後大勝楚於柏舉，九戰九勝，追北千里。昭王出奔

隨，遂有郢，親射王宮，鞭荆平之墳三百。”鄉者七年之耕，伍子胥之需也。“水凍方固，后稷不種，稷之種必待春。故人雖智，不遇時無功。”“有道之士未遇時，隱匿分竄，勤以待時”；既見時，“若步之與影不可離”。此所謂急而緩之、速而遲之也。“飲食宴樂”與“嚮晦入宴息”字同，猶云安樂也。《説文》：“宴，安也。”《詩》：“宴宴居息。”《爾雅》：“宴宴，居息也。”非真以飲食爲宴樂也。

衍在中

“衍在中”，許氏《説文》云：“衍，水朝宗於海也。從水從行。”俗作衍[三]，非。《增韻》：“水溢也，寬也。”程、朱作寬意，從《增韻》，不若從《説文》爲正。

不當位

當位不當位，此是《易》中一大疑。其説有四：“當”字有作去聲讀者，謂以陰居陰、以陽居陽爲當位，反是爲不當位，此以陰陽之謂言也。有作平聲讀者，當，都郎反，謂《繫辭》但論中四爻功位之通例，而不及初上之定位，以爵位之位言也。程子從平聲讀，朱子從去聲讀。王輔嗣主象無初上得位失位之文，來矣鮮又有爻位、人位、地位之説。諸説紛紛，似皆有理。今並載之，以俟明者。詳見《集解》。

訟

訟論上　論謀始

《説文》：“訟，争也。从言，公聲。”《易》訟卦注：“反争也。言之於公，从言从公。”大都以争爲訓。《大象》曰：“天與水違行，訟，君子以作事謀始。”始之不慎，其勢必争。即君臣、父子、兄弟、夫婦、朋友之間，皆有不得其平者，而訟繁矣。如君臣無訟，而元咺與衛侯訟。其流至於以君殺臣，以臣弑君，如《春秋》所載，討弑君賊六，殺大夫三十七，而君臣之訟繁。父子不責善，而蒯、輒争衛。其流至於父殺子，子殺父，如《春秋》所載殺世子母弟九，宋劭、隋廣、朱珪號元凶者不絶，而父子之訟繁。兄弟既翕，而“鬩于墻”之詠起。楚有蚡冒、熊通，齊有小白、子糾，魯有隱、桓，唐有建成、世民，宋有理、濟，而兄弟之訟繁。夫婦有別，而“人盡夫”之説興。吴孟子、夏徵舒，婁穢史册，晋羊庶人嫁匈奴，唐韋庶人弑中宗，而夫婦之訟繁。朋友有信，而朋黨之論作。士大夫上殿，相争如虎，正人指邪人爲邪，邪人亦指正人爲邪。漢有黨錮，唐有牛、李，宋有洛黨、蜀黨，明之初有胡黨、藍黨，而朋友之訟繁。本本元元，皆未慎之始耳。孔子曰：“聽訟，吾猶人也。必也使無訟乎！”“大畏民志，此謂知本。”訟之六爻，聽訟之道備矣。作事謀始，乃使民無訟之旨，其要在知本，而後謂之真謀始，則物有本末之本，事有終始之始，其旨微矣。天上水下，其行相違。天爲三才之始，水爲五行之始。謀始者，謀之此而已。上焉者如天之清，如水之平，則下焉者安得有訟？程伊川以慎交結、明契券爲始，王輔嗣乃謂有德司契而訟自息，何淺之乎言始也！

訟論下 論無訟

予讀《易》至於訟，而後知聖人使民無訟之意何卷卷也。《彖》曰："終凶，訟不可成也。"《小象》曰："不永所事，訟不可長也。"惟訟之長，是以事永；惟訟之成，是以終凶。六三爻詞曰"无成"，戒不可成也。九二曰"不克訟"而歸，九四曰"不克訟"而復，戒不可長也。而使之不長不成，在上之大人。大人惟中也，故能中天下之不中；惟正也，故能正天下之不正。故曰："利見大人，尚中正也。"又曰："大人者，正己而物正者也。"道以政，齊以刑，民免無恥，是聽訟之説也。道以德，齊以禮，有恥且格，是無訟之説也。聖人不貴聽訟，而貴無訟，以此。然自宇宙以來，未一二見。唐堯光四表、格上下，既睦協和，無訟矣。而曰："吁，胤子嚚訟。"虞舜好生洽民，民不犯有司，無訟矣。然皋陶之命曰："蠻夷猾夏，寇賊奸宄。汝作士，惟明克允。"文王化行南國，虞芮質成，耕讓畔，行讓路，無訟矣。而召伯聽訟於《甘棠》，周公曉曉於《鴟鴞》。以唐虞成周稱無訟者猶若此，況三代以下者乎？漢史有文景"幾致刑厝"之文，《唐書》有"縱囚來歸"之論，《元史》書"獄空"者婁見。豈唐虞所難者，後世反易邪？則史臣之文也。今曰訟源未清，大端有二：一，國計時詘，嘗倚贖金，曰濟邊，曰養兵，曰備荒，此三者皆大政也，而鍰焉倚？不肖有司借以實苞苴，借以通莫夜，是國為喉，有司為腹也。則惟恐訟之不長不成也。其端一。天下固有介在幾希之間，理不可勝而事可勝，或一理之外，復有一理存。有司明決不足，歲月不斷，則訟長矣。群胥在旁慫慂操持之而不得休，在官舍名曰主文，曰積年，在市衢名曰訟師，曰訪窩。指鹿為馬，變白為黑，甚至指夷齊為盜跖，飾大盜為極冤。庸有司墮於其中而不覺察，則訟成矣。其端二。今日思中正無訟之大人既不可得，唐虞三代聽訟之士師亦未易及。惟上之司計，無必甚倚鍰金為歲入，下之有司，無甚倚主文為師保，則庶幾乎！不若是，下之訟者入於淵而已，上之聽訟者受之服而已。夫淵可入邪？服可受邪？則亦天地間之大訟也。

不克訟

"不克訟，歸而逋"者，逋竄而避去也。所以竄者何也？以九二自下訟上，義乖勢屈，其禍患至掇也。掇，自取也。項平庵曰："上兩句皆是爻[四]辭，下兩句方是《象傳》，如需之上六《象傳》句法。"

從上吉

"從上"與"訟上"應。訟上則患而歸逋竄，從上則吉而食舊德。

訟元吉

使小民無争，安用有司？使諸侯無争，委裘可也。然則天下不能無争，勢也。所以利見大人，利其主之也。九五訟主，剛健中正，訟獄歸舜，虞芮質文，故曰元吉。《象》曰："訟元吉，以中正也。"注曰："中則聽不偏，正則斷合理。"此從未聽未斷時言耳。王心之中，可以中天下之不中；王心之正，可以正天下之不正。此大畏民志，無情不盡，無訟之旨也。故曰"訟元吉"，不曰"聽訟元吉"。

師

師論上　論衆正

《周官》自五人爲伍，積之至於二千五百人爲師，衆之義也。王者之兵若時雨，行一不義、殺一不辜而得天下不爲，正之義也。以謂能左右之也。一陽爲，五陰皆爲，所以閫外之事，將得專制之也。以之而歸於正，則爲王者之師；以之微有不正，則爲霸者之術。然衆與正俱不可缺。衆而不正，雖有如林之旅，不能禦孟津之師；雖有斷流之鞭，不能救淮淝之敗。何也？不正故也。正而不衆，雖鞠躬盡瘁之武侯不能留漢，雖德祐勤王之文山不能全趙之亡，不衆故也。衆邪正邪，闕一不可。

師論下 論毒天下

凡物之相從者，必其相悦者也。"雲從龍，風從虎"，龍虎者，雲風之所悦也。"水就下，獸走壙"，壙下者，水獸之所悦也。毒與從反，從決非毒，毒決不能使人從。水能溺人，未有人無故而蹈波者。火能焚人，未有人無故而趨焰者。菫能殺人，未有人無故而食菫者。何者？畏其毒也。師之《彖》曰："以此毒天下而民從之。"注"毒"稱"毒害"，程朱皆同。來矣鮮以既濟之慐，噬嗑腊毒稱之，似覺未盡。王肅毒讀育，《歸藏易》卦名小畜、大畜作小毒、大毒。蓋畜取育養牽止之義，毒亦育也。《老子》"亭之毒之"，注："亭以品其形，毒以成其質。"唐代宗詔書"中孚及物，亭育爲心"，張説《姚崇碑》"亭育之功成"，皆以亭毒爲亭育也。毒、育古字通用，未聞師正而毒天下者。或曰：大兵之後，必有凶年。師之所處，荆棘生焉。惡知其無毒？郭子曰：此論師之後耳。當其師行之時，止論正與不正。師正而兵義，天下之民且死者也而生，且辱者也而榮，且苦者也而逸。故民之悦之也，若孝子之見慈親，若飢者之見美食，呼號而走之，兵不接刃而民服若化。是時雨之師，僾后之蘇也。未敢以毒名也。

比

比論

《子夏傳》云："地得水而柔，水得地而流，故曰比。"《周禮疏》謂：“坤爲土，坎爲水，水得土而流，土得水而柔，水土和合，故象先王以建萬國、親諸侯。”是一陽比五陰也。而五陰比一陽，或先焉，或後焉，而吉凶判矣。初六比之始，先於比者，故有他吉。上六比之終，後於比者，故無首凶。二以應五而內比，四以承五而外比，以柔比剛，得比之正者，故皆曰貞吉。三於五非近非應，不知比五，反應上六無位之爻，故曰匪人之傷。《京氏易傳》曰：“九五居尊，萬民服也。比親於物，物亦附焉。地道之義，妻道同也。臣之附君，比道成也。”乃不明順從之義。甘後夫之凶，在夏爲防風，在西漢爲田橫，在東漢爲隗囂，在唐爲李密、王世充，在宋爲劉崇，能免於誅戮乎？或曰：《易》言無首二，而乾無首吉，比無首凶；《易》言匪人二，比之匪人爲傷，否之匪人止不利，何也？乾之無首，剛而能柔，不爲首也，故吉；比之無首，陰柔不足爲首也，故凶。無首同，所以無首則異。比之匪人，所謂後夫之凶，前禽之失也，指上六一人言也；否之匪人，所謂上下不交、天下無邦也，指一世言也。一人之傷，猶可言也，一世之否，不可言也[①]。

不寧

不寧諸説紛如。然屯曰“建侯不寧”，以草昧不寧也。比曰“不寧方來”，以未比不寧也。故《大象》亦曰“先王以

[①]　按：段後有批注：“乾惡首，比惡後。”

建萬國、親諸侯”，猶屯之建侯也。

匪人

王伯厚曰：“虞翻夢吞三爻而通《易》，陸希聲夢三聖人而捨象數作傳。然翻未知言有序之戒，希聲未知比之匪人之訓，踐履與《易》相違。”愚謂古今賢者匪人之傷，豈獨希聲？子雲美新，伯皆[五]哭卓，班固銘竇，華歆相丕，宗元失足於叔文，龜山推轂於蔡京，始之不愼，傷之者至矣。

小　畜

小畜論上　論不雨

小畜當以“密雲不雨，自我西郊”爲主，又當以明夷互看。蓋文王在羑里之中，自傷所遇非時，而德施未行也，故曰“自我西郊”。夫卦何以名“小畜”也？小，陰也。六四一陰爲巽之主，柔既得位矣，且又居乾上，健而能巽，以故上之九五應之，下之初九、九二又應之。上下皆應於四，咸願爲其所畜，故曰小畜也。夫以六四一陰之小，而能畜衆陽之大，此必有健，不徒健，而能健以行巽者矣。於是剛中之五，獨能推誠信任，以致攣如之孚，而六四之志得行，畜道乃亨耳。況初原與四應乎，復與四應，是自道也。二又與初相比乎。初應於四，二比於初，是牽復也。然非九五先與之應，四亦安得遂行其志，衆陽亦安肯遽爲其所畜哉？

雖然，亦小畜之亨耳。陽氣且上行，而不能悉止五陽，四奈
之何？則自我西郊而德施未行，固宜也。或曰：如是則四
屬文王乎？四，陰也，而何以屬文王？曰：此難以陰小陽
大言矣。王輔嗣曰："少者多之所貴，寡者眾之所宗。"正指
小畜言也。明夷一卦專屬文王、箕子，此可以陰陽言乎？
文王三分天下有其二，所謂上下應之也。以服事殷，以畜
紂之惡。所以畜君者，好君也。第紂惡已盈，不能遂成，天
王聖明，蕫除炮烙之刑，專征伐於西，所謂小畜也。則文王
之志行而施未行，故曰"密雲不雨，自我西郊"也。

小畜論中　論孔子大畜、文王小畜

畜者，止而聚之之謂也。"天在山中，大畜，君子以多
識前言往行，以畜其德"，孔子之謂也。"文武之道，未墜於
地，在大[六]賢者識其大者，小[七]賢者識其小者，夫子焉不
學"，此孔子之大畜也。"風行天上，小畜，君子以懿文德"，
文王之謂也。文王演《易》於羑里，內文明，外柔順，以蒙大
難，以畜紂之欲，紂亦稍聽之，除炮烙之刑，下專征之令，而
竟不能偕之大道，遠施澤民，此文王之小畜也。孔子之多
識，祖堯舜，憲文武，所畜者大；文王之文德，蕫能懿其身，
不能正其君，所畜者小。此小畜、大畜之辨也，此文王孔子
之異也。若是，則孔子賢於文王乎？曰：孔子賢於堯舜，
豈曰文王？特文王遇紂，孔子不遇紂，有幸不幸耳。大賢識
大，小賢識小，出韓退之《論語解》。

小畜下 論文德

以文德爲小，竊嘗疑之。《詩》曰："矢其文德，洽此四國。"《語》曰："遠人不服，修文德以來之。"文德非小也。及讀馮元敏、黃正憲二公之説，雖不盡同，馮謂文王演《易》羑里，黃謂文王內文明、外柔順，皆文德也。庶幾得小畜之旨矣。《元包》小畜傳曰："飆俾遙切。旋旋，風之動也。齐音吳。宀音綽。宀，天之覆也。"風行天上之謂也。傳又曰："髀之反，股在上也。佰音顗，頭也。之趖，音顛，墜也。首在下也。"以臣畜君之謂也。傳又曰："嗚呼！爲邦者，歎之。闢天門，開闔閭也。發王命，行號。進爾忠良，法乾。布爾風教，持厥剛，折厥忿，音費。內乃正，外乃順。"言爲君者受臣之畜，懿文德之謂也。意若曰：風行天上，小畜，人臣而畜其君。畜君者，好君也。君能受臣之畜，以懿文德，矢文德以洽四國，修文德以來遠人，改行修文。此天王聖明，文王畜紂之意，而紂不能自懿也。揚子《法言》曰："文王淵懿，重《易》六爻，不亦淵乎！浸以光大，不亦懿乎！"夫以文之懿，而曰"浸以光大"，則亦小畜之懿矣。

畜履論

讀小畜者當知雨，知雨而後知不雨也。又當知畜，知畜而後可以言雨也。雨屬文王，畜屬紂。畜紂者小，故不雨也。讀履者當知虎，知虎而後知咥不咥也。艮爲虎，兌爲虎，非乾爲虎也。兌爲虎，而後可云履，柔履剛也。乾在

上，柔不得履也。故三之履虎尾近二，二爲虎也。以志剛，
咥也。四之履虎尾應初，初爲虎也。以志行，不咥也。小
畜、履與明夷當互看，皆文王與紂之事也。

小畜

　　小畜有四義：乾在上之物，乃居巽下，爲巽所畜，故
爲畜。然巽，陰也，其體柔順，菫能以巽順柔其剛健，非
能力止之也，畜道之小者也。又四以一陰得位，上下五
陽皆爲所畜，一陰，小也，亦爲小畜。又畜之未極，陽得
尚往，亦小畜也。故名小畜。《雜卦》曰：“小畜，寡也。”
寡謂一陰也。

尚德載

　　“尚德載”有謂尚陰德者，載，積滿也。程、朱之説是
已。有謂尚陽德者，載者，載於上也，楊、來之説是已。二
説皆通，陰德爲正①。

【校勘記】

　　〔一〕　而：《周易程氏傳》卷一作“若”。
　　〔二〕　娰：《左傳·昭公七年》作“娰始”。

----

①　按：段末有批注：“郭公此論以四陰屬文王，蓄紂未極，施未行，自是切當。余
　　初未讀《易》，暗中模索，亦如此。及觀上九‘既雨既處，德積載’，似文王蓄道成
　　而志行矣。乃又有貞厲征凶之説，何也？看來總不如程朱爲穩。”

　［三］　衍：據上文，疑當作“衍”。

　［四］　爻：原作“以”，據《周易玩辭》卷二改。

　［五］　皆：疑當作“嗐”。

　［六］　大：《論語・子張第十九》作“人”。

　［七］　小：《論語・子張第十九》作“不”。

郭氏易解卷四

履

履論上 <small>論履虎不咥人</small>

作《易》者其有憂患乎？是故其詞危。詞危莫甚於履虎尾。夫履虎未有不咥者，而有咥有不咥，何也？不咥者，柔履剛也，說應乾也，愬愬也。咥者，志剛也。此柔剛之分也。《莊子》曰："養虎者不敢以生物與之，爲其殺之之怒也；不敢以全物與之，爲其決之之怒也。時其飢飽，達其怒心，虎之與人異類，而媚養己者，順也。其殺者，逆也。"左權曰："嶇山之虎，猝遇之，夫子尚能倚磬而鼓琴乎？"黄叔度曰："仁可恃也，勇則敵，不可以恃。"順逆仁勇之間，剛柔之分也。柔而說，不志剛，其名曰和，故曰"履以和行"，又曰"履和而至"。履和而至於極，是曰致和。天地且位，萬物且育，其視履其旋之境乎？故曰"大有慶也"。而又何虞於虎之咥也？

履論中 <small>論兑爲虎非乾爲虎</small>

履有二義：有躡而進之義，有自上履下之義。虎亦有二義：程、朱皆以乾爲虎，故取躡而進之義；蘇、陳、來皆以兌爲虎，故取自上履下之義。要之，自上履下爲正。不觀之《象》乎？《象》曰：“柔履剛也。”以三之柔履二之剛也。如曰履乾，當曰“說而履乎乾”，不當曰“說而應乎乾”矣。又不觀之爻乎？爻三、四兩爻皆有“履虎尾”之文。三之履虎尾，柔履二之剛也。四之履虎尾，四應初而履初也。特三以武人志剛而咥人，四愬愬志行，不咥人耳。

履論下　論履不處

王輔嗣《周易略例》：“履，《雜卦》曰：履不處也。又曰：履者，禮也。謙以制禮，陽處陰位，謙也。故此一[一]卦皆以陽處陰爲美。”注云：“履不處，謂陽爻不處其位爲美。”九五夬履貞厲，履道惡盈，而五處尊位，三居陽位，則見咥也。《關氏易傳》：“履之而不處，其周公與？需之而不進，其仲尼與？不處不進，其時乎？”注云：“周公攝政而不處也。仲尼道不行，反魯著書，有待而不進也。”二注解“不處”微異，而不處陽位，謙以制禮，則一而已。故明於不處之義，而後可以言履，可以制禮。

素履

絲帛未加綵色曰素。《詩》曰：“素以爲絢。”素者，無文之謂也。蓋履，禮也。履初言素，禮以質爲本也。賁，文也。賁上言白，文之極，反而質也。初九以陽在下，居履之初，未爲物遷，素其位而行者也。舜飯糗茹草，若將終身，顏子居於陋巷，不改其樂，是履之素者，往而无咎矣。

幽人

《考槃》之詩云："考槃在澗，碩人之寬。"《衡門》之詩曰："泌之洋洋，可以樂飢。"夫惟其寬也，故能考槃；夫惟其樂也，故能衡門。若不寬不樂，中先自亂矣。得失淆其慮，進退顚其趾，何能幽，何能貞哉？

愬愬

九四亦以不中不正，履初之虎尾。乃四剛德，而能濟之以柔，愬愬然恐懼，蟻言必謹，蠕動必敬，使彼無可媒之端。而又引之以和，接之以遜，不至觸其競而招其忌。今雖危殆，終必得行其志，故終吉。蓋大臣而近跋扈之夫，處之當如此。乾爲巽，健而能巽入，故愬愬終吉。

泰①

泰論

乾，天也，陽也。初曰征，二曰尚，所以下交於陰也。至於天地之際，否欲來矣，故必艱貞，乃得无咎。所謂崇替

---

① 按：此下有批注："包荒，用馮河，不是專論相道，乃是保太之道，正未然之防。"

相爲首尾，哀樂相爲朝暮，愚者得其替與哀，智者得其崇與樂，則艱貞之福也。坤，地也，陰也。四曰孚，五曰歸，所以上交於天也。至於城隍之日，否已成矣，故雖貞亦吝。辟之強弩之末，勢不能穿縞；又辟之廓革者，大則大矣，裂之道也。則命亂不可支也。予嘗循環宇宙，夏、商、周、漢、唐、宋，皆泰運也。六代之初，師師濟濟，其拔茅包荒之象乎？比中衰，遇少主，如夏少康、商武丁、周宣王、漢光武、唐憲宗、宋高宗，猶以艱貞而成中興。及其叔季，桀、紂、赧、獻、昭、度，六代之命亂矣。雖曰人事未修，實亦天運使然。故爲人臣子，幸遇太初之景，爲伊呂，爲蕭曹，共成貞吉光大之業。次則丁往復之期，當爲靡鬲、傅説、山甫、雲臺、李、郭、韓、岳之流，再造王室，以食有福之慶。不幸當復隍之日，存爲箕子之明夷，坲爲文山之成仁，雖命亂而中不自亂，以收養士之效可也。

天地交

來氏以天地交、萬物通爲天地之泰，而以陰陽健順爲造化之小往大來；以上下交、志同爲上下之泰，而以君子小人爲人事之小往大來[二]。何等明晰不溷！大抵天地既泰，則陽健自内，陰順自外；上下既泰，則君子自内，小人自外。所患者天地上下不交耳。然天地交濟開泰，則明君賢相自出，而上下自交；君相交孚保泰，則天清地寧自位，而天地益順。此亦事理之可必者，而千載堇一見也。

泰與姤稱后

《大象》俱稱君子，豫、觀、復、无妄、渙稱先王，剝稱上，離稱大人，泰與姤稱后，何也？伊川曰："稱先王者，先王所以立法制，建國作樂，省方勑法，閉關、育物、享帝，皆是也。稱后者，后王所爲也。財成天地之道，施命誥四方是也。君子則上下之通稱，大人者王公之通稱。"以愚言之，天子曰元后，諸侯曰群后。泰之時，裁成輔相，以左右民。姤之時，施命誥四方。非聖人在天子之位不能也。

天地際

《説文》云："際，壁會也。"《前漢書·翼奉傳》"五際"，注："卯、酉、午、戌、亥，陰陽終始，際會之歲，則有變改之政。"則此爻正天地否泰之交會也。孔子稱際字亦多，如曰"唐虞之際""剛柔之際"，通訓作會①。

復隍

城既復隍矣，何用師攻？自邑告命，邑非所以出命。命不行矣，雖貞亦吝。漢唐之季，德祐之末，豈無詔令，何救亂亡？

命亂

命令已亂，即告命，無以爲也。先儒謂三可爲，六不

① 按：段後有批注："無平不陂云云，大概爲九三時節，寢以多事，正所謂花開爛熳者也。故叮嚀其詞。君子未然之防，居太初便當如此。"

可爲，信邪！予嘗謂三爲天地之際，其際也，猶可爲也；六爲天地之閉，其閉也，不可爲也。或謂命爲天命，則於告命字難通。

否①

否論

《易》之爲君子謀至矣，爲世道謀亦周矣。否之時，三陰在內，三陽在外，小人道長，君子道消，危矣，亡矣，亂矣。萬物不通，天下無邦矣。初六拔茅，小人彙進之時，而戒之曰貞，引之曰志在君。六二包承，小人得志之時，而戒大人不可亂於小人之群。六三包羞，小人傷善無恥之時，然羞而曰包，又明小人欲傷善而未能之意。皆所以抑陰也。九四有命離祉，則否過中而泰欲來之際。五之休否曰吉，上之傾否曰喜，休息蕩滌，與天下更始之秋，所以扶陽也。然祉離矣，教之“以俟君命”；否休矣，教之“其亡其亡”；否傾矣，教之“先否後喜”。若曰否在先，豈能遽傾？喜在後，豈可遽肆？皆所以扶陽也。雖小人道長，而不使之長；雖君子道消，而惟恐其消。爲世道計，一何周矣。

---

① 　按：此下有批注：“聖人處小人亦多法。包承，自一陰言也。率類受制，舉衆陰言也。若去黨從正，又見得合交害正不可，類不我率，中行獨復而已。其曰无不利，廣之也。曰吉，陽善。曰无咎，許其自反也。”

匪人

"否之匪人"有四解：有以非人道解者；有以匪人即小人解者；有以"之匪人"三字爲衍文，由比六三而誤者；來氏以"否，匪人也，乃天也"爲解。今從來。孔子曰："道之將廢，命也。"孟子曰："夫天未欲平治天下也。"道之將廢，未欲平治，皆否也。而孔孟歸之於天，人也何尤？故曰"匪人"。

有命

命有二解：朱子解作天命，程伊川、楊龜山與來氏解作君命。今從程、楊、來。

同　人

同人論上　論呑二號五

同人之得名，以柔得位得中而應乎乾，指二五相應也。孔子《繫辭》曰："二人同心，其利斷金。同心之言，其臭如蘭。"指二五同心也。乃爻之辭，呑二而號五也，何哉？愚讀楊止庵《全書》，其言曰："二在下者，則當與天下同應上，而獨于宗，非在下之道也。五在上者，則當與天下同應下，而獨相遇，非在上之道也。是謂夫人同心之同，而非天下爲公之道之同。昔者大道爲公之世，堯舜賢舜禹矣，而不廢乎疇咨枚卜，以天下用舜禹，而不以堯舜用舜禹也。舜禹事堯舜也，而必讓於皋、稷、契，以天下事堯舜，而不以舜禹事堯舜也。大同之道如此。不然，而惟同心相與，不知其他，此夫人之交也。聖君賢相之同，豈其然哉？孔子曰：‘二人同心，其利斷金。’蓋所謂夫人之交也。程《傳》曰：‘人君當與天下大同，而獨與一人同，非君道也。’此五君二臣，所以爲同心而未同道也，是以未得爲大同也。故曰夫人之交也。”以愚論之，《象》論全體，以乾行屬五，以君子屬二，爻論一爻，以咎道歸二，以吪號歸五，非自爲矛盾也。《易》如此例甚多。履九五，一也。《象》言帝位光明，爻言夬履貞厲，豈一五而二履哉？故曰：“象者，材也。六爻相雜，惟其時物也。”

同人論中　論類族辨物

同人天上火下，其形異也。天在上，火炎上，其性同也。類族辨物，所以審形之異，而致其性之同也。天地間不過人與物二者而已。人之異者曰族，“非我族類，其心必異”，君子類之。類之者，所以審人之異也。物之異者曰物，“號物之數謂之萬”，君子辨之。辨之者，所以審物之異也。“舜明於庶物，察於人倫”，察人倫便是類族，明庶物便是辨異。《禹貢》錫土姓，分甸服、侯服、綏服、要服、荒服，便是類族；厥土分白、黑、赤五色，厥田分上、中、下，厥貢分金、錫、羽、毛、齒、革不等，便是辨物。孔子刪《詩》，分商頌、周頌、魯頌，分鄘風、豳風，便是類族；多識鳥獸草木之名，便是辨物。第族之異類矣，所以族未嘗不同；物之異辨矣，所以物未嘗不同。則朱子所謂其性同也。至誠能盡其性，則能盡人之性；能盡人之性，則能盡物之性。可以贊天地之化育，可以與天地參。自非性同，惡能合人物之性而俱盡之？故曰同人。或問：天子賜姓命族氏，諸侯命族。族者，氏之別名也。高陽、高辛十六族，黃帝二十五宗，堯有百官。姓族類族之族，豈謂是乎？曰：此族之始也，詳在《通志·氏族略》。然族實不止此。如父子有親、君臣有義、夫婦有別、兄弟有序、朋友有信，便是族。有大人之事，有小人之事，亦是族。父子不混於君臣之族，兄弟不混於朋友之族，小人不混於大人之族，便是類族。即如《易》之辨上下、定民志，此類族也。如乾以龍御天，坤以馬行地，是辨物也。莊生曰："六合爲巨，未離其內；秋毫爲小，待之成體。"孰六合乎，孰秋毫乎？此族之類異而同也。又曰："萬物一也，所美者神奇，所惡者臭腐。臭腐復化爲神奇，神奇復化爲臭腐。通天下一氣耳。"孰美乎，孰惡乎？此物之辨異而同也。

同人論下 論于郊

乾爲郊，郊之象也。《爾雅》云："邑外謂之郊，郊外謂之牧，牧外謂之野。"《司馬法》："王國百里爲郊，五十里爲近郊，百里爲遠郊。"《周禮》遂人掌邦之野，以土地之圖經田野，造縣鄙形體之法，治野夫，起野役，令野職，修野道。

則郊内而野外，郊近而野遠可知已。同人于野，則無遠弗屆，爲能通天下之志，其同巨；同人于郊，郊在野内，所同幾何，不免於離群之嘆，其同寡。比之于宗之吝雖稍異，埒之于野之同，則未通於人，固無所失於己，亦未爲得，故曰"无悔"。朱子以郊爲荒僻無與同，郊近國中，既云荒僻，則野在郊外，更爲荒僻矣。既曰無與同，則何以又曰同人于郊？愚意于宗，私黨也；于郊，寡與也；于野，則通天下也。

大　有

大有論

同人、大有，皆主離之一陰而言。夫陰賤矣，一陰寡矣。同人以一柔而可以通天下之志，大有以一柔而可以得天之祐，何也？王輔嗣有言："少者多之所貴也，寡者衆之所宗也。王輔嗣意明至少者爲至多之所主，不直指其中爻而已。一卦五陽而一陰，則一陰爲之主矣。同人、履、小畜、大有之例是也。五陰而一陽，則一陽爲之主矣。師、比、謙、豫、復、剥之例是也。夫陰之所求者陽也，陽之所求者陰也。夫陰陽相求之物，以所求者貴也。陽苟一焉，五陰何得不同而歸之？陰苟隻焉，五陽何得不同而從之？故陰爻雖賤，而爲一卦之主者，處其至少之地也。"同人、大有，一柔蓋處於至少矣。大有一柔五剛，故以柔爲一卦之主，而五爻皆於五取義。初以遠五，无交有害，而艱則无咎。二以應五，大車載五，而積中不敗。三以公位而用亨於天子,四以能謙匪彭而无咎,上以近五而獲天祐。六五柔得尊位,而上下應之,信以發志,易而无備。明主在上,群賢畢集,無一敗亂之小人,無一害治之匪德。士生斯世,楊誠齋所謂“蘊袍華於爲[三]玉,飲水甘於列鼎”。嗚呼盛哉!然初曰害、曰艱,二曰積、曰敗,三曰弗克,四曰匪彭,五曰信、曰易,惟上九極言天祐,而曰履信,曰思順,曰尚賢,《繫辭》尤諄諄焉。盛極慮衰,聖人保有之意微矣。故《序卦》曰:“有大者不可以盈,故受之以謙。”謙也者,所以持盈而保有也。

无交害

“无交害”有二説:諸家多以初九“无交害”爲無上下之交,所以有害,蘇東坡、楊止庵、鄒汝光從之。程伊川云:“大凡富有,鮮不有害。以子貢之賢,猶不能免。”是以家肥屋潤爲害也。朱子、來氏從之。今二説並存,然無上下之交爲正。比之《象》曰:“上下不交,而天下无邦也。”“上下不交”即“无交”,“天下无邦”,其爲大有之害甚矣。不曰“无咎”,而曰“匪咎”者,害在天下,然匪初九之咎也。雖然,惟克艱則無咎。如不艱,則咎不終無。味一“則”字可見。

公用亨

居公位而際大有,善用之能守臣節。忠順奉上,天子降心以逆,公受亨於天子。若小人處之,則不知爲臣奉上

之道，擅其富强，益爲不順。是小人際大有則爲害，大有爲
小人之害也。夫能與天子爲難者，莫如諸侯。公當大有
時，善用之，則爲晋文公而受亨。小人不善用之，則爲卓、
爲溫，而害於而國。師上九“大君有命，開國承家，小人勿
用”，大有九三“公用亨于天子，小人弗克”，極言小人爲國
之害也。

厥孚交如

大有六五爻象，與家人上九爻象同。家人上九爻曰：
“有孚威如，終吉。”此曰：“厥孚交如，威如吉。”家人上九象
曰：“威如之吉，反身之謂。”此曰：“威如之吉，易而无備。”
何其同也！夫君子持家平天下，大[四]都不出誠信、嚴威二
者。然必不言而信，而後其信孚；必不怒而威，而後其威
神。故孚曰交如，言固結不可解也；威曰威如，言如威而不
猛也。反身自治，正衣冠，尊瞻視，儼然人望而畏之之謂
也。易而无備，平易近民，民必歸之，不必設備之謂也。二
“威如”總之皆德威惟畏也，其旨同矣。

謙

謙論上

謙與盈反，與多反。故天道虧盈，地道變盈，鬼神害
盈，人道惡盈，君子哀多。謙又與下宜，與卑宜，與寡宜。

故天道下濟，地道卑，君子益寡，卑以自牧。總之令平施耳。所謂平者無他，在不違則耳。"乾元用九，乃見天則"，注曰："剛而能柔，天之法也。"能柔即謙也。天之法，孔之矩，孟之制，皆天則也。過乎天則而太剛焉，如丹朱之傲，子路之行行，原壤之夷俟不遜，在《易》爲亢龍、爲武人，在《論語》爲狎大人、侮聖人，在《中庸》爲無忌憚之小人，在《孟子》爲訑訑拒人，非謙也，非平施也。不及乎天則而太柔焉，如共工之象恭，孫弘之阿世，王莽之謙恭，在《易》爲行過乎恭，爲上交諂、下交瀆，在《論語》爲無所不至之鄙夫，在《孟子》爲翕肩諂笑之夏畦，在諸傳爲吮癰舐痔，爲婢膝奴顏，爲百煉剛化作繞指柔，似謙也，亦非平施也。蓋必如大禹之拜善，文王之抑抑，周公之几几，正考父之而僂而傴，孔子之踧踖與與，顏子之無伐無施，曾子之戰戰兢兢，荀子之俯項供翼，老子之若虛若愚，郭汾陽之不疑不忌，而後其施平，其則不違，而謙之德至矣。或曰：謙，讓德也。侵伐，爭德也。謙者乃利侵伐、利行師，是讓而爭也。曰：大禹不矜不伐而征苗，文王文明柔順而伐崇，抑何嘗廢征伐？然一曰"征不服"，與無思不服者異；一曰"志未得"，與中心得者異。是豈聖王之得已哉？

謙論中　論平施卑牧

衰有二義。程《傳》曰："衰取多者。"有取之義，故蘇子曰："衰，取也。"朱子曰："損高增卑。"有損之義，故來氏曰：

"衰，减也。"愚謂凡物情自高之意多，多者當衰，衰者損也。自下之意寡，寡者當益，益者增也。衰之益之，正以稱物情之多寡，令其不多不寡，以平其施耳。孔子曰："己所不欲，勿施於人。"《中庸》曰："施諸己而不願，亦勿施於人。"《孟子》曰："所欲與聚，所惡勿施。"皆平施之說也。《繫辭》曰："上交不諂，下交不瀆。"傲上而慢下，非謙也。諂上而瀆下，似謙而非平也。語謙至於平施，則至謙矣。夫謙謙何以用涉大川也？即云涉險難，夫謙謙又何以涉險難也？失火之家，奚暇先告大人？坐蘭錡而揖遜，禍及之矣。夫江海之能爲百谷王者，以其善下也。自卑自下，如涉大川。土處下不爭高，故安而不危；水下流不爭先，故疾而不遲，吉隨之矣。謙曰"謙謙君子，卑以自牧也"，所以釋"用涉大川"也。《太玄經》曰："上九，密雨溟沐，潤於枯瀆，三日射谷。測曰：密雨射谷，謙之靜也。次二，去彼枯園，舍[五]下靈淵。測曰：舍下靈淵，謙道光也。"谷也，淵也，大川也，一也，俱屬之謙矣。濟險之說，卑牧之象也。

謙論下 論撝謙

摩撝謙，《説文》："所以指麾也。从手，靡聲。"通作麾，亦通作撝。《韻會》："《易》撝謙，謂指撝皆謙也。"楊止庵《全書》："撝字从手从爲。傳曰：施布之意。下體艮爲手，而四在其上，四比三之手，得以施爲展布曰撝。諸儒以爲發揮，又曰示下，又曰裂而去之，又曰退讓以避，取手容恭

之義，皆非。"夫以施爲展布爲撝，則程《傳》所云"動息進退
必施其謙"是矣。指撝皆謙，即所謂周旋中規，折旋中矩，
盛德之至也，即所謂大讓如慢，小讓如僞，粥粥若無能也。
正是不違則，如孔子在鄉恂恂，在朝與與，入公門而鞠躬屏
氣，執圭而如揖如授，豈非指撝皆謙乎？而曰恭而安，何違
則之有？則，天則也。以六居四而撝布其謙，似失之過而
違乎則，不知此乃天理之當然，非過也。上承謙德之君，非
謙則傲，傲者違承上之則；下乘勛勞之臣，非謙則忌，忌者
違下承之則。六四撝謙，正不違天則也。不違則，故无不
利。漢文、宋仁，皆謙德之君也。尉陀自王，元昊自帝，皆
非撝謙之臣，故陀、昊後俱削弱。王導、劉裕，皆勛勞之臣
也。周顗之不顧導，劉毅之不敬裕，皆非撝謙之友，故顗、
毅終見誅戮①。

【校勘記】

〔一〕 一：原作"二"，據《周易略例》改。

〔二〕 來：原作"往"，據《易經集注》卷三改。

〔三〕 爲：《張先生校正楊寶學易傳》卷四作"佩"。

〔四〕 大：原作"太"，據文意改。

〔五〕 舍：原作"含"，據《太玄經·去》改。下同。

---

① 按：段后有批注："人知恭遜爲謙，而不知平施所以爲謙；知和樂爲豫，而不知
有主所以能豫。故爻詞於謙五曰'利用侵伐'，上曰'征邑國'，於豫二曰'介於
石'，上曰'冥豫，成有渝，无咎'。然能知巽兌之義，亦可以通謙豫之説矣。"

郭氏易解卷五

豫

豫論

舊注："豫，和樂也。"不盡豫義。豫有豫備之意。賈誼曰："天下之命，繫於太子，太子之善，在於早教諭。"則建侯宜豫。《易》萃之《象》曰："澤上於地，萃，君子以除戎器，戒不虞。"又曰："重門擊柝，以待暴客，蓋取諸豫。"則行師宜豫。建侯不豫，則齊五公子之爭立，扶蘇、建成、德昭之死亡，害於國矣。行師不豫，則兵不豫定，無以待敵，計不先慮，無以應卒，害於師矣。豫又有順成和樂之意，故順動以如天地，清刑以服百姓，作樂以薦上帝、享祖考，則順以動，雷出地，和氣之應也。豫又有與民偕樂之意。夏諺曰："吾王不遊，吾何以休？吾王不豫，吾何以助？一遊一豫，爲諸侯度。"則九四由豫大有得之功也。此皆豫之美也。然豫樂之極，遂生荒恣，淇岸濕泮，無以拱持，故爲初之鳴豫，爲三之盱豫，皆豫之禍也。順其美以導之和，防其禍毋令之荒，則豫道成矣。然二與五均之貞也，一曰吉，一曰疾，而俱不云豫者，何也？二介于石，知幾其神，非富貴榮利所能羈者，豫而不豫也。孟子所謂進退綽綽，吾何爲不豫也？五制於四之剛，又不能如二之去，不得不疾，求免於死而已。史傳紀帝王之疾，俱曰不豫。二之不豫，樂而不溺豫也。五之不豫，憂而不底豫也。其情異矣。故孔子《繫辭》特稱二曰"萬夫之望"，其不足於四，又可知已。

日月不過

日月、四時非二事。日月不過，故四時不忒。如日月之行景，長不過南陸，短不過北陸，故分至啓閉不差其序。何也？天地順陰陽之氣而動也。聖人與民非二體。刑罰清，故民服。烹魚煩則碎，治民煩則散。善爲政者，綱舉而網疏。綱舉則羅者廣，網疏則小必漏。爲政不苛，民悦而服。何也？聖人順德禮之教而動也。要之，天地聖人亦非二事。匹婦含冤，三年不雨；一夫懷忿，六月飛霜。刑罰不清，上干天和，豈有二氣乎？

冥豫冥升

冥豫不有其豫，不有其豫，故不長。冥升不極其升，不極其升，故不富。總之以在上故也。《太玄》曰："冥德天昌。"又曰："唐冥之利。"皆是冥也。

由豫

九四"由豫，大有得"，則四乃大臣之有重望者。然不能使其主服民以清刑罰，作樂以配祖考，而菫使之貞疾不死，則程氏、朱氏、來氏以爲權臣，而以六五爲漢魏末世之君，即蘇氏亦以爲有不服之心，其不得爲純臣可知已。獨陳氏以爲明皇之韓休，高洋之楊愔，稱剛忠之臣，則未明於乘剛之旨也。剛而自專，弱主乘之，使菫不死不亡，免於篡弑耳。

隨

隨論上

隨，從也。比，輔也。從與輔皆相類，故比必永貞乃无咎。人來比我，我往比人，不貞不可以爲比也。隨必利貞乃无咎。己能隨物，物來隨己，不貞不可以爲隨也。比之初六曰"比之有孚"，六二內比曰"貞吉"，六四外比曰"貞吉"，九五顯比曰"正中"，皆比之貞也。隨之初九曰"從正貞吉"，六三隨有求得曰"居貞"，九四隨有獲，雖貞亦凶，九五孚于嘉曰"正中"，皆隨之貞也。匪人不可比，比則傷；小子不可繫，繫則失。此聖人於否泰之際，致慎於君子小人之消長。蓋天下治亂，國家存亡所繫，不特一人之傷、一人之失已也。漢元成之時，比於石顯，繫於王氏，而失蕭望之輩，故漢亡。唐開元之間，比於安禄山，繫於楊國忠，而失張九齡輩，故唐亂。其所繫豈淺淺哉？比上六比而無所比，故曰"无首"而凶；隨上六隨而無所隨，故曰"拘繫"而窮。比上六爲後夫，如防風，如田横，故無所終。隨上六雖拘繫，如文王羑里，故亨于西山。此又比、隨上六之别也。

隨論下　論王用亨于西山

程朱云："居隨之極，固結而不可解。"於"上窮"字難説。李氏謂上六不道，馮氏謂上六鷙悍小人，則太過，且於"西山"字難通。蘇子以西山爲西戎，來氏謂上六歸山，則太泥。惟鄒氏以爲文王羑里之時，爲得其解。拘繫維繫屬紂，則上之困窮可知。文王小心翼翼，天王明聖，則亨于西山可知。故曰："當文王與紂之時邪。"第此爻詞謂出於周公邪，則"王用亨于西山"，是周公本王業之自，而思文王之艱危，故寄慨於此，是矣。謂爻詞出於文王邪，則文王未爲王，不應自云"王用亨于西山"。愚謂卦詞爻詞，俱屬文王。孔子曰："當文王與紂之事。"未及周公。此言"王用亨于西山"，文自言"拘繫之，乃從維之"，臣罪當囚，天王明聖，不知何日用亨于西山邪？蓋期望紂恩之意云耳。王指紂；西山，文自謂。此説蓋本之金谿傅文兆云。

隨時

隨時之義，原自無差，王肅强以爲之，朱子從之，遂起後世紛紛之疑。不觀《象》之注乎？程子曰："隨時之義[一]，萬事皆然。嚮晦入宴息，取其最明且近者言之耳。"

朱子曰：“雷藏澤中，隨時休息。”則隨時之義大矣。周宴曰：“爻取隨時而動，《大象》取隨時而息，動息不違乎時，隨時之義所以爲大。”引《象》證《彖》，更爲著明。蘇子曰：“時者，上之所制也。不從己而從時，其爲隨也大矣。”

官渝

初爻官渝，諸説紛紛。程朱但言既有所隨，不言隨誰。惟來氏、李氏的以渝爲隨二，以《象》曰“從正吉也”，二中正，故曰“從正吉”。蘇子瞻曰：“初之取二也，得二而失五。”亦以隨二爲説。來、李蓋得之蘇也。

繫小子

陽大陰小，初陽非小也。震爲長男，非小子也。程、朱、蘇泥於正應之説，遂以初爲小子，失之矣。來、鄒、李三説爲正。

孚于嘉

嘉有謂四者，鄒、楊、李三氏也。有謂二者，程、朱、蘇三氏也。有謂上者，來氏也。今從孚于四爲正。

蠱

蠱論上 <small>論有事不事</small>

蠱五爻皆言蠱，獨上九^[二]一爻不言蠱。夫蠱至六五，蠱已幹矣，元亨而天下治矣。蠱未幹，則利涉大川而往有事；蠱既幹，則不事王侯而高尚其事。涉川曰有事，高尚似無事，不知其事一也。隱居求志，行義達道，其道一也。窮則獨善，達則兼善，其善一也。能爲爲韓報仇之子房，而後能爲赤松與遊之留侯；能爲沼吳之范蠡，而後能爲扁舟之鴟夷；能爲威安史之李泌，而後能爲五不可留之鄴侯。夫豈異人任哉？蠱者，事也。蠱卦止四事字，其實一事。

蠱論中　論先甲、後甲

先甲三日，辛也，有新意。後甲三日，丁也，有丁寧意。朱説爲正，然非始於朱也。《禮記·月令》：“仲春之月，上丁，命樂正習舞釋菜。”注云：“此月上旬之丁日。必用丁者，以先庚三日，後甲三日也。”漢武帝元鼎五年十一月，詔曰：“辛卯夜，若景光十有二明。《易》曰：先甲三日，後甲三日。朕甚念年歲未咸登，飭躬齋戒。丁酉，拜況於郊。”注：“應劭曰：先甲三日，辛也。後甲三日，丁也。言王者齊戒必自新，臨事必自丁寧。師古曰：辛夜有光，是先甲三日也。丁酉[三]拜況，是後甲三日也。故詔引《易》文。”由是言之，辛也，丁也，其義自明。鄭康成宗之，朱文公從之，蓋本之《月令》《漢書》，非臆之也。諸儒紛紛，王輔嗣言甲者令甲，創別令謂之甲，更命令謂之庚。程子釋甲爲事之端，庚爲更之首。蘇子瞻曰：“先甲，子戌申也。後甲，午辰寅也。”創爲六甲之説，以[四]不經。來矣鮮曰：“先三者，下三爻也，巽也。後三者，上三爻也，艮也。"則於日字無當。近有謂先甲，辛壬癸也；後甲，乙丙丁也。其義甚淺。而熊朋來納甲之語，其説尤鑿。總之，當從《本義》。《本義》出《月令》注與漢詔，第讀者不詳耳①。

蠱論下　論母不可貞

幹母與幹父微異。記曰"父有静子"，不曰"母有静子"。父可静，母不可静；父可貞，母不可貞也。吕后召惠帝觀人彘，帝曰："臣爲太后子，終不能治天下。"因以憂疾不聽政而崩。是惠帝幹母之蠱而貞者。景帝殺公孫詭、羊勝等，未幾梁王病熱[五]，薨，太后泣極哀，不食，曰："帝果殺吾子！"是景帝幹母之蠱而貞者。惠以母損至德，景以弟傷母心，故曰："苦節不可貞，其道窮也。"知苦節不可貞，則苦口逆耳，俱不可行於母矣。

臨

臨論

《易》以道陰陽，陽爲君子，陰爲小人，區以别矣。臨二陽浸長，以逼四陰，是君子臨小人也。四陰亦進而臨逼二陽，是小人臨君子也。乃初九、九二咸臨，初曰"貞吉"，二

---

① 按：此段天頭有批注："《月令》注、漢詔豈盡出聖人之手，何信之淺也！□終則有始與六甲之説爲近。"

曰"吉无不利"；三甘臨，四至臨，皆曰"无咎"；五知臨，曰
"宜吉"；上敦臨，曰"吉"。不幾合君子小人而並稱美乎？
嗟乎！此臨之所以爲大也。君子之決小人也，恒患其傷於
激；小人之伺君子也，恒患其巧於毒。君子傷於激，則正人
指邪人爲邪；小人巧於毒，則邪人亦指正人爲邪。正不勝
邪，則朋黨分曹，而禍移於人國。漢之黨錮，唐之清流，宋
之洛蜀，皆由於此。今臨二陽臨四陰，初曰"志行正"，二曰
"未順命"，有包荒茹納之度而不過激；四陰臨二陽，如至
臨、知臨、敦臨，有愛惜信任之誠，即甘臨未盡合道而不肆
毒。君子小人共立於世，大道之行，天下爲公，不分門別
類，不徇私植黨，如大和元氣在宇宙間，故曰："臨者，大
也。"關子明曰："臨，大也。所臨大，則天下之民尊，無不
尊，至大也。故曰'至臨'，言無不至也。"嗟夫！道無不至，
世無不尊，其三五唐虞之際乎？

八月

八月之説紛如，惟主臨觀反對爲是，李、來、鄒、陳説皆
從之。三人占從二，此不可易。

咸臨

程子、蘇子主感，朱子主皆。然自王輔嗣來已主感，今
從"咸感也"爲正。

觀

觀論上　論我生、其生

或問：“觀我生”“觀其生”，“我”之與“其”，朱文公以爲小有主賓之異，畢竟作何分別？郭子曰：“我”對民看。九五觀我生，并觀民生也。六三雖無“民”字，然觀我生以爲進退，進則爲民，退非爲民，亦對民看。若上九之觀其生，此身之進退，下民之向背，俱與我無與，惟謹視其身思而已。故止曰“其”，不曰“我”也。或曰：九五、上九，一曰“觀我生君子”，一曰“觀其生君子”，而六三止曰“觀我生”，不曰“君子”，何也？郭子曰：此陽大陰小之辨也。五、上俱陽爻，故曰“君子”；六三陰柔，故不曰“君子”。況進退未定，則其賢佞未分也。若初之童觀，直曰“小人”，二之闚觀，直曰“女子”，亦以其陰柔故爾。六四觀國之光，賓于王，國之光，即五之生。九五觀我生而建皇極，光宇宙而格上下，六四以近而觀之尚之，以近君故也。畢竟以陰故，亦不得稱君子。聖人扶陽抑陰之意微矣。

觀論下　論生

生何以訓？程子曰：“我之所生，謂動作施爲出於己者。”朱子曰：“我生，我之所行也。”夫以動作與行訓生，似猶未協。考之經傳，《易》曰：“天地之大德曰生。”《禮》曰：

“人受天地之中以生。”又曰：“人生而静，天之性也。”所以
訓生者不出於此。觀我生者，如德修乎，中致乎，性盡乎，
則幼學而壯行，可以進矣。如德未修，中未致，性未盡，則
吾斯之未能信，可以退矣。彼不觀我生，而漫焉以進退者，
不爲貪位，則爲忘世，其何以合於進退之道哉？雖然，此特
就觀論生也。易有太極，是生兩儀，兩儀生四象，四象生八
卦，八卦定吉凶，吉凶生大業。故曰：“生生之謂易。”夫乾
静專動直而大生焉，夫坤静翕動闢而廣生焉。廣大配天
地，變通配四時。此即所謂觀天之神道而四時不忒也。其
爲生也大矣，其爲觀也神矣。

神道

觀天之神道而四時不忒，豫之四時不忒，天地之順動也，
未神也，故不曰“天之神道”。聖人以神道設教而天下服，豫之
民服，聖人之順動也，未神也，故不曰“聖人神道”。“神也
者，妙萬物而爲言也。”“寂然不動，感而遂通天下之故。”

未失道

進退有道，觀我生之修不修以爲進退，則未失進退之
道也。

九五觀我生

九五之“觀我生”，與六三之“觀我生”一也。但六三觀

我生之得失，以爲出處①之進退，九五觀我生之得失，徵諸
庶民之善否。故《象》曰：“觀我生，觀民也。”與六三異耳。

噬　嗑

噬嗑論上

《易》六十四卦，論刑獄者惟訟與噬嗑。訟從爭訟者
言，噬嗑從折訟者言，然俱非聖人所貴也。訟六爻《象》，初
曰“不永”，二曰“患至”，三曰“貞厲”，四曰“不失”，上曰
“三褫”，惟五以元吉稱。噬嗑六爻《象》，初曰“滅趾”，二
曰“滅鼻”，三曰“遇毒”，四曰“未光”，五曰“貞厲”，上曰
“滅耳”，而無一褒詞。豈非聖人不貴聽訟，而貴無訟乎？
金氏曰：“此卦當與訟卦合觀。訟者方爭而求辨，非剛中
之君不能畏其志，故曰‘利見大人’。獄則已斷而行刑，
非柔中之君不能恤其情，故曰‘利用獄’。然與其恤之於
終，不若化之於始，此六五之无咎，終不如訟九五之元吉
也。”予又讀《繫辭》釋初曰：“小懲大誡，小人之福。”釋上
曰：“惡積罪大，小人之凶。”初以不行而受福，上以不明
而受禍，而俱鄙之曰“小人”。初之不仁不義，即上之罪大
惡極。“屨校”以其始之就訊而言，“荷校”以其終之受刑而
言，總之一小人也②。

---

① 按：“出處”旁有夾注“吾身”。
② 按：本段天頭有批注：“信如此，何又曰小人之福，畢竟不可作一人看。”

噬嗑論下

或問：噬嗑六爻，二曰"噬膚"，三曰"噬腊肉"，四曰"噬乾胏"，五曰"噬乾肉"，惟初、上不曰"噬"，何也？郭子曰：解在蘇子。蘇子曰："自二與五，反覆相噬，猶能戒以相存也。惟初與上，內噬三陰，而莫或噬之，貪得而不戒，故始於小過，終於大咎。聖人於此兩者寄小人之始終，於彼四者明相噬之得喪。"或問：噬嗑，食也。賁，无色也。其義云何？郭子曰：食色，性也。飲食男女，人之大欲存焉，誰能去之？顧噬嗑與頤通，頤養正則吉，故曰"噬嗑，食也"。賁以白爲極，白賁得志，故曰"賁，无色也"。養正無色，則通極於性，而造於無欲。

賁

賁論

《說苑》："孔子筮卦，得賁，喟然仰而嘆息，意不平。子張進，舉手而問曰：'師聞賁者吉卦，而歎之乎？'孔子曰：'賁非正色也，是以歎之。吾思也質素，白當正白，黑當正黑。夫質又何也？吾亦聞之，丹漆不文，白玉不雕，寶珠不飾。何也？質有餘者，不受飾也。"不受飾，則大文無文，至味無味，偃其聰明，抱乎太素，無之不適，此白賁之所以得志也。受飾則甘受和，白受采，煎熬形氣，刻削道德，無之而適，此孔子之所以歎息也。故曰："致飾然後亨則盡矣，故受之以剝。剝者，剝也。"而又何利往之有？故曰小。或曰：天文、人文，非天人之飾乎？郭子曰：是文也，非飾也。星辰麗天，誰能舟艫？父子至情，誰能雕刻？此猶以跡言也。於乎不顯，文德之純，蓋曰文王之所以爲文也。聲臭俱無，安事繪飾？馮元敏曰：“是卦內三爻以文明爲賁，而外三爻以篤實爲賁。曰皤如，曰丘園，曰白賁，皆尚素也。故曰‘賁，无色也’。此聖人所以虞文之大盛也。”旨哉言矣。

舍車

初在下，無乘之義，故曰“義弗乘也”。孔子從大夫之後，不可徒行，義當乘也。初九舍車而徒，安於田野，未從大夫，義弗乘也。故曰：“乘也者，君子之器也。”“君子”指在上者言。初本君子，而非在上之君子，故曰“弗乘”。

賁其須

須作鬚，竊嘗疑之。今得陳、黄二家説，須，待也。楊止庵亦謂須即需卦須待之須。諸本以毛在頤曰須，未合。

剥①

剥論

馮元敏《易説》有言：“是卦也，於君子則勸之容小人，

---

① 按：此下有批注：“六三不中不正，與上九爲應，時位至此，上下黨與最盛，安得有‘剥之无咎’之象，其云云，幸小人之可反而爲君子也。”

於小人則戒之剝君子，委曲以爲之扶抑，是聖人之爲世道計也。"得其旨矣①。五之辭曰"貫魚，以宮人寵"，非爲宮闈言也，以宮人寵欲其均也。寵均則勢分，勢分則害淺，故曰"无尤"。是教君子容小人也。所以安小人，亦所以自安也。上之辭曰"君子得輿，小人剝廬"。君子得輿，陽必不盡剝。小人剝廬，必終以自剝。是戒小人無盡剝君子也。所以存君子，亦所以自存也。坤六爻皆陰，似盡剝矣。爲其歉[六]於无陽也，故稱龍焉，即君子得輿之説也。猶未離其類也，故稱血焉，即小人剝廬之説也②。夫六陰之坤，聖人猶有龍陽血陰之訓，況五陰之剝，聖人豈無扶陽[七]抑陰之戒哉③？

剝之无咎

"剝之无咎"謂剝卦之无咎者，惟此六三也，謂剝時之无咎者，惟此六三也，非謂剝而无咎也。天下豈有剝陽而无咎者乎？當衆陰剝陽之時，而己獨不應，故无咎耳④。

貫魚⑤

"貫魚，以宮人寵"，畢竟是象教。陰不當剝陽，相率其類

---

① 按：此處天頭有批注："以上一爻爲主，自初□五皆是陽，是陰□次來剝者。"
② 按：此處天頭有批注："妙論深得聖意。"
③ 按：此段末有批注："聖人愛君子何深也！避只兩言厲，姤、否不言凶，厲可言也，凶則禍大矣，不忍言也。至剝屢及，終是無如何。"
④ 按：此段天頭有批注："朱注亦此説也，何必再言？"
⑤ 按：此下有批注："此爻詞終可言誘之轉禍爲福，六三似説不著。"

以聽命於陽，故曰"終无咎也"①。若以實象言②，后率其九嬪、九御、世婦、御妻，以承寵於王，則大淺，且於剝義亦不相干③。

【校勘記】

[一]　義：《周易程氏傳》卷二作"宜"。

[二]　九：原作"六"，據《周易》蠱卦改。

[三]　酉：《漢書》卷六《武帝紀》顏師古注作"日"。

[四]　以：疑當作"似"。

[五]　熱：原作"勢"，據《史記》卷五八《梁孝王世家》改。

[六]　歉：疑當作"嫌"。

[七]　陽：原作"惕"，據文意改。

---

①　按：此處天頭有批注："□注全此。"

②　按：此處有夾批："恐無此愚人作實象看。"

③　按：卷末有批注四條，其一："或問：否初惡未形，故可反。二尚中正，但以包承危之，周公不復望其反也。剝三六似不及否二，如何？曰：否二只□陰柔中正上來，未便肯背去其黨而從善。剝三獨與上九爲應，不剝之，則存之（天頭有批注：□二亦與九五相應者）。二者之間所係最大，却是只誘之轉禍爲福。"其二："六二就下體論，則初三爲比，就衆陰論，則承乘應皆其類也。其曰'未有與'，反爲詞以速陰（天頭有批注：二曰未有與，我終□解，謂反詞以速□愈不解），及今尚可隱去（下有批注：竊意"未有與"言未有與耦抗者。蓋二居中用事，乃陰邪之尤云。鄒四山以陰陽相應爲有與，六二、六五俱陰，故曰未有與。其說亦通。"其三："剝上九但説一陽在上，剝未盡而能復生，似只爲剝卦發耳。細玩先天圖，原來剝就是復。陽無終絶之理，方剝時而已生矣。若剝盡後生，則陽亦有絶時。（天頭有批注：語微而確。）試觀剝卦，五陰在下，一陽在上，正所謂環中趣也。詩云：'自從識得環中趣，閑氣胸中一點無。'"其四："或問：剝盡則爲坤，十月之卦，而陽氣已生於下，積之逾月，然後其體始成而來伏。如此説，則陽於九月生乎？曰：剝與復只隔一坤耳。坤與伏並，坤之下一陽生焉，非剝之象乎？純坤時，陽氣已生，正爲剝之未盡，所以能生。謂陽不藏於九月乎？又陰之消，乃陽後半截，是其氣漸自衰虛，初未嘗實有陰一氣以剝之，安得盡消鑠，安有復來？其謂之伏者，在人爲可見，若復有之，非前果無而是月果有也。"

郭氏易解卷六

復

復論一 論有復無復[①]

天地有剝，故有復，復而天地之心於復可見。聖人無剝，故無復，而聖人之心終不可見。若是則聖人賢於天地乎？曰：難言也。"天地之大也，人猶有所憾。"君子語大莫能載，語小莫能破，則無可憾。"範圍天地之化而不過，曲成萬物而不遺，故神无方，《易》无體"，則天地有過，待聖人而範圍。"后以裁成天地之道，輔相天地之宜，以左右民"，則天地之過，待聖人而裁成，天地之不及，待聖人而輔相。若是謂聖人賢於天地亦可，故曰：聖人大明終始以御天，大人先天而天不違。此皆無復之聖人也。蘇子瞻曰："去其所居而復歸，亡其所有而復得，謂之復。必嘗去也而後有歸，必嘗亡也而後有得。無去則無歸，無亡則無得，是故聖人無復。初九未嘗見其有過也，然

---

① 按：此下有批注："此等論雖連篇累牘，何益哉？"

而始有復矣。孔子曰：'顏氏之子其殆庶幾乎！有不善未嘗不知，知之未嘗復行也。'"又曰："克己復禮爲仁。"周子曰："性焉安焉之謂聖，復焉執焉之謂賢。"故賢人有復而聖人無復，天地有復而聖人無復。非深於復者，孰能知之？

復論二　論復道貴先

予讀陳應城《易象鈎玄》曰："夫復道貴先，初爲一卦之先，四爲上卦之先，故初復不遠，而四爲獨復。復道貴中，故二休而五敦。復道惡後，三爲下卦之後，上爲一卦之後，故三厲而上之凶又甚焉。《易》之戒深矣。"予謂此不獨復爲然，即比亦然。比道貴先，故初六有孚无咎，六四外比貞吉。比道貴中，故六二柔中正吉，九五位正中吉。比道惡後，故三傷上凶。王輔嗣《周易略例》曰："比復好先，乾壯惡首。"唐邢[一]璹注云："比初六无咎，上六凶；復初九无悔，上六凶。此謂比復好先。乾上九亢龍有悔，大壯[二]上六羝羊无攸利，此謂乾壯惡首。"惡首，天德不可爲首也。好先，將雨雨，先興雲，未便即雨也。

復論三　論无疾朋來

復亨，既復則亨也。陽氣復生於下，漸亨盛而生育萬物。君子之道既復，漸以亨通，澤於天下。故復則有亨盛之理也。陰陽之反，皆自內出，非由外來。剝極成坤，陽降而入；坤極而動，陽升而出。入其反也，出其動也。其出其入，以漸而行，故曰"无疾"。朋，陽類也。一陽既復，則二、三、四、五、六以次而來，故曰"无咎"。聖人喜陽之復，於是計其復之數曰："反復其道，七日來復。"以卦變自剝上而五、而四、而三、而二、而初，又自初而始，凡七位，象七日。七日陽復，陽復則陰退，君子道長，小人道消。自此以往，爲臨、爲泰，以至於乾，故曰"利有攸往"。朱子謂己之出入既得無疾，人之朋類亦得无咎，似覺太淺。來氏以出入屬陰陽，以无疾爲不急迫，蓋得之程《傳》，是矣。但以朋來屬陰，於《象詞》"動而以順行"未協。徐進齋曰："出入、朋來，陽之動也。无疾、无咎，以順行也。"得其旨矣。

復論四　論體仁、下仁

《易》六十四卦未嘗言仁，惟乾《文言》曰"君子體仁足以長人"；三百八十四爻未嘗言仁，惟復六二曰"休復下仁"。蓋極稱美之詞也。第乾無復，其仁純而全，孔子中心安仁之仁也。復初九不遠復，其仁失而復，顏子三月不違仁之仁也。稍有差別耳。或問曰：仁有異乎？郭子曰：仁者安仁，知者利仁，不無安勉之異焉。昔子貢以博施濟衆爲仁，孔子曰："何事於仁，必也聖乎！"夫仁者，己欲立而立人，己欲達而達人，非聖之外別有仁也。聖者，仁之極致也①。聖人無復，中心安仁，道濟天下，普施萬方。立之斯立，合天下萬世無一人不立；達之斯達，合天下萬世無一人不達。此體仁長人之仁也。賢人不遠復，無祇悔，而修其身。己欲立而立人，未必合天下萬世而立之；己欲達而達人，未必合天下萬世而達之。此休復下仁之仁也。孔子告顏子，在克己復禮爲仁，非禮勿視聽言動。必非禮去而禮復。禮復仁全，其自名則曰：仁遠乎哉？我欲仁，斯仁至矣。此無復有復之別，體仁下仁之分也。仲尼乾體，無復而仁；顏子復體，不遠復而仁。《法言》曰："顏子潛心仲尼，未達一聞。"此之謂也。《法言》舊本"間"作"聞"。

无 妄

无妄論上 論无妄、無所期望

　　无妄，無所期望，似若二義，其實一也。有所期望即妄也，無所期望即无妄也，又何二焉？主无妄者從《序卦》，《序卦》曰："復則不妄矣，故受之以无妄。"邵子曰："耳無妄聽，目無妄視[三]，口無妄言，心無妄慮，四者不妄，聖賢之具。"薛敬軒曰："爲學無別法，只是心不妄思，一心皆天理，身不妄動，一身皆天理，事不妄爲，事事皆天理。"此復則不妄之説也。主無所期望者從《雜卦》，《雜卦》曰："无妄，災

---

① 按：此處天頭有批注："亦是老生常談。"

也。”夫无妄何以有災？謂無所期望[四]而得焉者，皆災也。
楊止庵曰：“上震動也，而乾三陽在上，天也。動而以乎天，
得福者宜也。然或有出於期望之外致者，則災也，非禍也。
邵子曰：‘妄則欺也，得之必有禍。順天而動，有禍及者，非
禍也，災也。’觀之六三可見也。故曰：‘无妄，災也。’”總
之，復則无妄，无妄不宜有災。不宜災而災，不幸者也，何
損於无妄？其實一而已矣。程明道曰：“廓然而大[五]公，
物來而順應。”無將也，無迎也。廓然大公，何妄之有？無
將無迎，何期望之有？其爲无妄一也。无妄何以元亨？无
妄則誠，至誠而不動者，未之有也。故曰“元亨”。无妄何
以利貞？无妄則正，正己而無求於人，則無怨。上不怨天，
下不尤人，而無所期望於人，故曰“利貞”。匪正則妄，妄則
不誠，不誠未有能動者也。故曰“不利有攸往[六]”。

无妄論中　論无妄之往无妄之行

或問：无妄，至德也。无妄之往，其往必利，而曰“天
命不祐”。无妄之行，其行必當，而曰“窮之災也”。奚也？
郭子曰：德至於无妄，至矣。幾於上天之載，無聲無臭矣。
天何言哉？四時行焉，百物生焉。言且不可，而況於往與
行乎？老子曰“上德無爲而無以爲”，是无妄之不往不行
也，純乎其無也。“下德爲之而有以爲”，是无妄之往之行
也，祇益其妄也。不觀諸无妄之藥乎？朱子曰：“既已无妄
而復藥之，則反爲妄而生疾矣。”蘇子曰：“无妄之世而有疾

焉，是大正之世而未免乎小不正也。天下之有小不正，是養其大正也。烏可藥哉？以无妄爲藥，是以至正而毒天下，天下其誰安之？故曰'无妄之藥，不可試也'。"試无妄之藥者，其疾不可藥，則知无妄之往，其往必窮，无妄之行，其行必災矣。漢文景之世，黎民醇厚，幾致刑厝，可謂无妄矣。武帝窮兵匈奴，輪臺之悔，海内虛耗。宋仁宗之世，四十餘年恭儉仁愛，亦可謂无妄矣。神宗用事西夏，永樂之役，喪師辱國。此皆无妄之往之行也。欲天命之祐而無災也，得乎？

无妄論下 論无妄福災

耕者春耕，穫者秋斂。菑者田之一歲，墾而方成；畬者田之三歲，墾而已熟。農家始而耕，終而穫，始而菑，終而畬，此田夫野老之常業也。故有耕而不穫者，未有穫而不始於耕者，然亦有不耕而穫者矣。有菑而不畬者，未有畬而不始於菑者，然亦有不菑而畬者矣。何也？偶也。此无妄之福也。耕者思穫，菑者思畬，皆有欲富之心。不耕不菑，心原未富而得富，以其無妄心也。此之謂無所期望而得福者。天下之福從無望而得者類是，豈獨耕哉？无妄何以有災，而災亦有及之者。如或繫之牛，行人得之，禍及行人，宜也；邑人得之，禍及邑人，宜也。乃行人得牛而禍不及，邑人未得牛而禍及之，何也？亦偶也。此无妄之災也。楚亡其猿，林木爲殘；宋亡其珠，池魚爲殍。林與木何與，池與魚何心？故不名禍而名災，以其無妄心也。此之謂無所期望而得災者。天下之災，從無望而得者類是，豈獨邑人哉？故无妄之福，識者不以爲福，勿處也，又惡知福之不爲禍也？无妄之災，識者不以爲災，勿去也，又惡知災之不爲祥也？此无妄之至也。人情於无妄之福，每居之以爲當，而於无妄之災，即懟之以爲不當，豈无妄乎[1]？

无妄之往何之

蘇氏有言："無故而爲惡者，天之所甚疾也。世之妄也，則其不正者容有不得已焉。无妄之世，正則安，不正則危。棄安即危，非人情，故不正者必有天災。"沈氏有言："當无妄之時，而以不正，往無所之矣。違於理即虧於數，無二天命也。"言无妄之世，而有匪正之往，匪正則妄，妄則逆天，天命不祐，將何之乎？

天下雷行

《彖》言"无妄，元亨利貞"，是天地人物同一无妄也。匪正則妄，妄則違天，而天命不祐。《象》言"天下雷行，物與无妄"，是天地人物各一无妄也。先王對時育物，則物物育其无妄，而天命以全。天命豈有妄邪？天下雷行

---

[1]　按：段末有批注："看此消得一半熱心。"

豈有妄邪？

得志

《象》言“无妄之往，何之矣”，謂當无妄之時，匪正以往，將何之乎？初言“无妄之往，得志也”，謂當无妄之初，剛自外來，爲主於內，信以發志，何志之不得乎？猶之无妄之往也，《象》以匪正有眚，故曰“何之”，《象》以剛來爲主，故曰“得志”，正不正之分也。非《象》之无妄不可往，而初之无妄可往也①。

大 畜

大畜論上 論時與災

无妄何以災，大畜何以時也？予讀无妄六爻，初曰“吉”，二曰“利”，四曰“无咎”，至於三曰“邑人災也”，五曰“不可試也”，六曰“窮之災也”。夫災非禍也。《焦氏易林》曰：“張網捕鳩，兔離其災。”揚子《太玄》測曰：“破璧毀圭，逢不幸也。”關子《易傳》曰：“无妄而災者，災也。有妄而災者，則其所宜，非災也。”故曰“无妄，災也”，聖人傷之也。予又讀大畜六爻，初曰“不犯災”，二曰[七]“中無尤”，三曰“利”，四曰“元吉”，五曰“吉”，上曰“道大行”，無一凶悔字。

---

① 按：此處天頭有批注：“人皆能悟。”

《易因》曰："誠哉大畜之時，其唐虞之際與？"然未盡然也。京房《易傳》曰："大畜陽長陰消，積氣凝盛，外止內健，二陰猶盛，成於畜義。《易》曰既處，畜消時行，陽未可進，取於下卦，全其健道。君子以時順其吉凶。"①故曰"大畜，時也"。聖人欲其待之也。予謂多識，畜德也；尚賢、養賢，畜賢也；止健，畜健也。正所以全其健道也。則大畜所謂時者，待時之義，非徒謂其時之盛；无妄所謂災者，傷其不幸之義，非謂无妄之足以召災也。明於此義，則无妄之災不足憂，大畜之時不可恃。

大畜論中 論止健

或問：乾，健也。天行健，君子自強不息，宜可進矣。上九同類，不引而升之，乃止之，何也？曰：此京房所謂全其健道也②。何也？《繫辭》曰："夫乾，天下之至健也，德行恒易以知險。"需之《彖》曰："剛健而不陷，其義不困窮矣。"惟知險乃爲至健，惟不陷乃爲剛健，此所謂健道也，止之乃所以全之也。二陰猶盛，成於畜義。《易》云既處，陽未可進。此止健之所以爲大正也，京生之慮微矣。而竟不免於石顯、充宗之禍，豈知險而自陷之乎？難矣③。

---

① 按：此處天頭有批注："平時曰京房，京房耳。誰知精義入神如此耶？"
② 按：此處天頭有批注："此一句極美。"
③ 按：此處天頭有批注："曰曰予智，京□爾。信哉《易》之□易談也。"

大畜論下 論牛牿、豕牙

“豶豕之牙”,程朱皆從去勢之説,近日楊、來、鄒皆從杙牙之説。子章考之《説文》:“豶,羠豕也。从豕,賁聲。”或作豮。《爾雅》:“豤,豶。”俗呼小豶,豶[八]爲豵子。則豶實小豚也。其牙安能齧害人哉?《埤雅》云:“以杙繫豕謂之牙。”則牙非豕之齒牙也。鄭康成“豶豕之牙”,“牙”讀爲“互”。互者,楅衡之屬。則亦童牛之牿之類也。《埤雅》又云:“大畜六四曰‘童牛之牿’,六五曰‘豶豕之牙’。牛[九]謂之牿,牙者所以畜豶豕之杙也。今東齊海岱之間,以杙繫豕,謂之牙,曰[一〇]置牙擺牲是也。子曰:‘棖也慾,焉得剛?’又曰:‘君子易禄而難畜。’夫人之所以不剛且易畜者,大[一一]抵以欲自累也。童牛豶豕,則私欲不行,剛而不累於物。剛而不累於物,則難畜矣。畜賢之道,如牿之駐童牛,牙之繫豶豕,於是爲至。故孔子於四曰‘有喜’,五曰‘有慶’也。”章按:陸師農所解牛牿豕牙爲正,推之畜賢之道爲至。童牛謂初,而牿之者四也。四因之不受其觸,故曰“有喜”。豶豕謂五,而牙之者上也。五因之遂成其德,故曰“有慶”[①]。夫微者著之端,小者大之源,隄潰蟻孔,氣洩針芒,可以牛之童而任其狂軼,豕之豶而聽其蹢躅哉?

---

① 按:此處天頭有批注:“□上一爻爲主,然□童牛仍指四,而□者仍謂上也。”

何天

程子以"何"字爲誤。朱子以"何其通達"爲解，亦未盡。不若來、鄒荷負之説爲正。何校、何天俱音荷。

頤

頤論

朱文公謂頤卦極難説，誠然。以章論之，不過養德、養身二養，又不過所養、自養二觀，總之不出於貞，所謂養正則吉也。所養養人，自養養己。養人莫如由頤。萬物由天地以養，萬民由聖人以養。天下之養悉由上九，則與天地聖人共由。故觀其所養，當觀由頤。養己莫如靈龜，龜咽息不食，以氣自養，而無求於世。故觀其自養，當觀靈龜。自養如靈龜之不食，所養如上九之由頤，有何不貞？慎言語便是養德，節飲食便是養身。君不密則失臣，臣不密則失身，幾事不密則害成，君子慎密不出，皆所以養其出也。食前方丈勿爲，般樂飲酒勿爲，蹴爾呼爾弗受，萬鍾弗受，皆所以養其入也。曰慎曰節，有何不貞？故曰"養正則吉"，頤道備矣。或曰：一顛頤也，二凶，四吉；一拂頤拂經也，三凶，五吉。何也？曰：二失類，三悖道，故凶。四承上之施，五順以從上，既不失類，又不悖道，故吉。或又曰：一涉川也，五曰不可，上曰利涉，何也？曰：五陰柔才弱，居貞則可，濟險則不可。上九陽剛，健能知險，陽可濟世，即涉川有何不可？大哉由乎！萬物之頤由天地，萬民之頤由聖人。使上九非聖人合天地，惡能合天下頤之，而天下胥由以頤乎？豫九四由豫，故《象》曰“大有得”。頤上九由頤，故《象》曰“大有慶”。

大　過

大過論上 論陽處陰位無應爲吉、陽得位有應爲凶

大過初六[一二]上下陰柔，本末弱矣，而爻之辭皆曰“无咎”。中四陽盛長，而爻象之詞半屬凶醜。九二雖无不利，然老夫得女妻，畢竟是不相當。九四雖吉，而有佗吝。九五老婦得士夫，但能无咎无譽，不爲全吉。聖人扶陽抑陰，大過於陰似揚之，於陽似抑之，何也？夫陰懼其逼陽，而亦恐其太柔則廢，是小者過也。夫陽不懼其不剛，懼其過剛凌陰而蔑之，是大者過也。皆聖人之所不喜也。初陰雖柔，上乘四剛，藉用白茅，周公以无咎許之，孔子《繫辭》又以至慎無失稱之。上陰雖柔，滅頂雖凶，然蹇蹇匪躬，爻詞以无咎許之，朱注又以殺身成仁騭之。則初六者固孔正考父僂俯走之士，上六者固武侯、文山鞠躬盡瘁之流也。四陽在中，惡得以其陰柔而擯之邪？夫陰不過於柔以逼陽，而小者不過，陽不過於剛以凌陰，而大者不過，斯聖人所以使天下寡過之意也已。王輔嗣曰：“大過，棟撓之世也。本末皆弱，棟已撓矣。而守其常，則是危而不扶，凶之

道也。以陽居陰,拯弱之義也,故陽爻皆以居陰位爲美。濟衰扶危,唯在同好,則所贍褊矣。故九四有應,則有他吝,九二無應,則無不利也。"①邢[一三]璹曰:"大過之時,陽處陰位,心無繫應爲吉,陽得位有應則凶。"章按:王輔嗣之說以陽居陰拯弱爲美,是亦不凌陰、不擯弱之意,當大過之時而不過也。得其旨矣。

大過論下 論枯楊老夫

枯楊生稊則可生,枯楊生華則不可生。老夫得其女妻則可育,老婦得其士夫則不可育。此物理人情之當,無必注脚。聖人爻象之意,必有所以象者。吕仲木太史有言:"在難之君,而獲撥亂之臣,其情甚於魚水;起家之父,而遇克家之子,其心通乎鬼神。"是枯楊而生稊也②。章因吕太史之說而廣之,則老夫女妻之利,亦無必泥在生育上看。堯老舜攝,成唐虞勳華之治;武末誦立,造成周八百之業。成湯傳幼孫太甲,而昇之阿衡;漢武立少子孝昭,而輔之博陸:皆老夫得女妻之利也。扶衰廣嗣淺矣。

---

① 按:此處天頭有批注:"四應初六,而□於柔則有吝。"
② 按:此處天頭有批注:"□生稊得女妻,以其□而比初陰也。九五□陽比陰,乃曰生□得士夫,此不解也。□者,二處過之始,而□處過之極耶?二比□陰,而五比極陰。"

坎①

坎論上 論心亨

予讀萬以忠《易原》，而後知坎之爲德大也。坎以一陽居二陰之間，天一生水，故坎爲水。水之大者，在天爲雨露，在地爲河海。動容無行之域，而翶翔忽區之上；遭迴川谷之間，而滔騰大荒之野。所謂至險。擊之無創，刺之不傷，斬之不斷，焚之不然，深溺流遁，錯謬相紛。所謂"習坎，重險"也。其在人心，則孔子言之矣：遍予而無私，似德；所及者生，似仁；其流卑下句倨，皆循其理，似義；淺者流行，深者不測，似智；其赴百仞之谷不疑，似勇；綿弱而微達，似察；受惡不讓，似包蒙；不清以入，鮮潔以出，似善化；至量必平，似正；盈不求概，似度；其萬折必束，似意。所謂維心亨也。夫人在險中，靡濫震蕩，蟠委錯紛，無所前，無所後，無所左，無所右，那有亨時？ 所恃者維此心耳。心不亨，則創基冰泮之上，立足枳棘之林，險而益險也。心亨則直心於物，水火恬然，無負於天，雷霆不懼，險而無險也。內文明，外柔順，以蒙大難，文王之坎而心亨也。內難能正其志，箕子之坎而心亨也。孔子不悦於魯衛，遇桓魋曰：

---

① 按：此下有批注："坎，陷也。其德隱，其用藏，而莫測也。然外虛中實，有水之象，險之義。處險者身已陷險，所恃者此心有孚，則心亨而險可出。故困曰險以説，需曰敬慎。"

“天生德於予。”遇匡人曰：“天未喪斯文。”顏曰：“子在，回何敢死？”孔顏之坎而心亨也。文、箕、孔、顏終不罹難，所謂行有尚、往有功也。然亦有心亨而險不出者，諸葛、關、文是也。武侯曰：“臣鞠躬盡瘁，死而後已。至於成敗利鈍，非所逆睹。”心亨矣，而卒不免祁山之殞。關侯曰：“日在天之中，心在人之中。日在天之中，萬古長明；心在人之中，一點無私。”心亨矣，而竟不免麥城之難。文山曰：“孔云成仁，孟曰取義。惟其義盡，所以仁至。而今而後，庶幾無愧。”心亨矣，而竟未免燕市之刑。則所遇不如文、箕、孔、顏耳。蹇六二《象》曰：“王臣蹇蹇，終无尤也。”大過上六《象》曰：“過涉滅頂，不可咎也。”尤曰終无，咎曰不可，則屯於一世，亨於萬世。

坎論下 論設險

天無心於設險，而高不可升，名曰天險；地無心於設險，而山川丘陵，名曰地險。王公欲守其國，則不得不設險矣。法天之險，法其不可升者而已。凡朝廷之儀，上下之辨，毫釐差等，不可騰越，皆所以杜侵陵、絕僭踰，莫非天險也。法地之險，法其山川丘陵而已。如披山帶河、鑿池築城之類，莫非地險也。名曰人險。險有時而用，因時設險，則國可守，與天地相爲長久，其用豈不大哉？雖然，是其形也，而本之則無。立天之道曰陰與陽，是天險之本也，而不可升猶其形矣。立地之道曰柔與剛，是地險之本也，而山川丘陵猶其形矣。立人之道曰仁與義，是人險之本也，而設險守國猶其形矣①。董子有言："天高其位而下其施。高其位，所以爲尊也。下其施，所以爲仁也。"故法天險者法其高，尤當法其下。《三墳》曰："崇山君，伏山臣，列山民。"崇高其山，君之象也。潛伏其臣，臣之象也。山有形列，民之象也。故法地險者法其崇，尤當法其伏與列。《易》曰："天道下濟而光明，地道卑而上行。"脱天徒恃其不可升而不能下濟，則天亦亢焉而乾必毀；地徒恃其山川丘陵而不能卑以上行，則地且崩且竭焉，而坤必毀。即天地且不能自固其險，而能爲王公法乎？秦尊君卑臣，築長城，擁雍州，二險俱設，以暴而亡。漢初入關，約三章，從婁敬言，都關中，二險俱設，以伯而雜。唐都秦爲是，而内多慚德，竟雜於夷，則失天險。宋家法最嚴，而以都汴，故卒滅於夷，則失地險。是天地之險徒設，而陰陽、剛柔、仁義之道不立也。孟子天時地利人和之説最備，而其要在得道。得道之主，輔以天地之險，即萬世不可易已。

習坎入坎

士君子處險有道。有孚而不失信，心亨而行有尚，皆出險之道也。得其道，則險而不險；失其道，則險而益險。初六在重險之下，正所謂習坎也。而陰柔才弱，不能自拔，

---

① 按：此處天頭有批注："時文伎倆。"

行險不孚，維心不亨，其陷益深，勢將入於坎窞者。終於淪
沒，無復出險之期，凶可知已。

失道

坎《象》言"失道"者二：初六之《象》曰："習坎入坎，失
道凶也。"上六之《象》曰："上六失道，凶三歲也。"道謂濟險
之道，即有孚、維心亨、剛中也。初上陰柔，不剛不中，故曰
"失道"。

離

離論①

予讀京房《易傳》矣。《傳》曰："離本於純陽，陰氣貫
中，禀於剛健，見乎文明，故《易》曰：'君子以繼明照于四
方。'"陸績注："離卦中虛，始於乾，象純則健，不能柔明，故
以北方陰氣貫中，柔剛而文明也。"《傳》又曰："陽爲陰主，
陽伏於陰，是以體離，爲日爲火，始於陽象，而假以陰氣，純
用剛健而能順，柔中虛見火象也。"陸績注："離取中虛，氣
炎方能照物。日火本陽象也。純以陰，又不能乾於物，純
以陽，又暴於物，故取陰柔於中女，能成於物也。"則京氏之
論離，陸氏之注京，可謂極精矣。而概以卜占少之，可乎？

───────────

① 　按：此下有批注："坎尚剛中，離尚柔中，尤足驗不偏之義。"

夫純陽則炎健不能柔，純陰則柔弱不能明，必陰氣入陽而貫於中，虛中故繼明照于四方，柔健故畜牝牛而吉，是謂柔剛而文明也。離道備矣。

明兩作

王伯厚曰："離言明兩作，坎言水洊至。起而上者，作也。趄而下者，至也。此陸師農之説，朱文公取之。"章謂火就燥，故云作；水流濕，故云至。

履錯

履錯之敬，其錯也不免於咎，其敬也乃所以避錯之咎也。敬者，醫錯之藥也①。

【校勘記】

[一]　邢：原作"刑"，據《周易略例》改。

[二]　大壯：原作"遯"，據《周易略例·明卦適變通爻》注文改。

[三]　視：邵雍《伊川擊壤集》卷十六《无妄吟》作"顧"。

[四]　望：原作"妄"，據文意及上下文改。

[五]　大：原作"太"，據《近思録》改。

[六]　往：原作"來"，據《周易》无妄卦卦辭改。

---

①　按：本卷末有批注二條。其一："離，麗也。文德在中，英華發外是也。若自其麗陽而言，則所麗非人，爲小子係匪人傷我之麗也。不順，爲矯亢多競，皆不可也。故貴正，又貴順。而詞之利貞、蓄牝牛所由發也。"其二："孟子生於憂患語，正合離六五'出涕沱若，戚嗟若，吉'。又'齋咨涕洟，无咎'。"

〔七〕　曰：原作"四"，據文意改。

〔八〕　貚：《爾雅注疏》卷十《釋獸第十八》注文作"豬"。

〔九〕　牛：《埤雅》卷五作"牢"。

〔一〇〕　曰：此前，《埤雅》卷五有"賦"字。

〔一一〕　大：原作"太"，據《埤雅》卷五改。

〔一二〕　六：疑當作"上"。

〔一三〕　邢：原作"刑"，據《周易略例》改。

郭氏易解卷七①

咸

咸論上 論志與思

咸，無心也。初曰"志在外"，三曰"志在隨人"，四曰"朋從爾思"，五曰"志末"。曰"志"，曰"思"，皆有心也。故鄙之曰外而不内，下而不上，末而非本，未光未大，皆非咸也②。或曰：聖人感人心而天下和平，此獨非心乎？郭子曰：亦無心之感也。程子有言："聖人感天下之心，如寒暑雨暘，無不通，無不應者。"若出有心，亦是憧憧。憧憧豈足

---

① 按：本卷前頁有批注四條，皆注咸卦者。其一："咸以人身自下而上取次，論到心耳。初拇，二腓，三股，五脢，上輔，惟四適當心處，又居三陽中，正咸之主也。而以貞吉悔亡係之。蓋咸之爲道，在静以制動，如初、二、三、六則失之動，若五則又膠於静而不能動，必如四之貞，則爲物來順應，静亦静，動亦静。此聖學心法（末有批注：又有憧憧往來，豈心能盡善）。"其二："六爻一概以位取象，不過要見心體所在，故就四指出貞字來。余以所感不正，及不能感言者，無非發明一個心體耳。"其三："咸以感爲義，故宜静不宜動。若不能動如背肉，又膠於静者也。艮以止爲義，故動静皆止。背於人身爲止，故曰艮其背，止於所當止也。咸之背肉只得无悔，而艮之背爲无咎，其所取於背者異，而主静之意自同。"其四："咸，感也。我之感物，感在我也。受人感，感在人也。無我則能受人，能感人。《象》之虚，九四之貞，無我也。"
② 按：此處天頭有批注："説得好。"

以感天下乎？《繫辭》曰："天下何思何慮？"咸之極也。又曰："惟神也，故不疾而速，不行而至。"亦咸之極也。或曰：鼓萬物而不與聖人同憂，吉凶與民同患，使無心邪，何以憂，又何以患？郭子曰：聖人憂民之憂者也，而體則不憂。聖人吉凶與民同患也，而體則無患。蓋惟有不憂之體，而後能憂天下；有無患之體，而後能患天下。若有所憂則先自擾，有所患則先自二其心，而何以感天下？故曰：有所憂患，則不得其正，非咸也。王伯厚曰："咸之感無心，感以虛也。兌之說無言，說以誠也。堯之於變時雍，孔子之綏來動和，其感至矣。文王靈臺之樂，宣王雲漢之憂，其說深矣。"[1]其善言咸、兌之旨邪？

咸論下　論氣與心

咸者，感也。而又有皆義，非兩不成感也。感與寂對，未有感而不根於寂者。故《易·繫辭》曰："寂然不動，感而遂通天下之故。"感與應對，未有感而不應者，故《易略例》曰："隆墀永歎，遠壑必盈。"然非獨二氣之感應、二少之止說為然也。天地以氣感萬物，而萬物未生者生、未化者化；聖人以心感人心，而天下未和者和、未平者平。脫天地不感，萬物皆自生自化乎？聖人不感，天下能自和自平乎？由是言之，天地萬物之情見於感

---

[1]　按：此處天頭有批注："□等語用之□文妙絕。"

矣。顧氣與心又皆出於自然者。天地之氣，春氣感而百物皆出，夏氣感而百物皆長，秋氣感而百物皆收，冬氣感而百物皆藏，總而命之曰化生。聖人之政，以仁心感而天下興仁，以敬心感而天下興讓，以義心感而天下好義，以信心感而天下惇信，總而命之曰和平。故曰："嶢崩涇竭，麟鬥日薄。九鍾將鳴，凌霜乃落。氣之相應，觸感而作。"語氣同也。又曰："匹夫獲[一]順，則天地不違；一物投誠，則神明可交。"語心同也。程子曰："天地間只有感與應，更有甚事？"予亦爲之説曰：天地聖人之感只有氣與心，更有甚情？

恒

恒論

咸，感也。感而不感，至於何思何慮，同歸殊塗，一致百慮，感之至也。故咸無心。恒，久也。久而不久，至於四時變化而久成，雷風變動而不易方，久之至也。故恒立心如一日。然惟其無心也，故能立心如一日。天地無心，故能貞觀；日月無心，故能貞明；聖人無心，故能貞一。貞一恒矣。《雜卦》曰："咸，速也。恒，久也。"速也者，恍兮倏兮之謂；久也者，千年萬年之謂。徑捷紆遲，頹然二塗，而惟其速也，乃能久。何也？不疾而速，不行而至，神之所爲也。神無方，易無體，可以一日，可以萬年，無二神也①。孔子可以速則速，可以久則久。其得邦家而治之，立斯立，道斯行，綏斯來，動斯和，何其速也！其禮樂刑政，由百世之後，等百世之王，莫之能違。自生民以來，未有孔子，何其久也！故知能速者必能久也。咸、恒之《彖》曰："咸，感也。""恒，久也。"感主動，恒主静。而惟其動也，乃能静。何也？户樞不蠹，以其動故；流水不腐，以其逝故。即恒之雷風，當其奮迅而擊斷也，怒唬而叫激也，排山倒海，掀天揭地，調調刁刁，何等震動？而雷所以動，風所以散，陰壑海厓如是，青天白日如是。自有宇宙以來，誰能變易？無二雷風也。故咸、恒二物者，相須甚殷，相結甚固。關子曰："咸，天地之交也。恒，天地之久也。人不交不久，故咸、恒，人道之統也，天地之功也。"斯言至矣。

遯

遯論

遯九五居中得正，下應六二亦中正，君臣同志者也。第當遯之時，二陰浸長，陽當退避。夫二陰浸長，微獨小人道長，君子當避也。夷狄盗賊亦陰也，亦小人類也。天驕方張，中國浸衰，盗氛方惡，皇綱解紐，當是之時，不得不

---

① 按：此處天頭有批注："□只是老時□伎倆，若作□矣。"

遯。如少康奔虞，復禹之績；太王遷豳，延周之緒；唐玄幸蜀，肅幸靈武，德幸奉天，卒彌安史之難，復武德貞觀之業。即僖幸成都，猶得鋤黃巢，以延昭哀之命。皆遯之嘉美者也。如懷愍不遯，而青衣虜廷，徽欽不遯，而獻俘金酋，皆不嘉矣。使當懷愍時，如元帝遷江左，王謝戮力以圖中興，當徽欽日，如高宗遷杭州，韓岳效力以圖恢復，即偏安一隅，猶不失中國正統。何至五胡之亂，五國城之囚，爲千古一大辱哉？獨恨當時蒙難諸臣，固執死社稷之説，與人主無遯一語。不知諸侯死社稷，以國之社稷受之天子，傳之先君，不得不爲死守也。然孟子猶曰：“能如太王則避之。”是避爲上策，次爲死守。至於天子出奔，所幸稱行在，宗廟之主，社稷之神，俱擁以從，何得以諸侯死守之事責之天子乎？則晉宋二三大臣不學之過，而貽其君以不洗之恥也。讀晉、金二史，大爲扼腕。善乎程伊川之言曰：“遯非人君之事，然人君之遠避，乃遯也，亦在中正而已。”使靖康時，得伊川之説進之，又安有庶人之貶，昏德重昏之封，天水郡公、天水郡侯覃恩之詔乎？嗚呼悲矣！

不惡而嚴

孔子之於陽貨曰：“諾，吾將仕。”於司寇曰：“幸苟有過。”孟子於王驩，不曰驩而曰子敖；於臧倉，不曰倉而曰臧氏之子。其不惡如此。

大　壯

大壯論

王輔嗣曰："大壯未有違謙越禮，能全其壯者也，故陽爻皆以處陰位爲美。用壯處謙，壯乃全也。用壯處壯，則觸藩矣。"①以章評之，初以剛居剛，始事而銳進②，失其正者也。三當乾體之終，大過於剛正而危③，不遂其壯也。故初曰征凶，三曰羸角。二以剛履柔，居中而能守，保其正者也。四當震體之初，不極於剛，正而吉，能遂其決者也。故二曰貞吉，四亦曰貞吉。若上之二陰，五柔居中，而能受陽之壯，故雖喪羊而无悔；上柔居壯之終，不能壯者，而亦終用壯焉，故有不能退不能遂之戒。則輔嗣所云陽處陰位爲美者，詎不然哉？大壯曰"大者壯也"，言大者不可用壯也。大過曰"大者過也"，言大者不可大過也。君子之待小人，不惡而嚴，故如此。夫用壯小人之事，故曰："小人用壯，君子罔也。"《論語》言罔者二：一曰"學而不思則罔"，朱子解曰："昏而無得。"一曰"君子可欺也，不可罔也"，朱子解曰："罔謂昧之以理所無。"此解云："罔，無也。"極是。而云："小人以壯敗，君子以罔困。"則君子與小人一也。竊

---

① 按：此處天頭有批注："精言可揮塵矣。"
② 按：此句旁有夾批："似賈誼、柳宗元。"
③ 按：此句旁有夾批："似王安石與顧廚俊及。"

嘗疑之。孔子曰："小人用壯，君子罔也。"猶云君子無用壯
也。遯九四《象》曰："君子好遯，小人否也。"一言君子好遯，
而小人則否，一言小人用壯，而君子則無，此可互看矣①。

正大

天地之道，貞觀者也。日月之道，貞明者也。此是天
地之正。天地無不覆幬，日月無不照臨，此是天地之大。
正則自無不大，大則亦無不正。

晋

晋論

晋，進也。錫馬蕃庶，晝日三接，皆榮遇也。然初六之
晋如而曰摧，六二之晋如而曰愁，九四之晋如而曰鼫，上九
之晋其角而曰吝，豈非以富貴功名之會，皆多凶多懼之地
邪②？第六五之失得勿恤，則吉无不利，六三之衆允則悔
亡。蓋失得勿恤，既絶患失患得之私，衆皆允信，又皆同心
同德之朋，雖晋也，亦退也。孔子進以禮，退以義，得之不
得曰有命，乃所以善處晋也。要之，當以貞爲主。初六貞
則吉而无咎，以免於摧；六二貞則吉而受福，以免於愁。九

---

① 按：此處天頭有批注："切以君子非必純德之君子。《語》曰：'君子有勇而無義
　　爲亂。'且如晋人之傲視萬物，金□之不可一世，何嘗非君子，何嘗不用罔？"
② 按：此處天頭有批注："説得好，功名之士宜置座右。"

四雖貞而仍厲，惡其貪也；上九雖貞而猶吝，惡其亢也。君子之處晉雖貞，猶懼有貪吝之愆，況不貞乎？夫晉，進也。有先進者，有後進者。莊子曰："人皆取先，己獨取後，曰受天下之垢。"文子曰："聖人虛無因循，常後而不先。辟若積薪燎，後者處上。"以是知先進不如後進也。而吾以爲後進不如不進也。不進者既不處上，亦不受垢，何摧何愁，何厲何吝？

鼫鼠

鼫鼠其說不一。《埤雅》："鼫鼠似鼠而大，能人立，交前兩足而舞。"予以爲即今山西之黃鼠也。孫炎云："鼫鼠，五技鼠。"予以爲即蔡中郎所云飛鼠也。能飛不能過屋，能緣不能窮木，能游不能度谷，能穴不能掩身，能走不能先人，故曰五技。愚意黃鼠好在田中食粟豆，不似竊高位，飛鼠處人屋梁棟上，正似竊高位而畏人者。孫炎說是。

明　夷

明夷論上

或問：明夷五爻皆云"明夷"，至上六不曰"明夷"，而曰"不明晦"者，何也？郭子曰：解在蘇子。蘇子有言："六爻皆晦也，而所以晦者不同。自五以下，明而晦者也。若上六，不明而晦者也。故曰'不明晦'，言其實晦，非有託也。明而晦者，外晦而內明[二]；不明而晦者，強明而實晦。此其辨也。"或問：明夷《彖》曰"晦其明"，《象》曰"用晦而明"，至上六曰"不明晦"者，何也？郭子曰："晦其明""晦而明"，本明而晦也。"不明晦"，本不明而晦也。此其辨也。或問："明入地中"與"初登于天，後入于地"然乎？郭子曰：皆象也，猶"天在山中"也。或曰：日入虞淵，惡得謂不入地？郭子曰：以渾天論，則日入地；以蓋天論，則日不入地。孔子主蓋天者。《易》曰："日月得天而能久照。"《中庸》曰："今夫天，日月星辰繫焉。"曰"得"曰"繫"，何地之入？若如渾天論，則登天入地，是循環常理，孔子何以曰"失則"邪？佛家謂日月繞須彌而行，原不入地，其説尤確。

明夷論下

孔子之象明夷，一則曰"文王以之"，一則曰"箕子以之"，未嘗不以紂爲戒，而提出文、箕爲則。其不足湯武之意，自在言外。湯惟慙德，不删於《書》；武未盡善，明注於《語》。今九三"明夷于南狩，得其大首"，伊川以爲湯武之事，文公以爲成湯夏臺、文王羑里之事，豈孔子意乎①？及讀吾友馮元敏《易説》，而始快焉。《易説》曰："三之于南狩，除其傷君者也，文王之伐崇伐密是也。崇、密不順於紂，故伐之也。所謂三分天下有其二者，率其二以服殷也，

---

① 按：此處天頭有批注："□儒輒於此等處費轉摺。"

非臣其二以服殷也。此所謂柔順之至也。若平、勃之誅諸呂，李、郭之除安、史，亦所謂得其大首也。不可疾貞者，急則所害廣，而近於作威也。貞以治夷，其扶傷也，無所不至，而心不忍言主之傷也。嗚呼！天王聖明，豈知其傷也？此聖人之心也。”元敏其精於説《易》者乎？諸家紛紛，見未及此矣。

箕子

明夷《彖》《象》，三名箕子，且以文王並言，亦甚明矣。乃孟喜、趙賓之徒，妄爲之解曰：“箕子者，萬物方荄滋也。”不知於文王、帝乙，又將何以措詞邪？師古駁之，是矣。

明夷于飛

予讀《春秋正義》云：“離之一卦，爲日爲鳥。日爲高明，鳥爲微細。今日之謙退，不得高明，下當微細，是日光不足，當[三]鳥也。”夫“明夷于飛”一爻，楚丘之卜如此，《正義》之解如此，若是乎《易》之難解也。以淺心注《易》，難矣。

明夷于南狩

“明夷于南狩”，清君側之惡也。“得其大首”，殲厥渠魁也。“不可疾貞”，脅從罔治也。“南狩之志，乃大得也”，罪人斯得也。未聞以紂爲大首，而湯武爲南狩也。

大得

南狩之志，志在清君側之惡，而得其大首也。

家　人

家人論

處家人之道，本於正，成於嚴。嚴而不正則怨，正而不嚴則不遜。如卦爻辭中所稱貞、有物、有恒、有孚、王假，皆正也。如初之閑，三之嗃嗃，上之威，皆嚴也。故男女正之後，繼曰"嚴君"也。予讀《關雎》之詩，孔子曰："樂而不淫，哀而不傷。"讀《葛覃》之詩，朱子曰："貴而能勤，富而能儉，已長而敬不弛於師傅，已嫁而孝不衰於父母。"女之貞也。顧風化之主，在於文王，詩人美之，一則曰"小心翼翼，厥德不回"，一則曰"雝雝在宮，肅肅在廟"，又何其嚴也？故近能成汝濆江漢之化，遠造周家八百之業，豈偶然哉？漢家雜霸，而呂戚之毒虐，陰郭之興廢，不足爲訓。唐家雜夷，而武韋之擅命，貴妃之媚亂，幾亡其社。則女之貞、君之嚴，兩失之也。人之言曰："刑罰不可廢於國，夏楚不可廢於家。"又曰："國有君，嚴於其臣；家有父母，嚴於其子。"上九《小象》，孔子獨曰："威如之吉，反身之謂也。"不釋孚而釋威，不釋家而釋身，其嚴乎，其嚴乎！則嚴又當反之身矣[①]。

---

① 　按：段後有批注："大明太祖以嚴治家，得此卦之義矣。"

中饋

遂，專成也。婦人無所專成，惟居中主饋，故云"中饋"。《采蘩[四]》《采蘋》之詩，以公侯夫人奉祭祀爲不失職，大夫妻共祭祀爲循法度。祭祀蓋饋事之大者，區區酒食，其淺者耳。

睽

睽論

睽一卦盡疑也。然必疑亡而後睽合，不獨上九、六三爲然也。初與四應，必惡人可見，而後元夫可遇，即惡人不盡疑也。二與五應，必二主五而尊之，而後五宗二而親之，巷可遇而後膚可噬也。三與上應，三曰"遇剛"，上曰"遇雨"，必雨遇而後剛可遇也。嗚呼！疑之爲禍大矣。百事成而一事疑，道必廢；三人行而一人疑，議必格。然疑之爲道，亦多端矣。有影見而疑，有影未見而疑，其心數轉，如秤乍低乍仰者；有讒入而疑，有讒未入而疑，如執腐索以御奔馬，且前且却者。有以束薪爲鬼，疑竭而走者；有以火烟爲氣，即殺豚烹狗而疑者。有謀而不行，築舍道傍，三年不成者；有言而無決，首鼠兩端，恒持百心者。所競者細，以利同而疑；善否殊涂，以事異而疑。不得其所欲，疑人之吝；得其所不欲，疑人之害。體曲者忌繩墨之容，則直士疑；夜裸者憎明珠之來，則智士疑。精鈍舛跡，則凌遲者愧

而精士疑；壯弱殊科，則扛鼎者忌而力士疑。不疑不睽，疑
不亡則睽不濟。天地之事不同，則天地之睽不濟；男女之
志不通，則男女之睽不濟；萬物之事不類，則萬物之睽不
濟。同邪，通邪，類邪，其釋疑之本邪？夫天道下濟、地道
上行謂之同，天下一家、中國一人謂之通，鳥獸不可同群、
吾非斯人誰與謂之類。濟睽者當辨此一副肝腸，庶幾群疑
盡釋，黨禍潛消。夫杯中蛇影，拔其弓而可；甕內人影，破
其甕而可。故疑者事之役也，決者智之君也。《書傳》曰：
"官占之法，先斷人志，後命於元龜。"《太玄經》曰："庚斷
甲，我心孔碩。"故濟睽在決疑，決疑在自斷。《易》曰："遇
雨之吉，群疑亡也。"

同而異

上火下澤，性相違異，睽之象也。君子觀睽之象，於大
同之中而知所當異。於理則同，於俗則異。不能大同者，亂
常拂理之人也。不能獨異者，同流合污之人也。要在同而
能異耳。孔子獵較與人同，魯受齊女樂則去，陳恒殺齊君則
請討，異也。孟子受金與人同，不受齊祿，不與驩言，異也。
君子和而不同，和而不流，周而不比，群而不黨，皆同而異也。

見惡人

拒絕惡人，將眾仇於君子，而禍咎至矣。故見惡人所
以免辟怨咎也。亡怨咎，則有可合之道，而睽可濟。孔子

見南子、見陽貨，陳寔吊張讓，皆是此意。

天且劓

來氏擬象精矣。朱子小注曰："天合作而，剃鬚也。篆文天作兂，而作兂。"項平庵曰："天，去髮之刑。劓，去鼻之刑。"陳氏亦云："天，髡刑也。"楊止庵曰："天舊指天地之天，非。胡安定謂當作而，《纂言》從之，亦未然。蓋本古兂字，從鐵作兂，爲夾物而去之之形，即音髡。與天字相類，又與而字相類，故誤作天、作而。後世以髡之形曰髡首，即此也。"則天從髡刑爲是，故曰"天且劓"。天與劓皆刑也。

蹇

蹇論

見險能止，此明哲保身之知，有國者慎無樂有此臣也。曰"知矣哉"，非贊詞，猶云其知可及也。惟往而得中，往而有功，以至於正邦，蹇而能濟，國家之藎臣也。曰"大矣哉"，正是贊詞，猶云其愚不可及也。蹇之《象》、爻以往來爲詞，《彖》之二往，便得中有功而正邦，爻之四往，俱曰"往蹇"，何也？《彖》二往，俱從九五言，身在大蹇，惟朋來乃有功，用臣以濟蹇也。爻四往，從群臣言，獨往必得蹇，惟來則譽、反、連、碩，而終之利見大人，從君以濟蹇也。夫當大蹇難之中，決非一手足、一耳目所能濟。君不得群臣，名曰孤立。一輻^[五]獨入，衆輻皆棄。臣不合衆朋，不遇明主，名曰離群。百足俱行，相輔爲强。乃知濟蹇者必廣於用衆也。乘衆人之智，其灌輸之者大，而斟酌之者多也。專用其心，則一人不能保也。

蹇利西南

朱子小注有云：“蹇利西南是説坤卦，但不知從何插入這坤卦來。”則在朱子已疑之矣。説坤者始於王輔嗣^[六]，《程傳》《本義》因之，惟蘇子瞻《經解》不從，而來氏從蘇。安成鄒氏直謂諸儒强取義於坤爲誤。今依蘇、來、鄒三注爲正。

往蹇來譽

不能往而濟蹇，縱然歸來，有何名譽？愚意“譽”作平聲。《詩》曰：“慶此^[七]令居，韓姞燕譽。”注曰：“譽，樂也。”言往而遇險，未得安樂。且朱子解“來反”曰：“反就二陰，得其所安。”亦是此意。

宜待

“待”字與伯夷太公之待清、孔子之待賈同，故曰“宜待”。其可進則進，爲太公之出；待其不可進則弗進，爲伯夷、孔子之處^①。

---

① 按：此處天頭有批注：“□人語易曉。”

終无尤

事雖不濟，亦無可尤。古今之不濟者多矣。諸葛公不濟於漢矣，後之評諸葛者：“三顧頻煩天下計，兩朝開濟老臣心。出師未捷身先死，長使英雄淚滿襟。”文丞相不濟於宋矣，其衣帶贊曰：“孔曰成仁，孟云取義。惟其義盡，所以仁至。讀聖賢書，所學何事。吾今而後，庶幾無愧。”則亦何尤之有？章嘗謂明哲保身之說，見險能止之贊，可以律處士，不可以律王臣。王臣皆以往蹇爲知，誰與援主？故子糾之難，吾寧爲忽；靖難之臣，吾寧爲方、練；新莽之篡，吾不願爲雄；建成之難，吾不願爲王、魏。

往蹇來連

連有二解。朱子曰：“連於九三。”《纂言》曰：“連猶諸侯連衡之連。”孟子曰：“連諸侯。”是相連之連也。蘇子曰：“外難未夷而歸遇難，曰往蹇來連。連者，難之相仍也。”是相仍之連也。但於“當位實”難解耳。從朱爲正。

解

解論上 論赦過宥罪

解，緩也。解之《象》曰：“君子以赦過宥罪。”意大難之後，當有陽春，破觚爲圜，斲雕爲朴，融融然沛蕩滌寬厚之仁。而解之爻辭，二則獲狐，三則醜負，四則解拇，五則解小人，六則解悖，又若芟夷蘊崇，毅然有不與同中國之意。何寬嚴之殊涂，水火之相北也？嗟乎！大難既解，恤罷民不可不寬，決小人不可不嚴。夫罷民者，陰霧作匿，偶不見夫天日，邪徑迷通，忽自麗於文罔，即罪與過猶可憐也。夫小人者，數至重人之門，不一至主之廷，百慮私家之便，不一圖主之國，爲國大賊，爲主大蜮，其罪與過不可言也。故寬於罷民，解而解也；嚴於小人，不解而解也。其解難一也。

解論下　論有孚于小人

“有孚于小人”，程、朱皆云：“驗也。”以驗訓孚，不見經傳。韻書曰：“孚，信也。”君子待小人，縱然匪彝，豈可不信？《書》云：“瞽亦允若，至誠感神。”《易》中孚曰：“豚魚吉，信及豚魚。”《語》曰：“言忠信，行篤敬，蠻貊之邦行矣。”鬼神異路，豚魚異類，蠻貊異邦，信皆可及。瞽即頑嚚，亦可允若。故雖小人，亦可孚感。至誠不動，未之有也。必有孚于小人，而後小人自退。舜湯有天下，選於衆，舉皋尹而不仁者遠。豈有君子孚於小人，而小人不退乎？孔子曰：“舉直錯諸枉，能使枉者直。”枉者可直，何難於孚小人？諸葛公七縱七禽，猶縱孟獲去。獲曰：“公，天威也，南人不復反矣。”汾陽王單騎見回紇，免胄示之，回紇下馬羅拜，曰：“令公千歲。”夫使南蠻不反，回紇可拜，何難於孚小人？然或者猶曰：“去河北賊易，去朝中朋黨難。”嗟夫！吾輩患不諸葛、不汾陽耳。諸葛公微獨孚南蠻，没世之後能令仲

達閱壘嘆奇,能令廖立垂泣、李平致死。汾陽王微獨孚回
紇,遊章敬不令朝恩害,病不令盧杞疑。故曰:"君子有解,
小人退也。"吾輩特患不君子耳。兌九五"孚于剥",剥者且
孚,在小人又可知已。

解利西南

"解利西南"有四義。程朱皆以西南坤方爲解。蔡節
齋曰:"利西南者,坎、震東北之卦也。難解於東北,至西南
則無不利。"陳應城主之。蘇子曰:"東北解者之所在,則西
南所解之地,故利。"安成鄒氏曰:"解在東北,則西南未解
之地也。故宜往而解之。"紛然四說,莫之適從。愚意以蘇
爲正,來復、攸往從鄒。程朱強立坤方,後儒直以爲誤。

解悖

朱子釋此爻曰:"《繫辭》備矣。"程《傳》全引《繫辭》之
文,未見明晰。來氏謂《繫辭》別是孔子發未發之意,與此
不同。可見《易》之爲道,不可爲典要也。第《象》曰"解
悖",與《繫辭》之意亦無不同。特藏器待時,則解悖未盡
之旨耳。

【校勘記】

　　[一]　獲:《藝文類聚》卷五七《顏延之範連珠》作"履"。

　　[二]　外晦而內明:《蘇氏易解》卷四作"始晦而終明"。

［三］　當：此前，《春秋左傳正義》卷四三有"故"字。

［四］　蘩：原作"繁"，據《詩經·召南》改。

［五］　輻：原作"幅"，據《淮南子·説林訓》改。

［六］　輔嗣：原作"嗣輔"，據文意改。

［七］　此：《詩經·大雅·韓奕》作"既"。

郭氏易解卷八

損

損論

關子明曰："始盛者，由衰而益者也。始衰者，由盛而損者也。故損益，盛衰之始也。聖人以此施之於典禮，推之於時運，必使濟其衰，戒其盛，行乎《易》中矣。《易》曰"危者始平"，濟衰也。"易者使傾"，戒盛也。卦爻二五居中，少悔吝，故禮爲皇極之門，無不由門而出也。殷因於夏禮，所損益可知也。周因於商禮，所損益可知也。夏人尚忠，至忠則少敬，故殷人尚敬，蓋政弊則救之也。運衰則盛之至也。至敬則不文，故周人尚文，亦救殷政之弊也。夫文者，和之也。和者太過則蕩，不及則局促，是以循環相救者，禮也。三十年爲世，百世三千年也。此言三王與禮，則時運可以推也。故夏以金德垂四百餘年，殷以水德垂六百餘年，周以木德垂八百餘年，得其道也，數不能逃。金生數四成九，水生一成六，木生三成八。夏得生數，殷周得成數，故四百、六百、八百年，不能逃其數。所以然者，禮得其時也。後王不能應其數者，禮不行乎《易》中者也。"《繫辭》謂行乎典禮者，蓋明相因相益之道也。後王若漢晉而下，雖成正統，而不及三代之永者，蓋不行乎典禮，如三代之純懿者也。郭子曰：予讀關子明損益盛衰之說，而知子明於《易》深矣。本之於道，稽之於德，而極之於數，約之於禮，推之於時，而歸之於《易》，何其晰也！然又曰"聖人濟其衰，戒其盛"，於盛衰之際，尤卷卷焉。愚嘗反復損益二卦爻象，損言損矣，然初曰"合志"，二曰"中以爲志"，上曰"大得[一]志"，三曰"得友"，上曰"得臣"，四曰"有喜"，五曰"上祐"，皆濟詞也。益言益矣，初戒以下不厚事，二戒以永貞，三戒以凶事，上戒以擊之，五言元吉，亦戒有孚，皆戒詞也。昔者孔子讀《易》，至於損益，未嘗不喟然而嘆曰："或欲利之，適足以害之。或欲害之，適足以利之。利害禍福之門，不可不察。"此亦損益盛衰之意也。前王之禮，行乎《易》中，故純而且久。後王之禮，不行乎《易》中，故駁而不純。愚又觀之二卦，損以二簋用享之禮行於損，益以用亨用圭之禮行於益，皆所謂施之典禮、行乎《易》中者也。故武周造周，至八百餘年，其或繼周者，雖百世可知。而漢於禮樂，謙讓未皇，唐於閨門，尚多慙德，宋陳橋兵變，君臣禮乖，又何論《易》之行不行哉？我明高皇帝以夏驅夷，得《春秋》攘夷之意。元孫既俘，免行獻俘之禮，合祀天地，大得人子合享父母之情。當極益之時，持極損之戒，正所謂以禮行《易》者。以故二百五十餘年，金甌完固，亡一缺折，國曆悠長，真可軼商而逾周者。子明之言，詎不信哉！

益

益論

吕東萊有言："損、益二《象》，最切學者。損無如忿慾，益無如遷改，若甚易知，推到精密處甚難。懲窒遷改，皆是用力處。"愚因而推之，王龍溪曰："懲忿如摧山，窒欲如塞竇。"是懲窒之用力也，乃所以善體山澤也。朱文公曰："遷善當如風之速，改過當如雷之猛。"是遷改之用力也，乃所以善體雷風也。雖然，所以懲，所以窒，所以則遷，所以則改，猶未甚晰。孔子曰："一朝之忿，忘其親，以及其身，非惑與？"又曰："忿思難。"忿而思難，難及忘身忘親，而後謂之懲。劉子曰："嗜慾之萌，耳目可關，心意可鑰。至於熾也，雖襞情卷慾，而不能收。"必關耳目、鑰心意，而後謂之窒。此二者皆防之於未然也。孔子曰："聞義不能徙，不善不能改，是吾憂也。"又曰："見義不爲無勇。"又曰："過則勿憚改。"始之以吾憂之恐，繼之以勿憚之勇，然後謂之則遷則改，此二者皆治之於已著也。懲忿窒欲，以防未然，遷善改過，以治已然，而損益其交相成乎？故曰："損，德之修也。益，德之裕也。"

偏辭

偏與全對。辭有偏有全。子曰："君子安其身而後動，易其心而後語，定其交而後求。君子修此三者，故全也。"
此是全辭。無交而求，止執求之一辭，而舍定交之一辭，所
求於人者詳，而求之己者略，是偏辭而不全也。夫誰與我？
莫之與，則傷之者至矣。失人弘多，而不知擊我者爲誰，卒
非偏辭所能勝也。

夬①

夬論上　論道長道憂

夬《雜卦傳》曰："夬，決也，剛決柔也。君子道長，小人
道憂也。"劉苕溪云："夬以五君子決一小人，不曰小人道
消，而曰道憂，蓋上下交而志同，如泰之時，然後小人之道
不行。若以五君子臨一小人，徒能使之憂而已。惟其有
憂，則將圖之無不至矣。"夫消與憂異。泰天地交泰，故君
子道長，小人道消。否天地不交，故君子道消，小人道長。
夬一柔而乘五剛，其志甚揚，其氣尚雄，而衆君子遽能使
消乎？卦辭曰"有厲"，曰"不利即戎"，《彖詞》曰"其危"，曰
"所尚乃窮"。在君子憂危如此，而後能使小人憂也。至於
剛長乃終，而後小人消。六爻初曰"不勝爲咎"，二曰"莫夜
有戎"，三與上應，曰"若濡有慍"，五與上近，曰"中未光
也"，四安出其後，曰"聞言不信"。在君子憂危更甚，而後

---

① 按：此下有批注："聖人教君子二義，防陰決陰而已。決貴和説，防貴含章。壯
順失之，夬夬中行得之。獨行遇雨，含章之道也。"

能使小人憂也。至於无號有凶，而後小人消。嗟乎！小人豈易消哉？即令之憂，亦豈易憂哉？

夬論下 論即戎

夬爲決義，五陽決上之一陰也。卦體内健外説，内健則能決，外説則能和，決之至善也。"揚无王庭"，以一柔乘五剛之上，是以放恣於君側而亡忌憚也。小人放恣於君側而無忌憚，良亦危矣。故必孚號有厲，而後其危乃光也。"告自邑，不利即戎"，邑與戎，上六也。告自彼邑以孤其黨，不利即戎以和其決，此所以不窮也。五陽之强，以即一陰有餘，然而不即也。自以爲不足，雖弱有餘，自以爲足，雖强有所止矣。故其所尚乃窮也。即，就也，如屯卦"即鹿"之即，如鼎卦"不我能即"之即。漢光武於野王獵，路見二老者即禽，光武問曰："禽何向？"並舉手西指，言："此中多虎，臣每即禽，虎亦即臣，大王勿往也。"光武曰："苟有其備，虎亦何患？"父曰："何大王之謬邪？昔湯即桀於鳴條，而大城於亳，武王亦即紂於牧野，而大城於郟鄏。彼二王者，其備非不深也。是以即人者，人亦即之，雖有其備，庸可忽乎？"由是言之，君子即戎，戎亦即我，故曰"所尚乃窮也"。然而必往者，陰盡決，剛長乃終也。不容不決，又不可以戎決，故曰"決而和"。

揚于王庭

"揚于王庭"指上六小人。揚者，得志放肆之意。于王庭,在君側也。邑亦指上六。坤爲邑,五陰皆變,僅存上六,邑土小矣。故自彼所邑諷告,離其黨與。戎亦指上六,五陽之强,足以即之有餘,然而不即者,決而和也。若如舊注,正名其罪,相與合力,便是即戎矣。

莧陸

"莧陸"諸説紛如。來氏爲妥,陳氏諸説皆具。其曰:"莧陸,是莧生於陸地,喻小人之在顯位者。"與來説合,今從之,所謂人莧是已。至於孟喜《易》,莧作山羊,項氏《玩辭》從之,殊爲不經。

姤①

姤論上 　論姤遇有善有不善

姤[二],遇也。顧遇有不善者,有善者。大都柔遇剛而染於柔則不善,剛遇中正而不染於柔則善。女壯勿取,如紂之妲己,幽之褒姒,衛之宣姜,漢元之王,漢成之趙,晋惠之賈,唐高之武,玄宗之楊,不庇六禮,由色以進,此柔遇之不善者也,不亂則亡。如天地相遇,天氣下降,地氣上騰,所謂天地交而萬物通也,一元文明之會也。剛遇中正,雲龍相感,魚水相驩,所謂上下交而其志

---

① 　按:此下有批注:"姤之見凶,抑小人也。不及賓,猶黨與也。剥之无咎,无不利,好處都歸小人者,黨與盛而時危,轉誘之耳。若姤四起凶,別取一義矣。"

同也,明良喜起之運也。此剛運[三]之善者也,不霸則王。爲人君者,謹如荼如薑之戒,若蹈虎尾,若涉春冰,篤元首股肱之誼,若玄黃相迎,若宮商相應,則宮闈無女禍,而朝廷有善政。故遇之善者,急就之如趨川,惟恐其不遇也。遇之不善者,謹避之以免害,惟恐其遇也。審於剛柔之際而已①。

姤論下 論姤見天地之心

樵者問曰:"姤何也?"邵子曰:"姤,遇也,柔遇剛也。與夬正反。夬始逼壯,姤始遇壯,陰始遇陽,故稱姤焉。觀其姤,天地之心亦可見矣。聖人以德化及此,罔有不昌,故《象》言施命誥四方,履霜之慎,其在此也。"又曰:"夫《易》,根於乾坤,而生於姤復。蓋剛交柔而爲復,柔交剛而爲姤,自玆無窮矣。"郭子曰:邵子之言,美矣至矣。復見天地之心,一陽生也,人皆知之也。姤亦見天地之心,一陰生也,人未知之也。易有太極,是生兩儀,兩儀生四象。兩儀,天地也。四象,陰陽也。陽生見天地之心,陰生獨不可見天地之心乎? 故曰:姤亦見天地之心也。第一陽之生,微陽也。微陽當養,故復之《象》曰"先王以至日閉關",養微陽也,不可以陽之微而洩之也。一陰之生,微陰也。微陰當散,故姤之《象》曰"后以施命誥四方",散

---

① 按:本段末有批注:"翩翩鄰孚,陰下也。有隕自天,陽下也。艱貞以處之,安靜以待之,則陽之窮自回,陰雖下必去。"

微陰也，不可以陰之微而狎之也。養微陽以全其乾，散微陰毋至於坤，此《易》之大綱，邵子之意也。故曰"施命誥四方"，履霜之慎也①。

以杞

諸説論杞不一。朱子曰："杞，高大堅實之木也。"陳氏曰："杞，良材，南方之木。"馮子曰："高大之杞。"蘇子曰："杞，枸檵也。木之至庳者也。"來氏曰："杞，枸杞也。"或以爲良木，或以爲草木。良木者，從虞翻高大堅實之説也。草木者，從干寶巽爲草木之説也。從虞爲正。

萃

萃論上 論戒器

萃者，聚也。當聚之時，可喜也，亦可懼也。王輔嗣注曰："聚而無防，則衆生心。"京房《易注》曰："凡聚衆必慎防閑，假陽爲主，成萃之義，伏戎必豫備，衆聚去疑心。"《玉海》注曰："除者，治也。人既聚會，不可不防，故於此時修治戎器，以備戒不虞。"紂以若林之旅而困於孟津，前徒倒戈，知聚而弗戒也。武王以如虎如貔、如熊如羆之衆集於牧野，而猶曰"稱而戈，比爾干，立爾矛"，武知聚而戒也。

---

① 按：本段末有批注："坤娠之初同虚，故詞曰'履霜堅冰至''贏豕孚蹢躅'。然又曰'有攸往見凶'，惡其戰而玄黄也，預戒之也。"

曹瞞以八十萬衆聚於赤壁，周瑜以三萬人載蘆葦，一火而破之，曹聚不戒而周知戒也。苻堅以百萬之衆，投鞭斷流，而謝玄以八千人半渡而擊之，堅聚不戒而玄知戒也。甚矣夫聚之不可不戒也。雖然，戒亦多術矣，而卷卷於戎器何也？其說具在《六韜》。太公曰："戰攻守禦之具，盡在於人事。耒耜者，其行馬蒺藜也。馬牛車輿者，其營壘蔽櫓也。鋤耰之具，其矛戟也。蓑薜簦笠者，其甲冑干櫓也。钁鍤斧鋸杵臼，其攻城器也。牛馬所以轉輸糧也，雞犬其伺候也，婦人織紝其旌旗也，丈夫平壤其攻城也。春鏺草棘，其戰車騎也。夏耨田疇，其戰步兵也。秋刈禾薪，其糧食儲備也。冬實倉廩，其堅守也。田里相伍，其約束符信也。里有吏，官有長，其將帥也。里有周垣，不得相過，其隊分也。輸粟取芻，其廩庫也。春秋治城郭，修溝渠，其塹壘也。故用兵之具，盡於人事也。"此猶以人事論器也。晁錯曰："兵不完利，與空手同。甲不堅密，與袒裼同。弩不可以及遠，與短兵同。射不能中，與亡矢同。中不能入，與亡鏃同。此將不省兵之禍也，五不當一。故兵法曰：器械不利，以其卒予敵也。"此實以臨戰合刃論器也。甚矣夫戎器之不可不除也。雖然，孔孟嘗言聚矣。孔子喜衛之庶，而繼之曰"富之""教之"。孟子喜齊之盛，而曰："地不改闢，民不改聚，行仁政而王，猶反手也。"則除器之本也。萃九五爲萃之主，九四爲萃之輔。五曰"志未光也"，以匪孚也。四曰"位不當也"，以未必大吉也。則未聞孔孟富教仁政之説也。

萃論下 論衆正

萃，聚也。上以説道使民而順於人心，下以順道從上而説其政令，君民之情萃也。五以剛中居尊，二以柔中應之，君臣之德萃也。故聚也。夫收天下之人心無如假廟。王假有廟，聚一己之精神，以聚祖考之精神，而聚天下之精神也，以孝聚也。因[四]天下之人心無如從正，萃之時利見大人，聚以正則亨，不正則不亨。三傑聚於關中以從高祖，而開西漢；二十八將聚於雲台以從光武，而成東漢。以正故聚也。當其聚也，天寔授之豐祀之資，以隆假廟之儀，與之有爲之時，以固聚正之心，故曰“天命”。物聚則財贍，故用大牲以致孝享於萃之時者，宜豐而豐也，順也。使損而大牲，則逆矣。聚正則心合，故利有攸往於萃之時者，宜動而動也，順也。使剥而攸往，則逆矣。夫觀聚於君臣上下之萃，觀聚於宗廟獻享之時，觀聚於天命人心之際，而天地萬物之情不可見乎？咸之情通，恒之情久，聚之情一，至其所以感、所以恒、所以聚，皆有至理存焉。如天地以氣感，聖人以心感，感之理也。如天地之不已，聖人之久道，恒之理也。萃之致孝享，聚以正，順天命，聚之理也。凡天地萬物之情可見者，皆此理之可見矣。故《本義》曰：“極言其理而贊之。”

升

升論上　此論冥升

《易》爻稱冥者二：豫上六曰“冥豫”，升上六曰“冥升”。《説文》云：“冥，幽也。从日六冂，日數十六日而月始虧。”冂亦夜也。故“冥豫”注曰：“昏冥於豫而不知醒也。”“冥升”注曰：“昏冥於升而不知止也。”是則然矣。夫既昏冥於豫而不知醒也，樂極生甾，又惡有悔心之萌，成有渝而无咎乎？夫既昏冥於升而不知止也，利令智昏，又惡有貞固之明，不息而利者乎？是責暧暧以昭昭，繩愚不肖以賢智也。予謂冥非冥然罔覺，如《説文》所釋也。以天時言，晦者開朗之機；以人事論，昧者昭明之候。不觀之《太玄》乎？罔直蒙酋冥，揚子自解之曰：“夫玄，晦其位而冥其畛，深其阜而眇其根，懷其功而幽其所以然者也。”又曰：“冥者，明之藏也。”又曰：“出冥入冥，新更相代[五]。”又曰：“終以幽之，幽冥足以强[六]塞。”所以稱冥者至矣。夫惟其新更相代也，有渝之端，是冥豫之所以有渝也。故曰：“昭昭生於冥冥也。”夫惟冥爲明之藏也，不息之幾，是冥升之所以利不息也。故曰：“箕子之貞，明不可息也。”又不觀之《小象》乎？《小象》“冥豫在上，何可長也”，“冥升在上，消不富也”，重在上□，在上者不可冥豫，便當渝，何可長而不渝也？在上者不可冥升，人情升則欲富，息則富，消則不富。不息之貞，消而不富也。皆戒而予之之詞，非盡如《説文》所釋幽冥之謂也。解《玄》者曰：元亨利貞爲四時之德，罔直蒙酋冥爲四時之象。

升論下 此論積小

《易》之爲教，陽大陰小，貴陽而賤陰，貴大而賤小，似矣。不知小有二義，以管窺天，以郄視文，此真小者。管與郄，小而不能大也。旱歲之土龍，疾疫之芻靈，是偶爲帝者，似大非真大也，亦有小可以爲大，大不出於小者。小德川流，則大德敦化；小莫能破，則大莫能載。惟在順以積小耳。王輔嗣注曰：“地中生木，始於毫末，終至合抱，君子象之，以順行其德，積其小善，以成大名[七]。”微獨地中木爲然。徐幹曰：“明出乎幽，著生乎微，故宋井之霜，以基昇正[八]之寒，黄蘆之萌，以兆大中之暑，事亦如之。故君子修德，始乎笄丱，終乎鮐背，創乎夷原，成乎喬嶽。”此以寒暑之故論小大者。《禮》注：“蚍蜉之子時時學[九]銜土之事而成大垤，猶如學者時時問學而成大道。”此以蚍蜉之小論小大者。劉子曰：“靈珠如豆，不見其長，疊歲而大，鐃舌如指[一〇]。”此以靈珠之長論小大者。《初學記》曰：“凡先合單紡爲一絲，四絲爲一扶，五扶爲一首，五首成一文，文采淳爲一圭。”此以合紡之絲論小大者。大都小者大之積，大者小之會也。孔子曰：“善不積，不足以成名。惡不積，不足以滅身。小人以小善爲无益而弗爲也，以小惡爲无傷而弗去也,故惡積而不可掩,罪大而不可解。"可以小善爲小而忽之邪?

上合志

"上"指二陽,從朱爲正。或主二,或主四,或主五,紛紛之説,何時能已?

升虚邑

"陰疑於陽必戰"注云:"疑,均敵也。""升虚邑"者,三陰在上,勢不敵陽,何疑之有?

困

困論

予讀《京氏易》:"困,上下不應,陰陽不交,二氣不合。"陸績注:六三陰,上六亦陰,无匹,故曰"不見其妻,凶"。九五求陽,陽亦無納,故曰"陰陽不順,陰道長也"。所以爲困。猶之困也,有陰之困,有陽之困。如初六、六三、上六,陰爻也。困卦坎兑相重,兑秋坎冬。兑一陰始得秋氣,而蔓草未殺,故爲葛藟之困。六三秋冬之交,蔓草脱葉而刺存,故爲蒺藜之困。初在坎下,正大冬之時也。蔓草爲霜雪所殺,所存者株木而已。三爻皆陰,故繋以草木之象,皆小人之困也,而聖人抑陰之意寓焉。如九二、九四、九五,陽爻也。二曰"朱紱",五曰"赤紱",四曰"金車",有穆穆皇皇之象。二曰"利用享祀",五曰"利用祭祀",有雍雍肅肅之度,則君子之困也,而聖人扶陽之意寓焉。何也? 小人困而失所亨,謂之窮斯濫,困而困也。君子困而不失所亨,謂之固窮,困而不困也。《易》曰:"困,德之辯也。"爲君子言也。《語》曰:"困而不學,民斯爲下。"爲小人言也。若柔而揜剛,又小人之雄者,可與君子同年語哉?

困于酒食

九二剛中之大臣,困而不失其所亨者,君子困於家食之際,無飲食宴樂之奉,其道則不可得而困,九五之君子方將以同德而來求。明以事君,則君應之而朱紱方來;幽以事神,則神應之而利用享祀。則困于酒食,非所憂也。但方困之時,惟當安處以俟命,往而求之,則犯難得凶,自取凶悔,何所怨咎? 諸卦二五以陰陽相應而吉,唯小畜與困乃戹於陰,故同道相求。小畜陽爲陰所畜,困陽爲陰所揜也。此以程、朱、郭白雲、來矣鮮四家合注之。

中有慶

九二雖困于酒食,然守其剛中之德,明而君應,而朱紱方來,幽而神應,而利用享祀,乃有慶也。中是剛中,慶是朱紱享祀。

剸刖

君子待小人，不惡而嚴，至於剸刖，未免傷痍，則志豈得哉？乃所以能先憂後樂者，以剛中正直故也。君臣說而神人和，可以濟困受福也。

井

井論

夫井之德至矣，井之功偉矣。井以不改爲德，以不窮爲功。《京氏易傳》曰："井道以澄清不竭之象，而成於井之德。改邑不改井，德不可渝也。"此井之德也。《京傳》又云："陰陽通變而不可革者，井也。往來井井，見功也。"此井之功也。愚謂惟不改，故能不窮。《易》曰："井居其所而遷。"居其所，不改也。而遷則不窮也。君子推其不改者，爲乾之自强不息，爲恒之立不易方，在太極之先而不爲高，在六極之下而不爲深，先天地生而不爲久，長於上古而不爲老，皆不改之井也。君子推其不窮者，爲井之勞民勸相，爲師之容民畜衆，鯢桓之審爲淵，止水之審爲淵，流水之審爲淵，四海之內共利之之爲悅，共給之之爲安，財用有餘而不知其所自來，飲食取足而不知其所從，皆不窮之井也。井之時義大矣。《淮南子》有"伯益作井，能愈多德愈薄"之譏，《莊子》謂"井黽擅一壑之水，而跨跱乎埳井之樂"，皆未明於井之大也。井之大，以通而不塞爲義，故《雜卦傳》曰：

“井，通也。”卦體上體坎，出險爲通，下體巽，初入之不復爲塞，下不塞故上通，井之道也。凡郡邑城郭，多井多利，少井少利。蜀有鹽井、油井、火井，三川之富，至今擅天下。太原多苦井，少甜井，市民貧者貯水如貯米，即鹽酪不能時有。貴陽平越城内少井，水由小澗入城，民汲爲飲。太平時不見其害，脱有急，予不知晋、黔民何恃以不渴也。故井之通塞，民之渴濡係焉；民之渴濡，國之存亡係焉。奈何忽於井泥之説，而勿講於修井之術也？故淮南、蒙莊俱爲戲論，而上水、修井洵爲至言。

木上有水

“木上有水”，諸説皆以木爲器，始於丁寬易東，曰：“以木爲器，汲水而上。”程子因之。來以轆轤，鄒以木底，未嘗不是。而漢陰丈人以爲機械。夫木上有水，自有之水也。木器之水，非自有之水也。自朱子有津潤上行之説，而馮元敏衍爲水木相通之説，其義始備。

行惻

惻非自惻，行道惻之也。求非自求，以不求求之也。

修井

《子夏易傳》云：“甃亦治也。”程《傳》云：“甃者，修治於井也。”惟修井故无咎。

寒泉

九五寒泉之食者，九五在上體之中，居陽得正也。井養之德具，而後井食之功溥也。

革

革論

《易》卦兑離合體，惟睽與革。睽之《象》曰：“二女同居，其志不同行。”革之《象》曰：“二女同居，其志不相得。”無甚異也。《京氏易》曰：“睽火澤二象，氣運非合。革二陰雖交，志不相合。”亦無甚異也。乃睽止小事吉，革則革命改命，至於順天應人而大有爲，何其異也？及讀《太玄經》云：“水之於火，氣志交通，然相克害，不可共器，隔以釜鼎。”此睽之義也。鄭康成云：“水火相息，而更用事，猶王者受命，改正朔，易服色。”此革之義也。故睽可小事，而革可大事。究其極，則革可大，睽亦可大。孔子曰：“天地睽而其事同也，男女睽而其志通也，萬物睽而其事類也。睽之時用大矣哉。”“天地革而四時成，湯武革命，順乎天而應乎人。革之時大矣哉。”蓋至於是，不同行者同，不相得者得，睽合而革成矣。雖然，大道之行也，天下爲公，何睽何革？而有時乎不得不睽，不得不革者，聖人之萬不獲已也。湯將伐桀，謀之卞隨、瞀光，隨、光曰：“非吾事也。”及桀放，湯以讓隨、光不受，乃自投於椆水、廬水而死。周之興，夷、齊相謂曰：“吾聞西方有人，似有道者，試往觀焉。"至於岐陽，武王使叔旦與之盟曰："加富二等，就官一列。"血牲而埋之。二人相視笑曰："嘻，異哉！此非吾所謂道也。不如避之，以潔吾行。"遂北至首陽山，饑而死。天道遠，人道邇，由隨、光、夷、齊四子言之，應乎不應乎？此猶賢者也。商人有舍穡割夏之嘆，殷之播臣頑民，至遷洛時尚未能化，應乎不應乎？若是，則孔子所云應人，何也？曰：蘇子有言："孔子，殷之子孫，而周之臣子也。爲尊者諱，爲親者諱，義也。莊公不書弑，昭公名知禮，亦此意也。"

鼎

鼎論　論聖賢

鼎，象也。黃帝作三鼎，象天地人，謂之寶鼎。禹收九牧金，鑄九鼎，謂之神器。人臣而睥睨神器者，謂之問鼎。蓋重甚矣。中虛見納，受實於內。人臣如九二之有實，則爲大臣，所謂賢也。人主如六五之中以爲實，則爲明主，所謂聖也。二居巽體，巽而耳目聰明，二之實也。五居離體，柔進而上行，得中而應乎剛，五之實也。五下用九二有實之賢臣，上用上九玉鉉之聖臣，如此方謂之以養聖賢。聖賢在左右，用能正位凝命，上承天休，如此方謂之以享上帝。而鼎固矣。若趾顚而出否，耳革而行塞，足折而餗覆，皆非賢非聖，不足以受鼎之烹飪，而承聖人之大烹，即鼎將焉賴之？故夏養三德、六德、九德，而夏鼎歷四百年；殷養元聖俊彦,而商鼎歷六百年;周養十亂,而周鼎歷八百年;皆此聖賢也。若棄而不養,烹而不大,播棄於野,放黜弗庸,甚至崇信姦回,賊虐諫輔,此三代之末主所爲,自絕於天也。豈曰不愛賢,實不愛鼎①。

【校勘記】

〔一〕　得:原作"德",據《周易》損卦改。

〔二〕　姤:原作"垢",據《周易》姤卦改。

〔三〕　運:據上下文,疑當作"遇"。

〔四〕　因:據下文"以固聚正之心",疑當作固。

〔五〕　新更相代:《太玄經·太玄文》作"新故更代"。

〔六〕　强:《太玄經·太玄文》作"隱"。

〔七〕　"地中"至"大名":按此乃《周易正義》升卦孔穎達疏文,非王弼注文。

〔八〕　正:原作"井",據《中論·修本第三》改。

〔九〕　學:此前,《禮記正義·學記》疏文有"術"字。

〔一〇〕　鐃舌如指:此下,《劉子·崇學》尚有"不覺其損,累時而折"二句,郭氏未引,似有誤。

---

① 按:本段末有批注二條。其一曰:"震動,敢爲也。而能不自恃,無事而敬畏,有事而惕厲,則始於懼,終於無懼,故曰:'震來虩虩,笑言啞啞。'又曰:'震不于其躬,于其鄰,无咎。'亦猶巽不過於巽,恐爲巽在床下,喪其資斧,反以武人之貞爲利也。謂之武人,非用武也。史巫紛若,不至已甚而已。故曰:'巽,德之制。'"其二曰:"震本無懼,教之以畏,有巽義焉。巽本和柔,進之以斷,有震義焉。乾坤互藏之道也。"又有朱筆批注一條,曰:"下篇以艮配震,此以巽配震,總是從時文□□。"

郭氏易解卷九

震

震論上 論動止

聖人序卦，先震動，次艮止。蓋自伏羲畫圖，先震次艮爲然。虞庭所謂慎動，惟動丕應取此。朱子曰：“不向動[一]時勤猛省，更於何處覓真腴。”得震先艮之義矣。古聖人論止者，無如孔子。孔子曰：“大學之道，在止於至善。知止而後有定。”又曰：“於止知其所止。”又曰：“惟止能止衆止。”得艮其止之義矣。夫震，動也，動無不止。艮，止也，止無不動。物之動者莫如雷，至於洊雷、虩虩、啞啞、蘇蘇、索索，驚邇懼遠，動極矣。然《月令》仲秋之月，雷收其聲，蟄蟲坏户。復之《象》曰：“雷在地中，不省不行。”是動而未嘗不止也。物之止者莫如山，至於兼山，一成坯，再成英，三襲陟，如堂如防，止極矣。然《中庸》曰：“山之廣大，草木生之，禽獸居之，寶藏興焉。”《山經》所載，白珉青雘，人面神狀，猶云莫可放物。諸史所書，如魏張掖之寶石，晋大柳谷之元石，唐太行山之巖響，鴻池谷之文石，流光成字,至今不磨,是止而未嘗不動也。夫箭奔不止者尠不傾墜,凌波無休者希不沉溺,斫擊不輟者靡不缺折,則知動而不止者,猶非真動。流水不腐,以其逝故。戶樞不蠹,以其運故。則知止而不動者,猶非真止。震之爲卦,稱震者二十,而歸之有則。則,天則也。歸之天則,是謂真止,乃能不喪匕鬯,乃可以守宗廟社稷,以爲祭主,則動中之止之功也。艮之爲卦,稱艮者十二,而歸之時。時者,中也。時止則止,時行則行,是謂動靜不失其時,其道光明,則止中之動之功也。蘇子有言:"不喪匕鬯,言其和也。震而不和,則必有僵仆隕墜者。"是動而無動也。又曰:"止與靜相近而不同。方其動而止之,則靜之始也。方其靜而止之,則動之先也。"是止而無止也。蘇子其深於震艮之學者乎?

震論下 論震雷

震爲雷,震驚百里,驚遠懼邇。六爻詞,初曰"震來虩虩",二曰"震來厲",三曰"震蘇蘇",四曰"震遂泥",五曰"震往來厲",上曰"震索索,視矍矍",亡一佳語。虩虩、啞啞、蘇蘇、索索、矍矍,皆是雷聲。君子體之,以恐懼脩省,懼其擊之之威也。不獨君子,即匹夫匹婦,亦知恐懼,特其脩省不如君子耳。《語》曰:"迅雷必變。"《記》曰:"迅雷疾風盛雨必變,雖夜必興,衣服冠而坐。"雷之可畏如此。一歲之中,宇內擊人擊妖,擊山石,擊草木,不知凡幾。天意明示以吉凶禍福之跡，起下民恐懼脩省之實，故曰“無敢逸豫，無敢戲豫”者，以此。宋儒乃謂雷者陰陽相擊，電者陰陽相軋，又曰：“雷者天之怒氣，人之惡氣適與之會。”劉誠意曰：“雷一氣無神。”如其言，是雷之擊人，與人之被擊者，偶爾相遭，無關善惡。則世之爲惡者，何憚而不爲？非篤論也。及讀屠緯真《雷神篇》曰：“天之有雷，所以散重陰、發陽氣，蘇槁起蟄，以生萬物也。而有搏擊焉。雷霆轟轟，下擊萬物，一氣奮洩，有神實司之。擊人物者，罰惡也。擊山林、草木、宮室者，妖或馮之也。非無神靈主宰，一氣偶而漫擊也。其所擊多治人宿生之業也。擊多賤氓庸隸，而絕不及貴人者，氓隸之宿業必深，貴人之宿業必淺也。商武乙射天杖地，則雷震及之，其作過太重，天道有時而顯也。庸人無大顯過，而雷及之者，正以治其宿世也。若謂人止有現在，亦無過去，亦無未來，則飛廉、惡來、窮奇、檮杌、白起、王莽、曹操、盧杞、秦檜諸人，當受天誅孰先焉？而當其身皆不及之，其爲漏網甚矣。而世人之受誅者，皆未聞有顯過若此者，天道不太疏乎？忠臣孝子世爲天神，亂臣賊子世受天討。明明上天，奈何不敬且懼？”故曰“君子恐懼脩省”，懼此者也。

恐懼脩省

恐即恐致福之恐，懼即驚遠懼邇之懼，脩省即有則意。程子曰：“由恐懼而自脩省，不敢違於法度，是由震而後有法則也。"

艮

艮論

謂無所乎,則何以曰"止其所"也?微獨艮也,井曰"居其所而遷"矣,困曰"困而不失其所亨"矣。微獨《易》也,《語》曰"北辰居其所"矣,《書》曰"王敬作所"矣。若是則有所矣。然而曰"有所好樂,不得其正;有所憂患,不得其正;有所恐懼忿懥,不得其正",又若是乎所之不可有也。郭子曰:所未可以定處言也。好樂、憂患、恐懼、忿懥之所,必不可有也。故曰:"不得其正。"止其所之所,未能無也。故曰:"知止而後有定。"《大學》曰:"在止於至善。致知在格物。"既曰在,似有所矣。而至善之無善無惡,物之不物於物,則何所之有?艮《象》曰"思不出位",曰思曰位,似有所矣。由思而無思,無思而無不通爲聖人;由位而無畛無域,至於無方無體爲神人。則何所之有?何也?"易无思也,无爲也。寂然不動,感而遂通天下之故",本天下之至神也。"天下同歸而殊塗,一致而百慮,天下何思何慮?"本天下之至咸也。故《説卦》曰:"艮,東北之卦也,萬物之所成終而所成始也。"而繼之曰:"神也者,妙萬物而爲言者也。"成終曰所,成始曰所,是止其所之説也。而至於神,至於妙,則始而無始,終而無終,止而無止,所而無所,是神妙不測之學也，非艮背之所能盡也。

艮背

艮背諸説紛如。程《傳》止於所不見，朱子駁之矣。朱子以艮背爲至理，以无咎爲佳詞，故注云："動静各止其所，所以得无咎。"來、鄒、馮皆以艮背非至理，无咎爲堇可之詞，故云："堇得无咎。"艮背非極則，時行時止，其道光明，方是極則。思不出位非極則，何思何慮，一致百慮，方是極則。

未失正

趾所以行，輔所以言。艮其趾，雖行猶不行也，故《象》曰"未失正"。艮其輔，雖言猶不言也，故《小象》曰"以中正"。

止諸躬①

《説文》："躬，從吕從身。"徐曰："吕，背吕也。"古"膂"字，象脊骨之形。"止諸躬"即"艮其背"也。諸説皆云："躬即身也。"躬與身何以别乎？王伯厚云："艮其身，《象》以躬解之。傴背爲躬，見背而不見面。朱文公詩云：'反躬艮其背。'止於所不見，止於至善也。"最爲得旨。

─────────

① 按：此下有批注："傴身爲躬，即今背也。吕，背膂也。惟止諸躬，則面如背，前如後，動静寂然，無我與人。"

漸

漸論

漸之爲卦,有以夫婦釋者,有以仕進釋者,有以學問釋者。以夫婦釋者,從卦辭"女歸",爻辭"夫征""婦孕"之繇也。以仕進釋者,從《彖詞》"進得位""進以正"之繇也。以學問釋者,從《大象》"居賢德善俗"之説也。夫五倫以人合者,君臣、夫婦爲大。君臣之交,不漸則不深,故君有疏踰戚、卑踰尊之嫌,臣有以壯敗、以罔困之罪。夫婦之交,不漸則不固,故夫有富易交、貴[二]易妻之薄,婦有"見金夫,不有躬"之醜。其原皆始於不漸。惟賢人君子未進,居賢德,善風俗,隱然負天下之望。方進而以正,既進而正邦,夫夫婦婦而家道正,君君臣臣而天下定,漸道成矣。然六爻皆以鴻漸爲繇者,何也?鳥之大者無如鳳鵬。鳳皇上擊九千里,絶雲霓,負青天,鵬搏九萬里,扶搖而上,以六月息。尊特迅速,不名爲漸。鳥之漸者無如鴻。《尸子》曰:"鴻鵠之觳,羽翼未全,而有四海之心。"鴻心之漸也。《月令》八月鴻雁來,九月鴻雁來賓。《周書[三]》:"白露之日,鴻雁來。寒露之日又來。"注:"八月來者父母,九月來者其子。"後先遞至。鴻來之漸也。《禮》曰:"前有車旗[四],則載飛鴻。"取其飛有行列,鴻飛之漸也。《鴻雁[五]》之詩曰:"鴻飛遵渚,公歸無所,於女信處。鴻飛遵陸,公歸不復,於女信宿。"鴻歸之漸也。《夏小正》曰："遰鴻雁。先言遰，後言鴻雁，猶曰傳其驛舍，非其居也。"鴻居之漸也。桓公曰："鴻有時南，有時北，四方無遠，所欲至而至焉，唯羽翼之故。"鴻翼之漸也。鄭氏箋[六]《詩》云："鴻雁隨陽而處，似婦人從夫。"鴻貞之漸也。揚子《法言》曰："鴻飛冥冥，弋人何慕。"鴻儀之漸也。又曰："非其往不往，非其居不居，鴻漸猶水乎？"注："鴻之不失寒暑，亦猶水之因地制行。"鴻因之漸也。《博物志》曰："鴻鵠千歲者皆胎產。"鴻產之漸也。《禽經》曰："鴻雁愛力，遇風迅舉，銜蘆而翔，以避矰弋。"鴻智之漸也。鳳鵬以迅為尊，鴻鵠以漸為貴，故夫婦之交，取以為奠贄，君臣之會，喻以為羽翼。漸之取於鴻大矣。六十四卦，惟乾稱六龍，漸稱六鴻。然乾三、四不稱龍，漸六爻俱稱鴻，然後知鴻之為德至矣。

其位

以九五言，五居尊位，剛而得中。剛則不流於靡，中則不傷於嚴，故家道正而天下定。合兩卦言，內而艮止，外而巽順。止為安靜之象，巽為和順之義，故進以漸而動不窮。此之謂吉，此之謂貞。

居賢德

王肅及《舉正》本作"居賢德，善風俗"，此二事也。朱子曰："二者皆當以漸而進。"為是。"居賢德"如居廣居、居仁之居，"善風俗"如漸民以仁、摩民以義，有肌膚淪髓之意。

小子厲有言

此爻"小子"從程《傳》君子小人論，"有言"從蘇子兩陰不相容論，以仕進言。

得所願

願者，正應相合之願也。間者終莫之勝，則正應終得所願。

心不亂

蠱上九其志可則，尚其事也。漸上九其心不亂，漸于逵也。

歸　妹

歸妹論

六十四卦詞繫凶者四：訟曰凶矣，然惕中吉，終則凶。臨曰凶矣，然元亨利貞，至于八月方有凶。井曰凶矣，然始曰"无喪无得"，至"羸[七]其瓶"則凶，未遽言凶也。惟歸妹卦詞曰"歸妹，征凶，无攸利"，豈歸妹必凶邪？夫漸與歸妹皆言歸也，然漸曰"女歸吉"，歸妹曰"征凶"，何也？則漸吉而征凶也。馮元敏曰："漸以女歸爲象，止靜而巽順，其進有漸，不失其道，所以爲正。若歸妹之爲卦，男動而女悦，悦以動，失其正矣。女之失正，豈可承家？"斯言晰矣。予又以《詩》釋之，《桃夭》之詩曰："桃之夭夭，灼灼其華。之子于歸，宜其室家。"注曰："《周禮》仲春令會男女[八]，桃夭正婚姻之時。"言歸之漸也。《漢廣》之詩曰："之子于歸，言秣其馬。漢之廣矣，不可泳思。"言歸之正也。此漸所以吉也。《行露》之詩曰："豈不夙夜，謂行多露。"《小星》之詩曰："肅肅宵征，抱衾與裯。"夫行亦征也。行露則有多露沾濡之患，肅征則有抱衾與枕之苦，此征所以凶也。夫女子動以禮，未有不吉，動以情，未有不凶，此漸與征之分也。彖曰"征凶，无攸利"，爻上六詞亦曰"无攸利"，蓋至於女承筐亡實，士刲羊亡血，其凶甚矣，何所利哉？此蘇子所謂其終之敝也。予又細觀爻詞，俱以娣言。初曰"歸妹以娣"；二曰"眇能視"，雖未言娣，然"眇能視"承初"跛能履"，亦以娣言；三曰"反歸以娣"；五曰"不如其娣之良"，俱以娣論。故跛能履而不敢正履，眇能視而不敢正視，是能安爲娣之常分，故《小象》曰："以恒也。"又曰："未失常也。"六三"歸妹以須，反歸以娣"，是未能安須之常分，故《小象》曰："未當也。"九四"遲歸有時"，則有漸女歸之風焉。六五君不如娣之袂，女德之儉也；月幾望，女德之謙也。則有小星之風焉。故《小象》一則曰"有待而行"，一則曰"以貴行"。朱注一則曰"賢女"，一則曰"女德"，蓋極盛矣。至於上六無實，女德不終，歸無所歸，故不曰"歸妹"，而直曰"无攸利"，即卦詞所謂"征凶，无攸利"耳。

天地之大義

家人之《象》曰："男女正，天地之大義也。"歸妹之《象》曰："歸妹，天地之大義也。"語同而旨異。夫家人男女正，而後天地之大義以立，故夫夫婦婦而家道正，正家而天下定。歸妹男女説以動，而天地之大義以敝，故承筐亡實，刲羊无血，而无攸利。

以娣

《江有汜》之詩云："江有汜，之子歸，不我以。不我以，其後也悔。"注："之子，媵妾指嫡妻而言也。婦人謂嫁曰歸。我，媵自我也。能左右之曰以，謂挾己而偕行也。"歸即《易》卦歸妹之歸，以即"以娣""以須"之以。

豐

豐論

豐離爲日，故言日、言旬、言斗、言歲、言蔀、言章，皆曆家語。顧日中爲宜，宜照天下。日不久中，日中便昃，昃不能照天下。故豐可喜也，亦可懼也。六爻之詞，二、三、四、上皆言豐，惟初與五不言豐。豐而自豐，故二則疑疾，三則折，四則幽，上則凶。豐不自豐，故初則有尚，五則有慶。

顧初與四應，陽從陽也，得其配也，雖旬无咎，一過旬能免災乎？五與二應，陰從陰也，來其章也，如章不來，能得吉乎？即初與五，聖人猶有戒詞，他可知已。夫豐者，滿也。瓶滿矣，天降時雨，不受一淅。撲滿矣，錢入不出，滿則撲之。豐其屋而際於天，滿劇矣。無人不覿，凶劇矣。《管子》曰：“釜鼓滿，人概之。人滿，天概之。”或問持滿，揚子曰：“扽敧。”皆所以保豐而持滿也，慎毋爲人撲且概也。

旬論

旬有二解。程、朱、楊、鄒皆云：“旬，均也。”來、馮、錢皆云：“旬，十日也。”章考《韻會》：“旬，松倫切。《說文》：‘徧十日爲旬，从勹日。’徐曰：‘周匝十日而言之也。’”無“旬，均也”之解。“均，規倫切。《說文》：‘平徧也。从土，勻聲。’《廣韻》：‘平也。’或作旬，《周禮·均人》‘公旬用三日’，注：‘旬，均也。’古均字。《易》豐卦‘雖旬无咎’，荀本作均。《禮記·內則》‘旬而見’，注：‘當爲均。’《集韻》亦作勻。”則旬之下不解作均，均之下曰“或作旬”，此旬、均之分也。孔子《小象》曰：“雖旬无咎，過旬災也。”如解作均，則當云“過均災”乎？細玩六爻，皆以日論。旬，十日也。日中見斗、見沫，日之中也。三歲，日之晨也。爻皆以日爲辭，則旬當從日爲解。愚推論之，蔀亦有數解：一曰障蔽；一曰蔀，草翁蘙；一曰蔀，蔀首也。《漢·律曆志》云：“以閏餘一之歲爲蔀首。”章亦有二解：一曰章明，一曰歲之章也。孟康曰：“十九歲爲一章，凡八十一章爲一統。”《隋·律曆志》云：“齊受録之期，得乘三十五以爲蔀，應六百七十六以爲章。”《唐曆議》：“顓曆實夏曆也。夏曆章蔀紀首皆在立春，課中星，揆斗建，與閏餘盈縮，皆以十二節爲損益之中。”則蔀章斗建，皆律曆中字，特未可執以解經耳。姑存之以俟明者。

旅

旅論

予讀《京氏易傳》曰：“旅人先笑後號咷。仲尼爲旅人，固可知矣。”甚矣夫房之不知仲尼也。窮大者必失其居，故受之以旅，旅對居言。仲尼東西南北之時，跡似旅矣，而果哉末難，佞也非敢，汲汲皇皇，欲使天下不失其居也。歸與歸與之後，跡似不旅，而删述六經，垂憲萬世，欲使萬世不失其居也。故曰：“仲尼以萬世爲土。”又曰：“天不生仲尼，萬古如長夜。”仲尼旅人哉？“鱸鮪不居牛跡，大鵬不滯蒿林”，豈以仲尼而巖棲地處，群荷蕢、侶沮溺邪？《列子》曰：“古人謂死人爲歸人。夫言死人爲歸人，則生人爲行人矣。行而不知歸，失家者也。一人失家，一世非之；天下失家，莫知非焉。”仲尼蓋慮夫天下之失家，而思以拯之也。房不知也。以旅觀旅，旅外游者也。以宇宙觀旅，萬物皆逆旅也。以道觀旅，生寄死歸，旅而無旅也。外游者求備於物，內觀者取足於身。求備於物，故曰獄、曰災、曰次、曰資、曰童僕、曰斧、曰巢，皆物也。取足於身，故曰中、曰順、曰止、曰明，皆身也。或曰：若是，何以曰"小亨"也？曰：中、順、止、明，此四物者，得其粗，亦足以小亨，爲旅言也。得其精，即仲尼之周遊天下，皆是物也，又惡知其不大亨也？

巽

巽論上

小亨、大人相對而言。小亨，小者亨也。必見大人，則小亨也。《易》陽大陰小，剛大柔小。剛巽乎中正而志行，二五剛中，所謂大人也。柔皆順乎剛，初四之柔皆順乎剛，所謂必見大人，乃小亨也。夫巽，一也。柔巽乎剛，是以陰從陽，以小從大，則利。故初六曰利，六四曰獲。剛巽乎柔，是以陽從陰，以大從小，則不利。故九二巽在床下，僅得无咎；九三頻巽，志窮而吝；九五先庚後庚，猶曰无初；上九巽在床下，上窮而凶。何也？巽爲風，巽，東南也。今風更生於西，則與兌之氣交，故曰泰。風言其交，正所謂剛巽乎中正也。君子之德風，小人之德草，草上之風必偃。草偃於風，柔偃於剛，正所謂柔皆順乎剛也。剛巽乎中正，不曰剛巽乎柔，此九二、九三、九五、上九之過巽爲不利，而初四之順剛爲利爲功也。雖然，巽者卑順之名，以陰居內，非聖人所取也。《元包》曰："上以風化下，下以諷刺上。"解之者曰："卜商有言：風，諷也，教也。風以動之，教以化之，下以諷刺上，俾言之者無罪，聞之者足以戒，此蓋所謂純巽之義也。"夫上化下，則上不過於巽，以干百姓之譽；下刺上，則下不過於巽，以成上交之諂。故曰："巽，德之制也。"制乎巽而不過於巽也。

巽論下

先甲、先庚，皆從申命令言。巽之《象》曰："君子以申命行事。"則先庚而丁寧，後庚而揆度，皆重令之意，蓋難之矣。乃揚子《法言》曰："先甲一日易，後甲一日難。"何也？夫曰先甲後甲，不曰先庚後庚，曰一日，不曰三日，又加以一難一易，揚子之意與《易》微異。宋咸解之曰："甲者，一旬之始，已有之祕也。先之一日，未兆也。後之一日，已形也。夫求福於未兆之前易，救禍於已形之後難[九]。"吳祕解之曰："《周禮》'縣治象之法於象魏，使萬民觀治象，挾日而歛之'，鄭司農云：'從甲至癸，謂之挾日，凡十日。'是以《易》稱'先甲三日''先庚三日'，皆爲[一〇]申命令之義。夫干有十日，自甲至癸，皆挾日之義。而《易》獨取甲、庚者，以甲木主仁，而示其寬令也，庚金主義，而示其嚴令也。今夫見[一一]者察民未犯之前，先一日申其令，則其爲治易也。如當已犯之後，後一日申其令，則其爲治難也。"咸、祕解《法言》晰矣，而未通之於《易》。以予評之，先甲一日，數往者順也。後甲一日，知來者逆也。順易而逆難也。通之三日，先甲爲辛，取之更新，後甲爲丁，取之丁寧。先庚三日亦取丁寧，後庚三日又取揆度。曰更新，曰丁寧，曰揆度，聖人於庚革之際，其難其愼如此，未敢以爲易也。《周禮》"挾日"注："自甲至癸旬日，乃斂而收之，欲其縣治遠近皆聞見也。挾音浹。"

志疑

疑，亂也。治對亂言。進退志疑，亂而不治也。利武人之貞，志治而不亂也。古人亂命治命之治，即志治的治字。毛氏曰："治本平聲，脩治字，音持，假借爲去聲。《經典釋文》治字平聲，皆無音。假借作治道、平治字，皆音直吏切。"

四志

巽稱志四：一曰志行，二曰志疑，三曰志治，四曰志窮。志窮則吝，志疑則不果，志治則定，定則行。行即申命行事也。

三品

胡雲峰云："三陽剛在下體之上，乾豆象。初與己配，賓客象。二應五，充君庖象。"鄒子之說蓋出於此。《王制》："天子諸侯無事，則歲三田，一爲乾豆，二爲賓客，三爲充君之庖。"《穀梁傳》注："乾豆謂腊之以爲祭祀。豆，實也。"三品本說，程、朱不同，當以《王制》爲正，朱子本《王制》也。

【校勘記】

　　〔一〕　動：《晦庵先生朱文公文集》卷六《日用自警示平父》作“用”。

　　〔二〕　貴：原作“貧”，據《初學記》卷十《駙馬第七》改。

　　〔三〕　書：原作“禮”，按《周禮》無此文，《逸周書·時訓解》曰：“白露之日，鴻雁來……寒露之日，鴻雁來賓。”《爾雅翼》卷一七引此正作“書”，據改。

　　〔四〕　旗：《禮記·曲禮上》作“騎”。

　　〔五〕　鴻雁：按此乃《詩經·豳風·九罭》之文，非《小雅·鴻雁》。

　　〔六〕　箋：原作“戔”，據文意改。

　　〔七〕　羸：原作“嬴”，據《周易》井卦改。

　　〔八〕　女：原脱，據《詩集傳》卷一《桃夭》注文補。

　　〔九〕　“宋咸”至“後難”：按此乃《法言》李軌注文，非宋咸注。

　　〔一〇〕　爲：原作“云”，據《法言·先知篇》吳祕注改。

　　〔一一〕　見：此前，《法言·先知篇》吳祕注文有“先”字。

郭氏易解卷十①

兑

兑論

潤萬物者莫潤乎水，流水也。説萬物者莫説乎澤，止水也。水之流也，淖弱漸浸，無物不潤，而洶湧彭湃，懷山襄陵，滲灘趨浥，探巖排碕，未必能説物也。水之止也，停蓄徐個，潤不待言，而魚黿熾殖，水鳥盈涯，菱藕循徑，杭稻連畦，萬物亡不説也。此潤與説之分也。《釋名》曰：“水泆出所爲澤曰掌，水停處如手掌中也。”《周禮》注曰：“無水爲藪，有水爲澤。”澤之釋也。《毛詩》曰：“彼澤之陂，有蒲與荷。”太子晉曰：“澤，水之鍾也。鍾水豐物，陂唐污庳[一]以鍾其美。”澤之説也。古今宇宙，以澤名者，如揚之具區，荆

---

① 按：本卷前頁有批注兑卦三條。其一曰：“兑，説也。然順理而行，不爲阿比，自其當理，則曰兑之和，自其誠心，則曰兑之孚。不出象詞貞字義矣。”其二曰：“艮本止也，而曰‘時行則行’，不爲事先，不爲事後矣。兑本説也，而曰‘説以利貞’，以理説，不以情説矣。所謂止者，如止水之止，風撓之鳴，時過則静，其無欲乎？所謂説者，乃循理之樂，和以處人，以同而異，其無私乎？”其三曰：“無私之説，可以語止，無欲之止，可語説，此相通之道。”

之雲夢，豫之圃田，青之望諸，兗之大野，雍之弦蒲，幽之貕
養，冀之陽紆，并之昭餘祁，皆大澤也。江右之彭澤，燕之
雞澤、深澤，晋之澤澤，濮之雷澤，泗之洪澤，閩之光澤，汝
之廣成澤，皆中澤也。然皆財用所出，生有所用，死有所
葬，無夭昏札瘥之憂，無饑寒乏匱之患。《周官》有澤虞，掌
國澤之政令，爲之厲禁，使其地之人守其財物，以時入之於
王府，頒其餘於萬民。凡祭祀賓客共澤物之奠，喪紀共其
葦蒲之事。若大田獵，則萊澤野及弊田，植虞旌以屬禽。
此蟠於地而説萬物也。猶以地言也。兌，正秋也，萬物之
所説也。萬寶告成，蒸民乃粒，此澤之通於天而説萬物也。
猶未通於人也。兩澤相麗，互相滋益，朋友講習，優遊厭飫，
沐浴群生，深流萬祓，君子曰：是仁也。揚清激濁，蕩去滓
穢，君子曰：是義也。柔而難犯，弱而難勝，君子曰：是勇
也。道江疏河，惡盈流謙，君子曰：是智也。故曰：學而時
習爲説，朋自遠來爲樂。此澤之通於人而説心性也。雖然，
猶有待於講説也。説以使人，民忘其勞，是以佚之之澤説之
也。説以犯難，民忘其死，是以生之之澤説之也。所存者
神，所過者化，上下與天地同流，直擬之曰皞皞，庶幾不言而
天下信，無爲而天下化，此澤之通於治而説兆庶也。至是而
澤之功巨矣，説之用弘矣，兌之體全矣。然不謂之説而謂兌
者，聖人感天下之心，不可以言語口舌，故去其言而爲兌也。
回非助我，言無不説，回猶未兌也。與言終日，不違如愚，回
以坐忘兌矣。予欲無言，賜病何述，賜猶未兌也。昊天何

言，時行物生，孔以默識兑矣。故曰：默而成之，不言而信。上天之載，無聲無臭。非孔、顏其何能當之？老子曰："塞其兑，終身不勤；開其兑，終身不救。"此善言兑也。

孚于剥

履九五曰："夬履貞厲，位正當也。"兑九五曰："孚于剥，位正當也。"兩曰"正當"，明是予詞。解履正當傷於所恃，解兑正當謂信上六，未然。鄒、黃二説爲正。"孚于剥"即解所云"有孚于小人"也。

渙

渙論

渙有二義：有民渙，有士渙。時當叔季，民心思亂，即土崩，即瓦解，法當收之。如亨帝立廟，聚鬼神之精神，渙大號而申命行事，渙王居而正位凝命，聚人主之精神，以收人心，以迓天和，此以收之之法治民渙也。士立門户，不尊朝廷，廣朋比，植私黨，法當散之。如内不見己而渙其躬，外不見人而渙其群，渙小群，成大群，聯屬衆正，共獎王室，此以散之之法治士渙也。如是則渙治矣。歷觀古今宇宙之渙，未有不起於士而成於民者。如春秋戰國之亂，諸侯放恣，處士橫議，從有從黨，橫有橫黨。至赧之季，六國碎裂，折而入於秦。秦人不知治渙，始而焚書坑儒，繼而銷兵暴斂，不二世又折而入於漢。漢祖元年入關，與父老約法三章，渙大號也。二年二月，除秦社稷，更立漢社稷；三月，令祠官祀天地、四方、上帝、山川，亨帝立廟也。五年，即位氾水之陽，王居正位也。銷六國印，分王功臣，次王子弟，與諸列侯剖符分封，渙其群也。拯馬奔杌之渙，三傑近之；逖出遠害之象，留侯、四皓近之。西漢君臣共延四百之祚，接三代之統，皆《易》道也。元、成間，恭、顯為黨於內，王氏為黨於外，天下士民靡然從風，上書頌莽功德者至千萬人，漢革為新，此大渙也。光武起自南陽，建武元年六月，法王居正位，設壇鄗南，即位於千秋亭；法亨帝立廟，燔燎告天，起高廟於洛陽；法大號之渙，有上當天心，為元元所歸之文；法其群之渙，有封功臣為列侯，傳爾子孫，長為漢藩之詔。河西貢獻，明是奔杌；富春加足，宛如逖出。東漢之興，同符高祖。及其末也，內有節甫之群，外有黨錮之群，極之有董、呂、催[二]、氾之群，而不能渙，於是折而為三國。比至於唐，有八關十六子之群，有南北司水火之群，有牛、李之群，有清流、濁流之群，而不能渙，終於唐亡，折而為五代。比於宋，有洛黨、蜀黨之群，有南黨、北黨之群。歐公進朋黨之論，元祐刻黨人之碑，慶元嚴偽學之禁，而不能渙，終於宋亡，折而為元。由是以談，世道之渙，必始起於士，而後渙及於民，終而渙及於國。其禍之烈，皆由於士之自為群，而君相不能渙也。故為士者，慎無立好星好雨之名，剏柱下席上之科，訔訔嗃嗃，訔，語巾切，爭辨之貌。嗃，呼陌切，叫呼也。三五為群，倡民之亂，貽國之禍,令天下分崩離析,莫之救藥,若漢、唐、宋之季可也。

剛來不窮

"剛來不窮,柔得中乎外而上同",朱子主卦變言,故説不去,自言有些不穩。胡雲峰亦曰:"朱子有是疑,不及改正。"程《傳》是矣,但未明言節之九五來居二,節之六三往居四,至來、鄒始説明之,却恨朱文公未見此説。

渙奔其杌

程子以初爲杌,而非以五爲杌者。朱子以初爲杌非是,而即以二爲杌。惟來、鄒以五爲杌,今從來、鄒。

渙王居

朱子"渙王居"解作渙其居積,散小儲而成大儲,亦好,但於"正位"二字無當,故以來、鄒之説爲正。《象》曰:"王居无咎,正位也。"明是正位凝命之意。

節

節論①

《易》言四時者五:乾曰"與四時合其序",《繫辭》曰

---

① 按:此下有批注:"郭公之於《易》,精矣,備矣。"

"變通配四時"，又曰"揲之以四以象四時"，未言成也。恒曰"四時變化而能久成"，未屬之天地也。惟革曰"天地革而四時成"，節曰"天地節而四時成"，以成屬革與節，而以革與節屬天地，此《易》之大綱也。解之者徒以春夏秋冬、分至啓閉當之，是歲歲四時成也，豈聖人意乎？及讀沈存中《易記》，其言曰："孔子序卦，革何以居四十九？革之《彖》曰'天地革而四時成，君子以治曆明時'，謂以大衍之數作曆，而大衍之數用四十有九也，所以革居四十九也。節何以居六十？節之《彖》曰'天地節而四時成'，蓋一爻爲一日，六十卦有三百六十爻，所以節居六十也。"其説備矣。然非始於沈也，蓋得之《太玄》也。《易》卦氣起中孚，除震、離、兌、坎四正卦二十四爻主二十四氣外，其餘六十卦，每卦六日七分，凡得三百六十五日四分日之一。中孚初九，冬至之初也。頤上九，大雪之末也。周而復始。《玄》八十一首，每首九贊，凡七百二十九贊。每二贊合爲一日，一贊爲晝，一贊爲夜，凡三百六十四日半。益以踦、嬴二贊，成三百六十五日四分日之一。中初一，冬至之初也。踦、嬴二贊，大雪之末也。亦周而復始。凡《玄》首皆以《易》卦氣爲次序，而變其名稱。中者，中孚也。周者，復也。礥閑者，屯也。少者，謙也。戾者，睽也。餘皆倣此。故《玄》首曰"八十一首，歲事咸貞"，測曰"巡乘六甲，與斗相逢，歷以紀歲，而百穀時雍"，皆謂是也。此司馬溫公之旨也。沈蓋得之子雲與溫公也。世以《太玄》擬《易》爲僭，文王之《易》，孔子翼之，孔子之《易》，子雲擬之，奚其僭？孔子晚而學《易》，温公老而學《玄》，其意一也。

中　孚①

中孚論

予讀《玉海》："《易》之《大象》言刑獄者凡五，噬嗑、賁、旅、豐是也。然皆因[三]離體以發其義。中孚外實内虛，其象似離，解互體有離，故亦曰'議獄緩死''赦過宥罪'。"來矣鮮注："火雷噬嗑，文王之意，以有火之明，有雷之威，方可用獄。孔子《大象》言用獄者五，皆取雷火之意。豐，雷火也。旅與賁艮綜震，亦雷火也。解則上雷，而中爻爲火，下體錯離，亦火也。中孚則《大象》爲火，而中爻爲雷也。"其言與《玉海》同。及讀徐進齋注："中孚全體似離，互體有震、艮，而又兑以議之，巽以緩之，聖人即象垂教，其忠厚惻怛之意，見於謹刑如此。何其仁哉！"愚意噬嗑、賁、旅、豐皆言折獄用刑，故取諸離。中孚之議獄緩死，解之赦過宥罪，全繫於仁信，何取於離，而與噬嗑諸卦共論乎？中孚之《象》曰："澤上有風，中孚。"兑爲澤，説萬物者莫説乎澤，故曰："兑以説之。"巽爲風，入萬物

---

① 按：此下有批注："初九虞吉。竊按：家人之閑，中孚之虞，防家防心，皆在於初也。"

者莫疾乎風，故曰：“風以散之。”澤上有風，風能散冤，人
無不説，始爲真澤，中孚之象也。故君子議獄緩死。獄
不議則冤不伸，議之議之，風以散之也。死不緩則死不
活，緩之緩之，澤以説之也。又兑爲口，故能議以求緩；
巽爲風，故能入而終緩。此之謂仁，此之謂信，此之謂中
孚。先儒以風感水受爲中孚之象，予以風散澤説爲中孚之
象。夫人死中得活，冤散而中説，散且説，其中有不孚乎？
《書》曰“好生之德，洽于民心”，洽即孚也。又曰“不犯于有
司”，議且緩矣。

小　過

小過論

　　陽爲大，陰爲小。大畜、小畜，大過、小過，皆以陰陽名
也。卦名小畜者，以六四一陰爲巽之主，柔既得位矣，且又
居乾上，健而能巽，以故上之九五應之，下之初九、九二又
應之。上下皆應於四，咸願爲其所畜，故曰小畜也。卦名
小過者，四陰同位，二陽失位，小者得時得位而過矣，故曰
小過也。小畜者以小畜大，小過者以小過大，畜與過皆陰
之得志也。故文王小畜之卦詞曰：“密雲不雨，自我西郊。”
至於小過之爻詞亦曰：“密雲不雨，自我西郊。”其詞同也。
孔子於小畜之“密雲不雨”解之曰：“尚往也。”於小畜之“密
雲不雨”解之曰：“已上也。”尚往者，陽猶得進；已上者，陰

已漸亢。故畜之不雨者終於既雨，過之不雨者終於不雨。由是言之，小過誠過，小畜不過畜之而已。故曰：小過，過也，小畜，寡也。寡者一陰，過者四陰，其爲小則一也。故文、孔於小過爻、《象》，皆有戒詞，而《象》尤甚。初曰“不可如何”，二曰“臣不可過”，三曰“凶如何”，四曰“不可長”，五曰“已上”，六曰“已亢”，所以戒陰者至矣，戒陰即以扶陽也。於小畜爻、《象》有戒詞，亦有幸詞，而爻尤甚。初曰“復自道，吉”，二曰“牽復，吉”，四曰“有孚无咎”，五曰“有孚攣如”，皆幸詞也。惟三曰“夫妻反目”，上曰“婦貞厲，月幾望，君子征凶”，皆戒詞也。所以幸陽者至矣，幸陽即以抑陰也。要而言之，小過有鳥之象。四陰據用事之地，其翼也；二陽囚於內，其腹背也。翼欲往，腹背不能止；翼欲止，腹背不能作也。故飛鳥之制在翼，以二陽在內，而四陰環之也。陽雖曰內，其跡似囚，小畜猶有道德之意。《象》曰“懿文德”，成就君德也。初曰“復自道”，從道進也。上曰“尚德載”，猶知尊尚德也。以一陰在內，而五陽應之，雖曰畜陽，猶曰應陰。夫囚之與應遠矣，此小畜、小過之辨也。

小者過

此卦辭極難看。既曰“小者過”矣，小人邪辟不正，彼惡能貞，而曰“利貞”？既曰“不可大事”，大事且不可，而惡能大吉？此不可解之詞也。程《傳》曰：“小過自有亨義。”

朱子曰："既過於陽，可以亨矣。"此强解之詞也。惟馮元敏以君子治小過論，屬在君子，則曰貞、曰大吉，自無不可。

小者過而亨

或問："小者過而亨也"，既曰"小者過"，何以得亨？晁[四]以道曰："時有舉趾高之莫敖，故正考父矯之以循墻；時有短喪之宰予，故高柴矯之以泣血；時有三歸反坫之管仲，故晏子矯之以弊裘。雖非中行，亦足以矯時厲俗。"故曰"小者過而亨也"。

祖妣

此爻説祖妣君臣，紛紛不一，虚心讀之，《本義》爲穩，止以二、五言，明君臣之大分也。馮以祖爲初，而曰"居内爲妣"。鄒以三爲祖，以初爲妣，以四爲君，以五爲臣。來以三、四爲祖爲君，以初在下爲妣爲臣。夫五何以爲臣，三、四何以爲君？於《易》大體似覺未妥。

從或戕之

從有二義：以剛從之，如魯昭之伐季氏，高貴鄉公之伐司馬昭是也。故昭死於乾侯，髦弒於成濟。以柔從之，如周報之於秦，漢獻之於魏。故周祀以絶，炎精亡光。九三剛正，當是以剛從之，故曰"凶如何也"。

已上

五曰"已上"，已上者，上而不能下之辭也。下順而上逆，故曰"不雨"。上曰"已亢"，已亢者，知進而不知退之辭也。陰疑於陽必戰，故曰災眚。

既 濟

既濟論

愚聞之楊慈湖："既，盡也。既濟，無所不濟也。利貞者，初、三、五皆奇剛，純而無雜，二、四、上皆耦柔，純而無雜。九五當位於上，六二當位乎下，餘剛柔咸當位。正當如此，是之謂貞。"夫濟而貞矣，宜其久安，宜其長治。而卦詞即曰"初吉終亂"，若惕惕乎亂之必不能免者，非貞之足以生亂也。夫貞，正而固也。《易》曰："貞固足以幹事。"貞而固，不名止。天地貞觀，常清常寧，日月貞明，得天久照。惟貞而不固也，則名爲止。夫子曰："終止則亂。"是亂生於止，非生於貞也。夫止對進言。辟如爲山，未成一簣，止吾止也。辟如平地，雖覆一簣，進吾往也。夫子適衛，嘆衛之庶，冉求問："既庶何加？"曰："富之。""既富又何加？"曰："教之。"既庶既富之外，進而加之富教，此善保既者也。食充其腹，謂之既飽；酒卒其量，謂之既醉。既醉既飽，而仁義不立，令聞廣譽不施，既飽既醉之外，不進而加之仁義，此不善保既者也。故曰："以巧鬥力者，始乎陽，常卒乎陰，泰至則多奇巧；以禮飲酒者，始乎治，常卒乎亂，泰至則多奇樂。”治天下者亦然。吾不畏其始而畏其卒也，故曰：“終止則亂，其道窮也。”古今英主皇辟，既濟而止，止而亂，何可勝數？始皇畢六王，一四海，既濟矣，止於築長城，卒召勝、廣之亂。晋武平蜀平吳，既濟矣，止於恣羊車，遂致五胡之擾。唐在貞觀、開元間，既濟矣，一止於武曌而革唐爲周①，一止於楊妃而來安與史。脱令固守其貞，進而不止，雖秦、晋、唐之天下，至今存可也。周、孔於六爻，獨揭高宗鬼方、東鄰西鄰爲言，天下之大患莫患於殺伐，天下之大亂亦莫亂於殺伐。與其三年克之，而猶云憊，無若不伐；與其殺牛以祭，不如禴祭，無若不殺。《易》曰：“古之聰明睿智，神武而不殺者夫？”此即高宗、文王未之及也。故孔子以克爲憊，以禴爲福，善言既濟者也②。

濡其尾

未濟稱狐，既濟不稱狐，故濡尾、濡首，俱不以狐言。

三年克之

播州正鬼方夜郎地。征播之役，一年而克，比之三年稍近，然三省用兵，費金錢千萬，憊之憊矣。此猶憊財也，馬伏波卒於辰州，張惠安卒於沅州，直身殉之矣。予幸生

---

① 按：本句旁有夾批：“此不可言止，與楊妃並。”
② 按：本段末有批注：“是一篇好議論。”

還,萬死一生,言及於是,談虎色變。

衣祄

繻與衣祄本是帛類,改繻爲濡,以便注塞舟,此是王、孔之誤。楊慈湖曰:"繻,子夏作繻,即襦字。《内則》言孺子之禮,'衣不帛襦袴'。《説文》云:'祄,衣破敗如茹也。'"其義自明。

受福

朱子《本義》又當文王與紂之事,意亦相通。既濟之五,其時已過,不如未濟之五,始得時也。時之過,如月已望而將晦之時乎? 時之始至,如月方弦而將至於望之時也。夫文王與紂,同此一時也。在紂則爲已過之時,在文王則爲未至之時也。然福在天地間,未嘗不以與人,非吝於紂而私於文王也。文王實有以受之,紂自無受之道爾。

未 濟

未濟論

關子明《雜義篇》曰:"屯六變而比,比六變而同人,同人六變而蠱,蠱六變而剥,剥六變而大過,大過六變而遯,遯六變而睽,睽六變而夬,夬六變而井,井六變而漸,漸六變而兑,兑六變而既濟終焉。"《易·序卦》曰:"有過物者必

濟,故受之以既濟。物不可窮也,故受之以未濟終焉。"《序
卦》以未濟終,關子以既濟終,何也? 天水趙蕤解之曰:"未
濟者,入屯之首也。天地不交,坎離不接,是未濟也。天地
始交,雲雷相遇,然後有屯也。文王、仲尼終之以未濟者,
時可知矣。然終焉二字疑非仲尼之辭,蓋後人傳之誤也。
夫既者,盡也,盡濟則終焉。"趙子似若以既濟之終爲是,以
未濟之終爲疑。郭子曰: 不然。乾曰"大哉乾元,萬物資
始",坤曰"地道无成而代有終",始終之義也。然又曰"終
則有始,天行也",則始而終,終而始,未可以窮訓終也。未
濟,男之窮也。物不可窮,受之以未濟終焉。則未濟之終,
所以濟男之窮,而爲始之倪也。未濟《易》之終,上九未濟
之終,生生不窮之意,於斯焉寓。未濟之極,豈終不濟哉?
夫始也者,大祖大宗之謂也。終者,無形無音之謂也。無
形生有形,故爲物大祖。無音生有音,故爲聲大宗。由是
以談,未濟之終可續,而既濟之終可疑也。或曰:《易》卦
始於乾,終於未濟。乾元亨利貞,未濟止爲貞。貞下起元,
惡知其不爲乾邪? 夫未濟之可以爲乾者,惟其終也。王伯
厚曰:"《易》之始終皆陽也。始於乾之初九,終於未濟之上
九。"可謂知終矣[1]。

---

[1]　按,本卷之末有批注曰:"處險難之極,亦有可爲。陰柔則如屯之泣血漣如,陽
剛則如否之先否後喜。陰柔則當求人以濟,如蹇之利見大人。陽剛猶當自信
自養以俟命,如未濟之有孚飲食,敬之終吉,藉人以濟之義也。有悔征吉,深爲
感悟之詞也。悔之何如,利見大人而已。此皆爲陰爻發也。"

【校勘記】

[一] 庫：原作“瘅”，據《國語·周語下》改。

[二] 催：原作“漼”，據文意改。

[三] 因：原作“曰”，據《玉海》卷六七改。

[四] 晁：原作“兆”，據《周易傳義大全》卷二一引晁氏注文改。

郭氏易解卷十一

繫辭上傳

天尊地卑論

予讀《樂記》："天尊地卑,君臣定矣。卑高以陳,貴賤位矣。動静有常,小大殊矣。方以類聚,物以群分,則性命不同矣。在天成象,在地成形。如此,則禮者,天地之別也。地氣上齊,天氣下降,陰陽相摩,天地相蕩,鼓之以雷霆,奮之以風雨,動之以四時,煖之以日月,而百化[一]興焉。如此,則樂者,天地之和也。"其詞與今《繫辭》强半相同,豈古有是語,而後儒文之邪? 由是以談,聖人未制禮,天地有自然之禮;聖人未作樂,天地有自然之樂;聖人未作《易》,天地有自然之易。故曰:"天高地下,萬物散殊,而禮制行矣。流而不息,合同而化,而樂興焉。"又曰:"天地設位,而易行乎其中矣。成性存存,道義之門。"是知未畫之易,天以開聖人;既畫之《易》,聖以贊化育。其交相成如此。孔子曰:"《易》與天地準。"莊生曰:"《易》以道陰陽。"皆斯意也。而其本在易簡,其竅在知能。《記》曰:"大樂必易，大禮必簡。"是禮樂之本也。老子曰："天得一以清，地得一以寧，侯王得一以爲天下貞。"夫曰一，不亦簡乎？曰清、曰寧、曰貞，不亦易乎？是乾坤之本也。乾以易知，吾人得之，爲不慮之知，不慮，易也。坤以簡能，吾人得之，爲不學之能，不學，簡也。故曰：人之所不慮而知者，其良知也。所不學而能者，其良能也。由不慮之知，至於無所不知，由不學之能，至於無所不能，是謂易簡而天下之理得。天位乎上，地位乎下，而易簡之聖人與天地參，是謂天下之理得，而成位乎其中。

剛柔相摩論

或問：剛柔相摩，八卦相盪，聖人既作《易》矣。雷霆風雨，日月寒暑，《本義》注："此變化之成象者。"而未屬之《易》。乾道成男，坤道成女，《本義》注："此變化之成形者。"而亦未屬之《易》。何也？郭子曰：予總論亦既明晰矣。近得傅子文兆《立象論》，其言曰："太極生兩儀、生四象、生八卦，所謂剛柔相摩也。歸藏[二]、連山、後天，總之八卦之轉移，所謂八卦相盪也。雷風相薄，雷以動之，風以散之，雨以潤之，帝出乎震、齊乎巽，所謂鼓之以雷霆，潤之以風雨也。日以晅之，相見乎離，所謂日月也。自雷動以至艮止，日月運行也。自兌説至成艮，一寒也。自出震至坤役，一暑也。乾索於坤而得男，所謂乾道成男也。坤索於乾而得女，所謂坤道成女也。蓋以數語總該盡四《易》之旨,豈泛然成象成形之變化邪?"此與予總論微異,而大旨以變化象形屬《易》却同,因并書之。

首章總論

此章總明造化本有自然之易,聖人特因而象之以設教,所以著作《易》之原也。蓋謂《易》有乾坤,非聖人定之也。觀天地尊卑之象,而乾坤之先後定矣。《易》有貴賤,非聖人位之也。觀萬象卑高之陳,而二五之貴賤位矣。《易》有剛柔,非聖人斷之也。觀陽動陰靜之有常,而奇偶之剛柔判矣。《易》有吉凶,非聖人生之也。觀類聚群分,不能無生得失,而比應攻取之吉凶兆矣。《易》有變化,非聖人見之也。觀成象成形,若日月之往來,星辰之顯晦,山川之聳伏,潮汐人物之榮枯代謝,而陰陽老少之變化見矣。是故聖人因宇宙自然之易,始作八卦,畫卦之初,以一剛一柔與第二畫之剛柔相摩而爲四象,又以二剛二柔與第三畫之剛柔相摩而爲八卦。八卦既成,又各以八悔卦盪於一貞卦之上,而一卦爲八卦,八卦爲六十四卦,此《易》卦之變化也。夫變化之成象於天者,莫大於雷霆風雨、日月寒暑。聖人作《易》,震動象雷,艮止象霆,兌潤象雨,巽入象風。離爲日,一日一周天;坎爲月,一月一周天。圖自姤至坤爲寒,自復至乾爲暑。皆《易》中之變化成象也。變化之成形於人者,莫大於男女。聖人作《易》,乾健稱父,得其初畫爲長男,二畫爲中男,三畫爲少男,此震、坎、艮所生成也;坤順稱母，得其初畫爲長女，二畫爲中女，三畫爲少女，此巽、離、兌所生成也。皆《易》中之變化成形也。男女之成，雖本乾坤，而乾坤之德，實爲易簡。乾道不獨成男已也，乾知大始，即所謂"大哉乾元，萬物資始，乃統天"是也。坤道不獨成女已也，坤作成物，即所謂"至哉坤元，萬物資生，乃順承天"是也。乾之知始，以易而知，即所謂德行恒易，夫乾確然示人以易是也。坤之作成，以簡而能，即所謂德行恒簡，夫坤隤然示人以簡是也。乾坤以此易簡界之人，則爲吾人之易簡。吾人體乾之易以宅心，則皎然爲人所共曉而易知；體坤之簡以作事，則坦然爲人所共趨而易從。易知則人信之爲依歸而有親，易從則人倚之以建立而有功。有親則始終不易而可久，有功則鉅細畢舉而可大。可久則爲日新之盛德，爲賢人之德，然乃得之自易；可大則爲富有之大業，爲賢人之業，然乃得之自簡。天地無心，物之生成於天地者亦無心。以無心應無心，故常清常寧。聖人體乾坤之易簡，以其心合無心，凡所爲兢兢業業，不敢怠遑者，皆求還天下之自然，而非騁智行私，好煩多事。故理以無心自得，治以無爲自神。法省而不疑，威厲而不殺，俗樸而不爭，無制令而人從，不使而成，不禁而止。此之知始作成，豈有限量？成其人之位，而與天地並。夫以藐然七尺之身，使天下忘天地之爲尊而尊之，宜有異人術，而止一易簡，蓋乾坤立而人道之變化出也。

雷霆

霆與雷同。《說文》：“雷餘聲鈴鈴，所以挺出萬物。從雨，廷聲。”徐曰：“陰陽相薄而爲雷，激而爲霆，霹靂也。”《爾雅》疾雷謂之霆。《穀梁傳》指電爲霆，非。《公羊傳》：“電，雷光也。”是。

右第一章

二章總論

此承上章吉凶變化而言。方以類聚，物以群分，吉凶生矣，未明之爲占也。聖人設卦觀象繫辭焉而明吉凶，則吉凶之在方物者在《易》矣。是故有吉凶則有悔吝，而吉凶爲得失之象，悔吝爲憂虞之象，皆以明吉凶也。在天成象，在地成形，變化見矣，而《易》之變化未生也。自聖人作《易》，剛柔相推而生變化，則變化之在天地者在《易》矣。故變化爲進退之象，剛柔爲晝夜之象，六爻之動爲三極之道，皆由變化生也。《易》之道不外變化象占。吉凶，占也。占以辭而明，故曰“繫辭焉而明吉凶”。剛柔相推，象也。變由象而出，故曰“剛柔相推而生變化”。此皆聖人作《易》之事也。夫卦設象觀辭繫而吉凶明，剛柔相推而變化生，《易》之序在是，爻之辭在是，象與變可觀矣，辭與占可玩矣。是故學《易》君子，所居而安者在《易》之序，所樂而玩者在爻之辭，居則觀象玩辭，動則觀變玩占，居不違天之理，動必合天之則，故曰"自天祐之，吉无不利"。此則君子學《易》之事也。首章論變化，推之易簡，成位天地之中，二章論變化，至於三極而得天之祐。故曰"知變化之道者，其知神之所爲乎"，不止爲卜筮設矣。

右第二章

三章總論

此章教人觀玩之事，故先釋卦爻并吉、凶、悔、吝、无咎五者之名義，而後教人體此卦爻并五者，爲用《易》者言也。象謂卦辭，爻謂爻辭。象不獨以天地雷風之類言，卦德、卦形、卦綜皆是。變不獨以陰陽老少之變言，而初變二、二變三，與乘承比應之變皆是。象言象，爻言變，則吉、凶、悔、吝、无咎之辭皆備矣。故吉凶者，言乎卦爻中之失得也。悔吝者，言乎卦爻中之小疵也。无咎者，言[三]乎卦爻中之能補過也。此釋象爻之名義，又釋吉、凶、悔、吝、无咎之名義也。夫爻固言乎其變矣，若列貴賤，則存乎所變之位，不可貴賤混淆。象固言乎其象矣，若齊大小，則存乎所象之卦，不可大小紊亂。吉凶固言乎失得矣，若辯吉凶，則存乎其辭，辭吉則趨之，辭凶則避之。悔吝固言乎小疵矣，然不可以小疵而自恕，必當於此心方動，善惡初分，幾微之時即憂之，則不至於悔吝矣。无咎固補過矣，然欲動補過之心者，必自悔中來也。是故卦與辭雖有大小險易之不同，然皆各指於所往之地，如吉凶則趨之避之，如悔吝則憂乎其介，如无咎存乎悔也。此則教人觀玩卦爻吉、凶、悔、吝、无咎五者，示人之用《易》也。

　　右第三章

幽明死生鬼神論

　　幽明、死生、鬼神，其理甚玄，其説甚紛，衆言淆亂，予請折衷於賢聖。孟子曰："天之高，星辰之遠，苟求其故，千歲之日至可坐而致。"曰"天"，曰"星辰"，天文之明也。曰"故"，天文之幽也。"禹之行水，行所無事。如智者若禹之行水，則無惡於智。"曰"行水"，地理之明也。曰"行所無事"，地理之幽也。故曰"知幽明之故"。以《易》與天準，故能仰觀天文之幽明；以《易》與地準，故能俯察地理之幽明也。子曰："朝聞道，夕死可矣。"季路問死，子曰："未知生，焉知死？"夫惟聞道然後知生，知生則知死而可死，故原始反終，其要在聞道。今不知道爲何物，不知始爲何始，終爲何終，而惡能原且反乎？故知死生之説者在原且反，原且反在聞道，而道未易聞，以《易》之道終萬物、始萬物，故能原始、能反終也。精氣爲物，游魂爲變，其説莫辨於羅明德，而予以爲尤莫辨於《中庸》。《中庸》曰："鬼神爲德之盛，視之不見，聽之不聞，體物而不可遺。"是謂精氣爲物。"洋洋乎如在其上，如在其左右。"是謂游魂爲變。

曰"誠"，是鬼神之情。曰"不可掩"，是鬼神之狀，其説辨矣。夫《易》與鬼神合其吉凶，先天而天不違，後天而奉天時。天且不違，況於鬼神乎？是故聖人以《易》而知鬼神之情狀也。故《易》也者，天地、死生、鬼神之奥，不止五經之源也。

準似論

言《易》道之大，準天地，似天地，而聖人用之如此。《易》之爲道大矣，與天地準，故能彌綸天地之道。聖人用之，仰觀俯察以知幽明，原始反終以知死生，爲物爲變以知鬼神。此三"故"字，從天地準來也。與天地似，故天地不違。聖人用之，周萬物、濟天下，故不過；樂天知命，故不憂；安土敦仁，故能愛。此三"故"字，從天地似來也。由是言之，天地至大矣，聖人用《易》，能彌綸之，能觀察之，範圍而不過。萬物至賾矣，聖人用《易》，能周知道濟，安土敦仁，曲成而不遺。晝夜之道至變矣，聖人用《易》，能知幽明、死生、鬼神，能樂天知命，通其道而知之。以此見神無在無不在，何方所之有？《易》若有而實未嘗有，何形體之有？不然，滯於一方而不變化，非神也；有定體而不能變通，非《易》也。何能範圍曲成，而通知晝夜哉？〇此章舊注，以窮理、盡性、至命分爲三事，故不甚貫串。《易》文起二"與天地"，而末結神易，自是分明。

晝夜論上

予讀《易》"通乎晝夜之道而知"，微乎微乎！既讀王文成公《傳習錄》，門人問晝夜之道，公曰："知晝則知夜。"蓋與孔子答季路"未知生，焉知死"意同，引而不發，待學者自悟耳。嗟乎！使晝與夜辨於一明一晦邪，則何難知，而晝與夜之道，不盡於一明一晦邪？談何容易。趙閱道晝之所爲，夜必焚香告天，宋儒晝卜諸妻子，夜卜諸夢寐，密矣。而隔於妻子，隔於夢寐，隔於天，猶二之也，未通也。孟子云："日夜之所息，平旦之氣，其好惡與人相近也者幾希，而旦晝之所爲，又牿亡之。"無論牿之反復，即相近、幾希，猶二之也，未通也。文王繫乾九三爻辭"君子終日乾乾，夕惕若，厲无咎"，孔子《象》曰："終日乾乾，反復道也。"道即晝夜之道。乾乾反復，益密矣。而曰"厲"，曰"无咎"，猶未大通也。孔子云："逝者如斯，不舍晝夜。"此道在宇宙，無晝無夜，無始無終，無作無息。通也者，兼晝夜，合始終，聯作息，而一以貫之者也。夫道不可須臾離，可離非道，須臾離之則非通，無須臾離之則通。其文王不顯不已之純邪，其孔子不厭不倦之識邪？語通至是，即一日三省者非通，而仁爲己任，死而後已，猶已也，已非通也。即日月至焉者非通，而三月不違，三月之後猶違也，違非通也。何也？通晝夜而知其道，其神無方，其易無體。子曰："知變化之道者，其知神之所爲乎？神也者，妙萬物而爲言者也。"孟子曰："聖而不可知之謂[四]神。"其孰能與於此哉？古之聰明睿智、神武而不殺者夫？

晝夜論下

晝夜一也，有近言之者，有遠言之者。近言之，一晦一明，一日之晝夜也；寒來暑往，一歲之晝夜也；一生一死，一身之晝夜也。遠言之，自開闢至今，古今之晝夜也。伏羲以前，不知幾混沌、幾開闢，終今以還，又不知幾混沌、幾開闢。康節以十二萬九千六百年爲一元，釋氏以八千萬萬億百千八百萬歲爲一劫，此無窮之晝夜也。一日之晝夜，必如黃帝居民上，搖搖恐夕不至朝，慓慓恐朝不及夕，如顏子一日克復，天下歸仁，如孟子雞鳴而起，孳孳爲善，而始通。一歲之晝夜，必反復其道，七日來復，見天地之心，會貞元之運，而始通。一身之晝夜，必原始反終，朝聞夕可，而始通。古今之晝夜，必天地合德，日月合明，鬼神合靈，四時合信，先天不違，後天奉時，而始通。無窮之晝夜，必神以知來，知以藏往，大明終始，六位時成，時乘六龍以御天，而始通。嗚呼，非天下之至神，其孰能與於此？而予以爲一元一劫之晝夜，亦一日之晝夜之積也，無二晝夜也。大明終始以御天，亦一日克己復禮之積也，無二通也。而惟吾孔子足以當之。其曰“五十而知天命”，蓋通晝夜之道而知者矣。而耳順，而從心不踰矩，則無方無體，神易莫測之境也。若云“五十知天命”爲知天命之性，則四十年間不惑者何物邪？以孔子天縱之聖，五十始知性，則下此者終無見性之期邪？

故管子登以孔子知天命，非知天命之性，真知言也。

與天地相似

“與天地相似”本從《易》上説。吾人用《易》，自家方寸亦當與天地相似，乃爲肖子。陸象山曰：“吾於踐履未能純一，然纔自警策，便與天地相似。”呂東萊曰：“與天地相似，故不違，有毫髮不相似，則已違矣。”《論語》“子絕四”注：“四者有一焉，則與天地不相似。”吾此心不似天地，何以用《易》？

右第四章

道性善論

或問：《孟子》七篇有言：“道二，仁與不仁而已。”又曰：“道一而已。”二與一皆可以爲道乎？郭子曰：難言也。天地之道，可一言盡，其爲物不貳。不貳，天地之道也。貳可以爲道乎？不過自仁不仁兩端言貳耳。道一而已，似矣。然曰一陰之謂道可乎，一陽之謂道可乎？故必合一陰一陽，而後謂之道也。一陰一陽者，動靜無端，循環不已之謂也。或曰：不貳爲道，則一即道。孔子曰：“吾道一以貫之。”安見一之非道也？郭子曰：爲物不貳，生物不測。不測，循環無已之謂也。不曰“吾道一”，而曰“一以貫之”，貫即循環不已之謂也。故善言道者，無執一也。至於蘇子、朱子之評孟子者，不在一二之辨，而在性善之語。蘇子曰：

"昔者孟子以善爲性，以爲至矣。讀《易》而後知其非也。孟子之於性，蓋見其繼者而已。夫善，性之效也。孟子不及見性，而見夫性之效，因以所見者爲性。夫善者道之繼，而指以爲道，不可。"或問朱子："孔子説繼善成性，孟子説性善，如何？"朱子曰："孔子説得細膩，孟子説得疏略，蓋不曾推原源頭，不曾説上面一截，只是説成之者性也。"朱子所謂上面一截，蓋指一陰一陽之道，與繼之者言也。夫善者道之繼，性者繼之成。性未嘗不善，然孔子所謂善，是陰陽循環無已之謂，《大學》所謂至善也。孟子言性善，指善與不善言，非陰陽循環無已之善也。故蘇子議孟子指繼之者言道，則道不全，朱子議孟子説成之者性，則性亦不全，其語意一也。故曰："一陰一陽之謂道。"又曰："陰陽不測之謂神。"不測者，一陰一陽之解也。

　　右第五章

　　六章總論
　　此章贊《易》道之廣大，而歸本於易簡，蓋亦首章之意云[①]。夫《易》，廣矣，大矣。以言乎遠，窮極幽深而靡限，故曰"不禦"。以言乎邇，思爲不擾而行自當，故曰"静正"。以言乎天地之間，洪纖不遺，巨細悉厇，故曰"則備"。是

————————
① 按：此處天頭有批注："明析可觀。"

《易》之廣大也。從何而生？生於乾坤而已。至剛之德果，至柔之德深。果則其靜也絕意於動，而其動也不可復回；深則其靜也斂之無餘，而其動也發之必盡①。絕意於動，專也。不可復回，直也。斂之無餘，翕也。發之必盡，闢也。夫小生於雜，隘生於疑，故專直生大，翕闢生廣。廣生於坤，則廣配地；大生於乾，則大配天。天地之間有四時，《易》之陽變陰、陰變陽，凡闔闢往來，終則有始，皆變通也。震巽兌艮之變易，即春夏秋冬之錯行矣。天地之間有日月，復言“七日”，以陽生爲義，臨言“八月”，以陰生爲義。離中以一陰爲主，坎中以一陽爲主，皆陰陽之義也。陰陽之相禪，即日月之代明矣。天地之間有聖人，聖人有至德。《易》中凡陽卦陽爻，有剛健之道者，皆易之善也；凡陰卦陰爻，有柔順之道者，皆簡之善也。而聖人之至德，易簡理得，成位乎中者，此足以配之矣。首章論乾坤之尊卑，結之以易簡而理得，此章論乾坤之廣大，結之以易簡配至德。然則《易》固不徒在乾坤，而自在吾心矣。

右第六章

易行論

天地設位，而崇卑之象已具。易行乎其中，而陰陽之

---

① 按：此處有夾批：“又自注出來。”

變化已行。朱子曰：“陰陽升降便是易。易者，陰陽是也。”
程明道曰：“生生之謂易。天地設位，而易行乎其中。乾坤
毀，則无以見易，易不可見，乾坤或幾乎息。易畢竟是甚。
又指而言曰：聖人以此洗心，退藏於密。聖人示人之意，
至此深且明矣，終無人理會，易也，此也，密也，是甚物。人
能至此深思，當自得之。”鄧文潔曰：“易之爲物也，神知變
化，不可得而執，不可得而窺，何密如之？此心之本體也。
聖人見乎此，是以洗心，退藏於密。洗非有功，藏非有所。
是易也，即謂之太極、謂之中，皆可也。中也，密也，其體
也。静也，動也，其時也。故喜怒哀樂，中未嘗不存也。
知來藏往，密未嘗不在也。”三言微異。朱子以陰陽變化
言，是天地設位之易也，未及性也，而性之原也。程子以
生生言易，以乾坤毀無以見易言易，而通之於洗心藏密，
則成性之説也。鄧子以神知變化言易，則合程朱之意，
而會之太極，通之中與密也。予謂易，一也。生生之謂
易，説自孔子。天地得之爲易，此生生也，不待存而自無
不存也。吾人得之爲性，此生也，即天地之易也，所謂成
之者性也。必存而又存，而後道義出也。天地生生之
易，而乾坤占事，以及陰陽不測之神，胥此出焉。故曰
“乾坤易之門”。吾人生生之性，存存不已，而知禮德業，
以效法於天地，胥此出焉。故曰“道義之門”。故存吾
性，則可以見易，程子之所謂易也，此也，密也，一也。鄧
子之所謂太極也，中也，密也，一也。故存性便是洗心，

洗心藏密，自然見易。

禮卑智崇

或問：《易》曰“禮卑”，《中庸》曰“崇禮”，何也？曰：優優大哉！禮儀三百，威儀三千，禮之體至崇也。敦厚以崇禮，則崇本於卑矣。忠厚謙厚，皆卑也。謙謙君子，卑以自牧，禮之用至卑也。尊而光，不可踰，則卑而之崇矣。光不可踰，皆崇也。

天道下濟而光明，故智崇效天。地道卑而上行，故禮卑法地。

右第七章

擬議論

自中孚二爻至解六三爻，乃夫子擬議之辭，爲三百八十四爻之凡例也。中孚鳴鶴、言出身加民，擬之後言也。行發邇見遠，議之後動也。而總歸於慎。同人號咷，或出或處，議之後動也。或默或語，擬之後言也。而總歸於同心。藉之用茅，往無所失，勞謙君子，恭以致位，擬且議何如也？而總歸於慎恭。亢龍則有悔，不密則亂生，上慢下暴，爲盜之招，其不能擬議可知矣，而總歸於亂盜。夫能擬議，則動天地，比蘭金，用可重，位可存，而變化以成。不能擬議，則且悔且亂且盜，而變化不成。項平庵曰：“七爻皆欲畏謹也。鳴鶴言處隱之誠，同人言用[五]心之一，白茅貴慎，有終尚謙，亢龍惡亢，戶庭以教密，負乘以戒慢，皆所以養人之敬心也。"得其旨矣。擬之釋，即所謂擬諸其形容也。議之釋，即所謂議德行也。《詩》："荏染柔木，君子樹之。往來行言，心焉數之。"心數似擬。《書》曰："若虞機張，往省括于度則釋。"省括似議。古人之慎言動如此，而夫子舉七爻爲例，意謂吾人之言，必可以動天地、定樞機而後言，必如蘭而後言，必毋階禍、毋害成而後言；吾人之動，必令人應而毋違、榮而毋辱而後動，必心可斷金、慎如用茅、勞而不伐而後動，毋招悔、毋招盜而後動，夫然後言動之變化以成也。或曰：君子言動，有不落思惟，無煩擬議者，何也？曰：此從未動未言時言也。即《易》云无思无爲，寂然不動，感而遂通天下之故也。即何思何慮，同歸殊塗，一致百慮之説也。即《中庸》不思而得、不勉而中之從容也。即《孟子》不慮而知、不學而能之良知也。未易言也。夫擬議審則變化成，擬議忘則變化神。夫既神矣，無論成矣。

右第八章

【校勘記】

[一]　化：原作"花"，據《禮記·學記》改。

[二]　歸藏：此前，《羲經十一翼》卷一《總論聖人立象》有"先

天”二字。

　　〔三〕　言：原作“善”，據上文文例改。

　　〔四〕　謂：原脱，據《孟子·盡心下》補。

　　〔五〕　用：原作“同”，據《周易玩辭》卷一三改。

郭氏易解卷十二

天一大衍論

予讀《易》，至《繫辭》，難矣。至天一大衍章，難之難矣。《易》以周名，秦、漢、晉間，京、焦、王、荀競鳴於喙，而未啜其髓。至後魏，予得關子明焉。其與張彝論大衍義、乾坤策義、盈虛義三篇，皆漢晉人所未發，語甚精徹，宋儒多主其說。關子曰：“天一，數之兆也。雖明其兆，未可以用也。”邵子得之，則曰：“一者數之始，而非數也。去其一而極於九，皆用其變者也。”關子曰：“大耦而言則五十，小奇而言則五。”朱子得之，則曰：“中五爲衍母，次十爲衍子。”邵子得之，則曰：“五者，蓍之小衍也，故五十爲大衍。八者，卦之小成也，則六十四爲大成。”是關子者，宋儒之正宗也。獨關子未推之於河圖，而成變化、行鬼神、四營十有八變之說，亦未及也。由唐而五代，河汾宗關，《正義》推孔，亦未有能得其解者。至宋，予得邵子、朱子焉。其論天一大衍、乾坤二策，多主關《傳》，而河圖之出，實始於邵，以河圖附於大衍之數，實始於朱。關子所未及者，邵、朱大闡明之。則邵、朱者，關子之正派也。而成變化、行鬼神，四營十有八變之説，關子既未之及，邵、朱亦未甚晰，予於今得友人來子《易注》、鄒子《易會》焉。來子曰："變化者，數也，即知變化之道之變化也。鬼神指卜筮言也，即神德行、其知神之所爲之鬼神也，非屈伸往來也。"鄒子曰："王宗傳有言：營，求也。用蓍之法，以四揲之，成《易》之數，以四求之。老陽、老陰、少陽、少陰，此四者俱以四求之，故曰四營成《易》。若以分二、掛一、揲四、歸奇爲四營，則歸奇於扐者再，是五營矣。"此王宗傳之説，而《易會》宗之，來注引之也。唐一行有言："十有八變而成卦，八卦而小成，則十八變之間有八卦也。變之扐有多少，其一變也，不五則九；其二與三也，不四則八。八與九爲多，五與四爲少。少多者，奇偶之數[一]也。三變皆少，故以九名之。三變皆多，故以六名之。變而少者一，故以七名之。變而多者一，故以八名之。"此其説與《大傳》所稱乾坤之策合。不然，乾未必六爻皆老也，何以曰二百一十有六？坤未必六爻皆老也，何以曰百四十有四邪？此一行之説，而蘇子載之《易解》，鄒子載之《易會》也。末章謂知變化之道者，其知神之所爲，則合變化鬼神而一之矣。孔子曰："天生神物，聖人則之。河出圖，洛出書，聖人則之。"蓍龜圖書，皆神物也。又曰："天地變化，聖人效之。"聖人之效，不過數法。故朱子亦曰："變化之道，即上文數法是也。"數法之變化，出於天地，妙於蓍龜，布於圖書，非至神其誰爲之？故曰："知變化之道者，知神之所爲也。"

變化鬼神論

“成變化，行鬼神”，朱文公論成變化晰矣。至論鬼神，謂凡奇偶之屈伸往來者，似涉渺茫，予竊疑焉。張南軒謂變化雖妙，而數有以行[二]之，指《月令》鳩化鷹、雀化鴿，可以曆數推而迎之，鬼神雖幽，而數有以行之，以勾芒、祝融等神爲各司其時，與朱注異，似太執着，予亦疑焉。惟來注謂變化，數也，即知變化之道之變化也。鬼神指卜筮言，即神德行、知神之所爲之鬼神也，非屈伸往來也。其説甚明，予又推而明之。《易》言變化，即言鬼神，無二理也。如曰“一陰一陽之謂[三]道”，語變化也，終之曰“陰陽不測之謂神”。如曰“精氣爲物，游魂爲變”，語變化也，繼之曰“知鬼神之情狀”。如曰“通乎晝夜之道而知”，語變化也，繼之曰“神无方，《易》无體”。如曰“參伍以變，錯綜其數”，語變化也，繼之曰“无思无爲，感而遂通，爲天下之至神”。如曰“一闔一闢謂之變，往來不窮謂之通”，終之曰“利用出入，民咸用之謂之神”。如曰“變而通之以盡利”，繼之曰“鼓之舞之以盡神”。如曰“化而裁之存乎變，推[四]而行之存乎通”，繼之曰“神而明之，存乎其人”。如曰“屈以求信，蟄以存身”，繼之曰“入神”“窮神”。如曰“陰陽合德”，繼之曰“以通神明之德”。夫變化不離於鬼神，鬼神便能變化。一陰一陽，變化也。陰陽不測，神也。使非神行乎其間，何以能變化卜筮，而知吉凶哉？故《説卦》曰：“神也者，妙萬物而爲言者也。”然後能變化，既成萬物也。若奇偶生成，屈信往來，謂之變化則可，謂之神則未可。屈信往來所以處謂之神也。

右第九章

深幾神論

或問：《易》有聖人之道，《易》與聖道，同邪否邪？郭子曰：何不同也？《易》與聖人同體者也。凡天下相酬酢者，盡有心有趾，未有黜思與爲，而能酬酢者，惟《易》不然。無思也，無爲也，寂然不動也。然惟無感，感即沛然通達，而廓然徧天下之故，鬼神不能測其幾，非天下之至神，孰能與於此？非卜筮之書也，聖學也。四者不可以淺淺觀也。蓋可以心知才力，窺其仿佛，存其影響者，不稱無思無爲。無思無爲者，愈索而不可得，不索而還自得者也。故名之曰深而神。無思無爲，寂然不動，感而遂通天下之故。周子曰：“寂然不動者，誠也。感而遂通者，神也。動而未形，有無之間者，幾也。”故曰幾而神。夫吾心，靈也，深且幾且神，宜也。蓍，物也，何以深而幾也，而又何以神也？《繫辭》曰：“探賾索隱，鈎深致遠，以定天下之吉凶，成天下之亹亹者，莫大乎蓍龜。”鈎深致遠，深矣。探賾索隱，隱，微也，幾亦微也，則幾矣。總之曰天生神物，則神矣。聖人以《易》之深，極吾心之深，故肫肫其仁，淵淵其淵，浩浩其天，何其深也！以《易》之幾，研吾心之幾，故知遠之近，知風之自，知微之顯，何其幾也！惟深也，故能通天下之志，即所謂開物以通天下之志也。惟幾也，故能成天下之務，即所謂成務以定天下之業也。惟神也，故不疾而速，不行而至，即所謂蓍之德圓而神，神以知來，知以藏往也。故曰《易》有聖人之道四焉"者，此深、此幾、此神之謂也。或曰：精則精矣，何以曰深？變則變矣，何以曰幾？郭子曰：堯之告舜曰："惟精惟一，允執其中。"夫精未有不一，一未有不中，中未有不深者。水一而已，大海變化，能藏億萬蛟魚，何深如之？性一而已，我與物翕然蔚然，在大化中，何深如之？《中庸》曰："動則變，變則化。"而繼之曰："至誠之道，可以前知。善必先知之，不善必先知之。"知幾之漸也。顏子深潛純粹，其殆庶幾，而未達一閒，未入於神。故曰"至誠如神"，"聖而不可知之謂神"。"一閒"，楊本作"聞"。

　　右第十章

洗心論

　　此章言"以此"者二：聖人以此洗心，聖人以此齋戒，神明其德。二"此"字最要緊，程子言之詳矣。郭子曰：吾心之神，與蓍之神一也。吾心之智，與卦之知一也。吾心之易，與爻之易亦一也。稍不相似，便不名洗。曾子論孔子曰："江漢以濯之，秋陽以暴之，皜皜乎不可尚已。"是洗心之洗也。孟子曰："此天之所以與我者，先立乎其大者，則其小者不能奪也。此爲大人而已。”是以此洗心之此也。極而言之,必一念不起,萬念不留,而後謂之洗;塵垢不污,嗜欲弗亂,而後謂之洗;磨而不磷,涅而不緇,而後謂之洗;爪髮不痛,手足不思,而後謂之洗;生不持來,死不持去,而後謂之洗。一絲未斷,終隔千里,非洗也;一人未愛,便是藩籬,未[五]洗也;一刻少離,終成作輟,非洗也。然非退藏於密,當不及此。《中庸》曰“不睹不聞,不見不顯”,而終之曰“無聲無臭”,何密如之? 或曰:此者對彼而言。以此洗心,似以此物洗吾心。此謂此,則心爲彼,猶二之也。郭子曰:非也。吾心本神,非因蓍神,雖不因蓍神,却如蓍之神。吾心本智,非因卦智,雖不因卦智,却如卦之智。吾心本易,不因爻易,雖不因爻易,却如爻之易。是曰洗心,非以此洗我之謂也。辟水之與波,不一不異,非彼此之此也。夫心惡可洗哉? 荀子曰:“心者,形之君也,而神明之主也。出令而無所受令,自禁也,自使也,自奪也,自取也,自行也,自止也。”《中庸》曰:“自成也,自道也,自誠明也,自明誠也。”夫心惡可洗也? 虛空清净,不著垢闇。或時風雲闇翳,便言是不净,或時風吹雲散,便言清净,皆非也。其寔虛空,無垢無净,是洗之説也。

太極論

　　或問:人言太極者理,陰陽者氣,當初元無一物,只有此理,便會動而生陽、静而生陰。此不可解之語。以理論

太極，則太極之理分爲陰陽之理；以氣論太極，則太極之氣
分爲陰陽之氣。今謂理生氣，似理爲父，氣爲子，吾不知
也。又問：周子曰："无極而太極。"謂太極无矣。傳曰：
"易有太極。"謂太極有矣。陸子執傳文以議周子，鵝湖之
辨，紛紛至今不息，何以說也？郭子曰：理氣本無先後，有
理即有氣，有氣即有理，未聞理生氣也。陰陽皆有動静。
夫乾其静也專，其動也直，是以大生。夫坤其静也翕，其動
也闢，是以廣生。未聞太極動而生陽、静而生陰也。"易有
太極"，有非有無之有也。易即"夫易何爲"之易，"易有太
極"即"易有聖人之道四焉"之有、"易有四象"之有也。陸
子執此，以明太極之有，以駁周子之無，是泥於有也。第周
子於太極之上，加以無極，是泥於無也。朱子曰："易者陰
陽之變，太極者其理也。"是泥於理也。不若邵子之言曰
"道爲太極""心爲太極"爲妥，又曰"太極一也""太極性也"
爲精。而伯温之説又曰："太極者，有物之先，本已混成，有
物之後，本無虧損。"蓋得之庭訓，發爲至論，聖人復起，無
以易斯言矣。雖然，其原出於《老子》與《中庸》也。《老子》
曰："有物混成，在天地先。"故邵子曰："太極性也。"《中庸》
曰："其爲物不貳，則其生物不測。"故邵子曰："太極一也。"
本朝薛文清見及此矣。其言曰："格物只是格個性。性者，
太極而已。"是太極也，謂之性可，謂之道可，謂之心可，謂
之一可，謂之中可，謂之物可。故格物者格此太極，而後謂
之真格物；致中者致此太極，而後謂之真致中；得一者得此

太極，而後謂之真得一；明道者明此太極，而後謂之真明道；洗心者洗此太極，而後謂之真洗心；知性者知此太極，而後謂之真知性。故邵子之後，薛子庶幾焉。然則求太極者，求之寂然不動之時，喜怒哀樂未發之頃，斯得之矣。

河洛論

《大傳》曰："河出圖，洛出書，聖人則之。"則之以作《易》也。《易》作於羲皇，則圖書皆出羲時，不應以圖屬羲、以書屬禹，又不應作《易》之內，益以作疇也。宋儒乃曰："則河圖者虛其中，則洛書者總其實。"若然，則聖人則之，并以屬禹邪？非孔子意矣。考之《正義》，《春秋緯》云："河以通乾出天苞，洛以流坤吐地符。河龍圖發，洛龜書感。"未明著羲與禹也。《禮緯含文嘉》云："伏羲德合上下，天應以鳥獸文章，地應以河圖洛書，則而象之，乃作八卦。"則圖書俱出於羲明甚。張行成曰："先天圖外圓爲天，內方爲地。圓者河圖之數也，方者洛書之文也。《繫辭》曰：'聖人則之。'畫《易》之初，蓋兼河洛之數，備方圓之理矣。惟變易之道，以天爲宗，大禹重衍《洪範》，以地承天。"則書出於羲，禹不過重演之耳。然圖書亦非獨羲時有也。《魏志》："《易》博士淳于俊曰：包羲因燧皇之圖而制八卦。"則燧人之河圖也。《河紀[六]》："堯時受河圖，龍銜赤文，綠色龍形，象馬。"則唐堯之河圖也。《世紀》云："黃帝遊洛水，見大魚，魚流於海，得圖書。"則黃帝之洛書也。堯沈龜於洛，大龜負圖，則唐堯之洛書也。《晋志》：“大禹觀河而受緑字。”則夏禹之河書也。誰謂羲之時，圖書不並出邪？又非獨上古帝王之世爲然也。魏青龍四年，張掖川溢，寶石負圖，蒼質素章，麟鳳龜馬，焕焕成形，又有若八卦列宿之象。晋大始三年，張掖太守焦勝言，氐池縣太柳谷有元石一所，白晝成文。唐高祖時，北都獲瑞石，有文曰“李淵萬吉”。貞觀十七年，涼州鴻池谷有石[七]五，青質白文，成字八十八字。則圖書之祥，或負於馬龜，或見於山石，即小康之世，亦間有之，而况於帝王之世乎？特聖人能則之以作《易》，後世徒目之爲瑞物耳矣。乃歐陽子以河圖洛書爲怪妄之尤者，何哉①？

右第十一章

變通論

《易》言變通娄矣。《傳》曰：“變通莫大乎四時。”又曰：“變通配四時。”又曰：“一闔一闢謂之變，往來不窮謂之通。”又曰：“剛柔者，立本者也。變通者，趨時者也。”至此章乃曰：“化而裁之謂之變，推而行之謂之通。”又曰：“化而裁之存乎變，推而行之存乎通。”同邪異邪？朱子曰：“變通二字，上章以天言，此章以人言。”是邪非邪？郭子曰：變

---

① 按：本段末有批注：“魏晋唐時石文，應是怪妄，必非如上古之圖書也。”

通者，合天人而一之者也。一闔一闢之變，往來不窮之通，所謂乾坤變通者，化育之功也。化而裁之之變，推而行之之通，所謂裁成輔相，位育之功也。要而言之，則一而已矣。來氏曰："化而裁之者，如一歲裁爲四時，一時裁爲三月，一月裁爲三十日，一日裁爲十二時是也。推行者，將已裁定者推行之也。如《堯典》分命羲和等事，是化而裁之，至敬授人時，則推行矣。"變通莫大乎四時，天也，而不能不賴於堯與羲和之裁度推行，則天之未始不賴於人也。《傳》曰："神農氏没，黄帝、堯、舜氏作，通其變，使民不倦，神而化之，使民宜之。《易》窮則變，變則通，通則久。是以自天祐之，吉無不利。"通變以宜民，人也。而黄帝、堯、舜因是以得天之祐，則人之未始不通於天也。通禪代之變，則與子之法可久；通井田之變，則賦役之法可久；通封建之變，則郡縣之法可久；通肉刑之變，則贖鍰之法可久。此亦孔子變而通之、化而裁之[八]意也，此亦朱子變通以人之意也。

　　右第十二章

【校勘記】

　　［一］　數：《蘇氏易傳》卷七作"象"。

　　［二］　行：《南軒易説》卷一作"成"。

　　［三］　謂：原脱，據《周易·繫辭上傳》補。

〔四〕　推：原作“惟”，據《周易·繫辭上傳》改。

〔五〕　未：據上下文例，疑當作“非”。

〔六〕　河紀：按，下文引文出自《尚書中候握河紀》，此作“河紀”不通，疑“河”上當有“握”字。

〔七〕　石：原作“十”，據《舊唐書》卷三七《五行志》改。

〔八〕　之：據下文文例，此下疑脱一“之”字。

郭氏易解卷十三

繫辭下傳

真一論

予讀《周易略例》云:"處璇璣以觀大運,則天下[一]之動未足怪也。據會要以觀方來,則六合輻湊未足多也。"夫璇璣會要,一之器也,非一之妙也。未若《淮南子·原道訓》曰:"所謂一者,無匹合於天下者也。卓然獨立,塊然獨處,上通九天,下貫九野。員[二]不中規,方不中矩。大渾而爲一,葉累而無根。"則一之妙似矣,而猶未盡也。未若《中庸》曰:"天地之道,可一言而盡也。其爲物不貳,則其生物不測。"此合言一也。至論九經、五達道、三達德,曰:"所以行之者一也。"論生知、學知、困知,曰:"及其知之一也。"論安行、利行、勉行,曰:"及其成功一也。"此分言一也。故夫子詔曾子而語之曰:"吾道一以貫之。"曾子曰:"唯。"此貞一之旨也。《書》曰:"惟精惟一。"又曰:"德惟一,動罔不吉。"則一者,動之君也。辟之千萬人聚,惟有一主,無若干主,無不以君爲主。辟之四海水聚,惟有一味,無若干味，無不以鹹爲味。吾欲握其一以定天下之動，則何以爲一之要乎？夫一可名也，而實無形也。在乾爲乾元，在《易》爲太極，在吾人爲性，總之名一也。明於乾元，則始萬物可，乘六龍可，統天可，御天可。明於太極，則成變化可，行鬼神可，定吉凶可，生大業可。明於吾性，吾一人親其親，人人親其親可，世世親其親可；吾一人長其長，人人長其長可，世世長其長可。尚何天下之動，有不定於一乎？故曰：萬物之總，皆閱一孔。百事之根，皆出一門。

大德曰生論

孔子曰：“天地之大德曰生。”又曰：“生生之謂易。”又曰：“廣生大生。”又曰：“易有太極，是生兩儀。兩儀生四象，四象生八卦，八卦定吉凶，吉凶生大業。”又曰：“日月相推而明生，屈伸相感而利生。”所以論生者厖矣。釋氏之教，主於無生，同邪異邪？乃又曰：“應無所住，而生其心。”既曰“無生”，又曰“生心”，同邪異邪？郭子曰：生生者，易教也。無生者，釋教也。究言之，一也。應無所住，無所住於六根也。無所住於六根，真心自生，心本自在，非至此乃生，雖生其心，猶無生也。無生之生，是名不生。不生不滅，有無雙遣，即名中道，是即生生之易也。孟子曰：“口之於味，耳之於聲，目之於色，四肢之於安逸，性也。有命焉，君子不謂性也。”是無所住也。“仁之於父子，義之於君臣，禮之於賓主，智之於賢者，聖人之於天道，命也。有性焉，

君子不謂命也。”是生其心也。住爲六根之住，即耳目口味
安逸之住也。真心自生，即仁義禮智之心也。其究一也。
《十疑論》云：“智者熾然求生凈土，達生體不可得，即真無
生。此謂心凈故，即佛土凈。愚者爲生所縛，聞生即作生
解，聞無生即作無生解。不知生即無生，無生即生。”則生
無生之旨明矣。故儒禪之論生一也。天地大德之生，與生
生之易一也。釋氏之無生，與金剛生其心之生一也。天下
豈有二生乎哉，天下豈有二生乎哉？

重門擊柝論

“重門擊柝，以待暴客，蓋取諸豫”，説者以爲禦暴之常
政也。而愚以爲聖人之待暴客，蓋王道也。夫暴客倅起於
丙夜，比之莫夜之戎。《周禮》司寤氏掌夜時，以星分夜，以
詔夜士夜禁，禦晨行者，禁宵行者、夜遊者，所以防夜戎者
庀矣，而猶恐其未周也。自天子九重，以及都邑庶萌，令設
重門。王有皋門、庫門、雉門、應門、路門，所以防其内也。
即王會同之舍，有掌舍設梐枑再重，設車宮轅門，爲壇[三]
宮棘門，爲帷[四]宮[五]旌門，無宮則共人門，所以防其外
也。而又有王宮門阿之制五雉，宮隅之制七雉，城隅之制
九雉，經涂九軌，環涂七軌，野涂五軌，外諸侯邦國，際以爲
則。即《易》所云重門也。《周禮》重柝，宮正掌王宮之戒令
糾禁，夕擊柝而比之，是宮不廢柝也。修閭氏掌比國中宿
互攏者，野廬氏掌達國道路，至於四畿，若有賓客，則令守

涂^[六]之人聚攘之，是野不廢柝也。即《易》所云擊柝也。夫屋而無門，與無屋同；門而不重，與無門同。所謂重門者，重而又重也。守而無柝，與無守同；柝而不擊，與無柝同。所謂擊柝者，無門不柝，無柝不擊也。彼暴客者，能破一門，不能破重門；能弛一柝，不能弛百柝。即欲施其暴，無所施之。暴客無所施其暴，而吾亦不受暴客之暴，不必禦寇，而自無不禦，不必擒寇，而寇自不來。此之謂待，此之謂王道也。今自國都以及郡邑，忽以爲文具而不之修，莫夜暴起，束手無計，然後知聖人之爲策周而爲計簡也。

何思何慮論

夫子引咸九四爻而釋之曰"朋爾"，何藩籬之隔也？曰"從思"，何從違之狹也？曰"憧憧"，何往來之紛也？夫天下何思何慮哉？天下同歸而殊塗，塗既殊矣，惡得無思？而政惟其歸之同也，即千思萬思，總歸於同，又何思焉？天下一致而百慮，慮既百矣，誰云無慮？而政惟其致之一也，即千慮萬慮，總歸於一，又何慮焉？歸，歸宿也。歸宿既同，即東轅西樶，南輪北蹄，所繇雖殊塗，而其適國都同也。吾惟知終終之，同於歸耳。致，極致也。極致既一，即或推或挽，或柂或槳，毋不慮爲舟車用也。吾惟知至至之，底於一耳。塗爲同分而未嘗有分，慮爲一起而未嘗有慮，夫何思何慮哉？孟子曰："人之所不學而能者，其良能也。"而不能不學，其塗殊也。學也者，所以約其塗之殊而同於歸也，正以全其不學之能也。"人之所不慮而知者,其良知也。"
而不能不慮,其慮百也。慮也者,所以慮其慮之百而一其
致也,正以全其不慮之知也。程伊川曰:"要息思慮,便是
不息思慮。"周子曰:"無思,本也。思通,用也。幾動於彼,
誠動於此,無思而無不通,爲聖人。不思則不能通微,不
睿則不能無不通。是則無不通生於通微,通微生於思。"
上蔡二十年前往見伊川,伊川曰:"近日事如何?"上蔡對
曰:"天下何思何慮。"伊川曰:"是則是有此理,賢却發得太
早。"説了又却道:"恰好着工夫也。"由是言之,何思何慮,
談何容易。

往來論

《易》之説往來多矣。惟咸九四曰:"憧憧往來,朋從爾
思。"而夫子《象》曰:"未光大也。"夫往來何害? 往來而憧
憧於思慮,則未光大耳。天下同歸而殊塗,一致而百慮,何
以思慮爲哉? 稽之造化,日月往來而明生,寒暑往來而歲
成,往屈來信而利生。日月、寒暑、屈信,何思何慮也? 驗
之物理,尺蠖屈以求信,似往;龍蛇蟄以存身,似來。尺蠖、
龍蛇何思何慮也? 而又何疑於聖學乎? 精義入神似屈,而
乃所以爲出而致用之本;利用安身似信,然乃所以爲入而
崇德之資。顧義而曰精,猶知有義;用而曰致,猶知有致;
身而曰安,猶知有身;德而曰崇,猶知有德,或未能忘思慮
也。過此以往,則未之或知矣。義忘其義,用忘其用,身忘

其身，德忘其德，是之謂窮神，而不知所以爲神，是之謂知化，而不知所以爲化。雖甚盛德，篾以加矣。則亦日月、寒暑、屈信之往來也，則亦尺蠖、龍蛇之屈信往來也。何思何慮焉？祇覺憧憧者之未光大耳。夫語往來，至於二曜、四時、屈信，止矣。語無思無慮，至於二曜、四時、尺蠖、龍蛇，止矣。人之所不學而能者，其良能也；所不慮而知者，其良知也。其本體無思無慮，與二曜、四時、龍蛇等，而終不免於思慮者。故聖人先教之精義致用，安身崇德者，由聖學之始條理言也，所謂大而化之之謂聖也。繼之窮神知化者，由聖學之終條理言也，所謂聖而不可知之謂神也。由思而無思，由慮而無慮，故曰“天下何思何慮”。《中庸》曰：“萬物並育而不相害，道並行而不相悖，小德川流，大德敦化，此天地之所以爲大也。”知天地之所以爲大，則知聖學之所以爲盛矣。

末世盛德論

楊誠齋曰：“紂，殷王也。仲尼，殷後也。而仲尼貶殷爲末世，襃周爲盛德，指紂之名而不諱，稱文王之王而不抑，其不以一家之私，没天下之公與？”是則然矣。然不曰殷之亂世，而曰末世，不諱紂之名，而不曰紂之惡，稱文王爲盛德，而於武曰未盡善，子貢亦謂紂之不善不如是之甚。則孔門論殷與紂，猶不失爲子孫之厚與？胡雙湖曰：“夫子原《易》之作，明指伏羲；原《易》之興，明指文王。曰畫卦、

因重、詞危，可謂萬世之日月，獨少一言以及周公之爻。"由
是言之，則爻詞之不屬周公，即宋儒亦疑之矣。《魯論》曰：
"三分天下有其二，以服事殷，周之德其可謂之至德也已。"
《魯論》之以文王爲至德也，以二事一也。《易》之以文王爲
盛德也，以臣服殷也。武王末受命矣，周公負成王朝諸侯
矣，至乎不至乎，盛乎不盛乎？而惡得與文王論德也。故
《易》稱文王蒙大難，與箕子並稱，不及周公；論文王之德，
止論紂之事，亦不及周公。孟子論文王見知，亦不及武周。
意可知已。故湯武革命，順乎天而應乎人，未若文王之其
命維新而不革命，得天而不恃乎天，應人而不有其人也。
嗚呼，文王之德之純矣。純則不已，不已則至，至則盛。

知險知阻論

夫乾，天下之至健也。剛健之人，心事平易而不艱深，
其德行恒易，一遇憂患，自居易以俟命，不行險以僥倖。如
自高臨下而知其險，不爲陰所陷，終不溺於險矣。夫坤，天
下之至順也。柔順之人，心事簡夷而不煩擾，其德行恒簡，
一遇憂患，以無事處天下，不多事擾天下。如自下趨上而
知其阻，不爲陽所拒，終不困於阻矣。所以能危能懼，而無
易者之傾也，以此。胡雲峰曰："下危曰險，乾在上也。上
難曰阻，坤在下也。"説險阻晰矣。然必健知險，必順知阻
者，何也？乾六爻稱健矣，曰潛，曰惕，曰或，皆知險而不輕
進之詞。上亢不知險，能免於窮之災乎？坤六爻稱順矣，

曰履霜,曰含章,曰括囊,皆知阻而不上往之詞。上疑不知阻,能免於血之玄黃乎?需、訟、大壯與遯,皆主乾言。需,不進也。訟,不親也。大壯則止,遯則退也。知險之謂也。師、豫皆主坤言。師曰左次,知難而退也。豫曰順動、不過、不忒也,知阻之謂也。大抵健者無欲,無欲則不行險;順者循理,循理則不妄動。此之謂《易》之道也。然亦有健而不知險、順而不知阻者。諸葛六出祁山,而營中星隕;文山九死航海,而空坑被縛,可謂知險乎?禹行所無事,而久於橇鍤;文王文明柔順,而囚於桎梏,可謂知阻乎?嗟乎!此四聖賢者,非不知險阻也。知險而冒險以濟險,知阻而冒阻以救阻,故禹文稱神聖,而葛文稱大忠。

【校勘記】

　　[一]　下:《周易略例·明象》作"地"。

　　[二]　員:原作"直",據《淮南子·原道訓》改。

　　[三]　爲壇:原作"壇爲",據《周禮·掌舍》改。"壇"下,《周禮·掌舍》有"壝"字。

　　[四]　帷:原作"惟",據《周禮·掌舍》改。

　　[五]　宮:此下,《周禮·掌舍》有"設"字。

　　[六]　涂:此下,《周禮·野廬氏》有"地"字。

郭氏易解卷十四

幽贊神明論

此章蓍生數起，卦立爻生，《易》之爲用備矣。然豈泥於蓍數卦爻之跡，而無關於道德義理性命之微哉？聖人以道德義[一]性命之精心，而闡明蓍數卦爻之玄義，此之謂心易。不蓍而神明，不數而前知，不卦而方以知，不爻而易以貢者也。故曰：《易》，性命之書也。故下章遂言聖人作《易》，將以順性命之理。順性命之理，即所謂和順於道德而理於義，窮理盡性以至於命者，以一言蔽之也。陰陽、剛柔、仁義，有受之者曰性，有予之者曰命，合而言之謂之理，因其自然之謂順。位陰陽間列，故曰分；晝剛柔無常，故曰迭；經緯錯而成文，故曰章。

參兩論

參兩之説紛如，總之不出三説。關子明曰："天數五，地數五。五者非他，三天兩地之謂也。"此以大衍之數論參兩也。朱子則以圓者徑一圍三、方者徑一圍四論參兩者，然小注又言："此與大衍之數五十不須合，看來要合也合得。"則兩可之説也。蘇子瞻、傅文兆專從大衍，即子明之説也。鄒氏《易會》用九六之説，與來氏合。但來注煩瑣，《易會》簡潔，當以《易會》爲正，方與倚數相合。究其根本，即九六亦孰能外大衍乎？《易會》曰："《易》之取於九六何也？天數一、三、五，凡三，故參之而成九；地數二、四，凡二，故兩之而成六。倚者，依也，謂《易》之數依此而起也。"

窮理盡性至命論

理者何？即性命之理也。窮此性命之理，了了無疑，便是盡性，便是至命。非窮理之外，別去盡性至命也。何也？昔者聖人之作《易》也，將以順性命之理，則知舍性命無理也。然不窮之，將何以順？陰陽、剛柔、仁義，皆理也。有所以受之者。天受陰陽，爲天之性；地受剛柔，爲地之性；人受仁義，爲人之性。盡性者，盡此者也。有所以予之者。予天以陰陽，爲天之命；予地以剛柔，爲地之命；予人以仁義，爲人之命。至命者，至此者也。所謂乾道變化，各正性命是也。故一窮理，一了百了，性盡而命至矣。關子明曰："窮理盡性以至於命，何謂也？曰：性命之理，以天言之曰陰陽，以地言之曰柔剛，以人言之曰仁義。蓋一性也。"得其旨矣。第天地之性本無不盡，而人之性有盡有不盡。盡性者，聖也。不盡其性者，凡也。天地之命本無不至，而人之命有至有不至。至命者，聖也。不至於命者，凡也。故今之窮理盡性至命，在吾人尤切耳。程明道論窮理盡性[二]至命，只是一物一事，甚是。至指木柱爲喻，予却未解。夫以木之曲直爲性，則人之長短、物之肥瘠，皆可以爲性乎？以是知理未易窮也。孟子曰："理義之悦我心。"程子解之曰："在物爲理，處物爲義。"①夫在物爲理，則理似在物而不在我；處物爲義，則幾於義外而非義内。予更未解②。

逆數論

逆數諸説紛紛，俱載馮氏《易説》，然畢竟邵子、朱子爲正。第諸説皆云伏羲之卦，而馮氏又以逆數爲文王之卦，其異如此。今並存之，以俟知者。雖然，此皆按圖以論數耳。此圖出於邵子，脱當日邵圖不出，將無往可數、無來可知乎？愚推而論之：數往者，如今日説前朝事，由元、宋而唐，以及三代，有往蹟可指，有文獻足徵，名曰因往，名曰稽故，何其順也！知來者，如今日説明日事，近之一年，遠之十年，又遠之千年萬年，無端倪可尋，無朕兆可擬，名曰前知，名曰逆睹，何其逆也！夫《易》之爲教，大氐略於往而詳於來。尚辭尚占則曰"无有遠近幽深，遂知來物"，論數則曰"極數知來"，論蓍則曰"德圓而神""神以知來"。故曰：章往察來，皆逆數也。孔子與子張論十世可知曰："殷因於夏禮，所損益可知也。周因於殷禮，所損益可知也。其或

---

① 按：此上有批注："□意我亦是物，處物者，我處□也。先儒何可輕議？"
② 按：本段末有批注："言未解，真可謂未解。此尚未解，奈何作《易解》？"

繼周者，百世可知也。"他日序《書》，以《秦誓》置周書後，明知秦之繼周矣。關子明與王彥論國道曰："自魏以降，天下無真主。故黃初元年庚子，至今八十四載。魏黃初元年至梁天監三年，後魏正始元年，歲次甲申。更八十二年丙午，陳後主至德二年，隋開皇六年也。三百六十六矣。當有達者生焉。應文中子生，是年文中子三歲矣。更十八年甲子，當有王者合焉。隋文帝仁壽四年也。文中子至長安謁文帝，帝不能用，亦應王者合也。用之則王道振，不用則洙泗之教修矣。"孔子退居洙泗之間，修王道，文中子不遇亦然。彥曰："其人安出？"子曰："唐晉之郊乎？昔殷後不王，宋，殷後也。而仲尼生周；周後不王，斯人生晉。生周者，周公之餘烈也。仲尼終周公之道。生晉者，陶唐之遺風乎？晉魏之唐。天地之數，宜契自然。"丙午繫乎天，唐晉繫乎地。彥曰："此後何如？"子曰："始於甲申，止於甲子，仁壽四年，歲在丙子。正百年矣。過此未之或知也。"亦前知唐之繼隋矣。嗟乎，今惡得孔子、關子而與之論逆數乎？雖然，孔子求之禮，關子求之數，吾反而求之心。數往者即溫故，故者以利為本，而惡夫鑿，順之謂也。知來者即知新，思之思之，又重思之，思而不通，神將告之，逆之謂也。故藏往以知，苟求其故，即上古之曆元可坐而致，今即往矣。知來以神，神也者，妙萬物而為言，通晝夜而知，來即今矣。吾之知如卦之方以知，吾之神如蓍之圓而神。退藏於密，吉凶與民同患，即孔之禮、關之數，猶無藉焉。吾又安得若人而與之論逆數乎？其古之聰明睿知，神武而不殺者夫？今不可得矣①。

帝出乎震論

蘇子曰："'帝出乎震'一節，古有是説。'萬物出乎震'至'妙萬物而爲言'，是孔子從而釋之也。曰：是萬物之盛衰於四時之間者也。皆其自然，莫或使之，而謂之帝者，萬物之中，有妙於物者焉，此其神也，而謂之帝云爾。"愚按：以"帝出乎震"爲古文，以"萬物出乎震"爲釋詞，則於"故曰"字有着落。以八卦爲萬物之盛衰始終，而以神爲妙萬物，則於"帝"字有着落。此蘇子精於《易》也。後儒以"神也者"二句屬下節，便不妙物。至於成始成終，是宇宙間一大生死也。神妙萬物，則無始無終，不生不死，故曰神。

損益論

昔者孔子讀《易》，至於損益，未嘗不喟然而嘆曰："或欲利之，適足以害之；或欲害之，適足以利之。利害禍福之門，不可不察也。"夫損益利害，所該者博矣。天道虧盈而益謙，地道變盈而流謙，鬼神害盈而福謙，人道惡盈而好謙。夫其益謙、流謙、福謙、好謙，謙損之謂也，損而不已必益。夫其虧盈、變盈、害盈、惡盈，盈益之謂也，益而不已必決。董生有云："吊者在門，賀者在閭。"言有憂則恐懼敬

---

① 按：本段末有批注："無甚好議論，此等□作似不消□。"

事，敬事則必有善功而福至也。又曰：“賀者在門，弔者在
閭。”言受福則驕奢，驕奢則禍至，故弔隨而來。又惡知損
之不爲益，益之不爲損乎？以學問言，寡之又寡，以至於
無。由善信而美大，而神聖，益無厓矣。亡而爲有，有必
弊；虛而爲盈，盈必損；約而爲泰，泰必失。雖有周公之才
之美，使驕且吝，不足觀已。此學問之損益利害也。以國
家言，散鹿臺之財，發鉅橋之粟，損矣，而遠延八百之周。
積鹿臺之財，貯鉅橋之粟，益矣，而竟爲周師之散。生十殺
一者物十重，十重者王；生一殺十者物頓空，頓空者亡。此
國家之損益利害也。孔子之言，豈非左券？

【校勘記】

　　［一］　義：據上文，此下似脱“理”字。

　　［二］　性：原作“心”，據《河南程氏外書》卷十一改。

郭氏易解卷十五

天文論

賁之《象》曰："觀乎天文，以察時變。"傳曰："仰以觀於天文。"天道隱而難測，可見莫如文；天文遠而難究，可考莫如書。今之論天體者，不過蓋天、渾天二家。《隋天文志》曰："顓帝造渾儀，黃帝爲蓋天。此二器者，皆古之所制，特傳説者失其用耳。"漢世談天者，推揚雄、蔡邕，邕所謂周髀者，即蓋天之説也。其本庖羲氏立周天曆度，其所傳則周公受於殷商，周人志之，故曰周髀。髀，股也。股者，表也。其言天似蓋笠，地法覆槃，天地各中高外下，北極之下爲天地之中，其地最高，而滂沲四隤，三光隱映，以爲晝夜。天中高於外衡冬至日之所在六萬里，北極下地高於外衡下地亦六萬里，外衡高於北極下地二萬里。天地隆高相從，日去地常八萬里，日麗天而平轉，分冬夏之間日所[一]行道爲七衡六間，每衡周徑[二]里數，各依筭術，用句股重差推晷影極游，以爲遠近之數，皆得於表股，故曰周髀。邕於朔方上書，言宣夜之學，絕無師法，周髀術數具存，考驗天狀，多所違失，惟渾天近得其情。今史官候臺所用銅儀，則其法也。蓋曰“多違”，渾曰“得情”，蔡之學主渾矣。揚雄《法言》：“或問渾天，曰：‘落下閎營之，鮮于妄人度之，耿中丞象之，幾乎幾乎，莫之能違也。’請問蓋天，曰：‘蓋哉蓋哉，應難未幾也。’”渾曰“幾”，蓋曰“未幾”，揚之學主渾矣。《書》“在璿璣玉衡以齊七政”，蔡元定注有覆盆卵[三]黃之喻，則元定之學亦主渾矣。而未有合渾蓋爲一者。張行成曰：“蓋天之學，惟唐一行知其與渾天不異。蓋天之法如繪像，止得其半，渾天之法如塑像，能得其全。堯之曆象，蓋天法也。舜之璣衡，渾天法也。渾法密於蓋天，創意者尚畧，述作者愈詳。”則合渾蓋而一之者。唯孔子、邵子似主蓋天。孔子之言曰：“日月得天而能久照。”又曰：“日月麗乎天。”又曰：“懸象著明莫大乎日月。”《中庸》曰：“今夫天，斯昭昭之多，及其無窮，日月星辰繫焉。”曰“得”，曰“麗”，曰“懸”，曰“繫”，未聞有一日一周之説，乃蓋天之旨也。邵子曰：“天圓而地方，天南高而北下，是以望之如倚蓋然。地東南下，西北高，是以東南多水，西北多山也。天覆地，地載天，天地相函，故天上有地，地上[四]有天。”又曰：“天以理可盡，而不可以形盡。渾天之術以形盡天，可乎？”明是蓋而非渾者。又曰：“天依乎地，地附乎天。天依形，地附氣。其形也有涯，其氣也無涯。”則渾天以形盡天之非，益可見矣。我明洪武十年，高皇帝與群臣論天與日月五星之行。翰林應奉傅藻、典籍黃麟、考功監丞郭傳，皆以蔡氏左旋之説對。上曰：“二十八宿，經也，附天體而不動。日月星辰，緯乎天者也。朕自起兵以來，與善推步者仰觀天象二十有三年矣。嘗於天氣清爽之夜，指一宿爲主，太陰居是宿之西，相去丈許，盡一夜，則太陰漸過而東矣。由此觀之，則是右旋。此曆家亦嘗論之。蔡氏謂爲左旋，此則儒家之説，爾等不折[五]而論之，豈所謂格物致知之學乎？”二十九年，鑄渾天儀成，自是渾儀大行，而蓋天之説益微矣。甚矣夫天文之未易言也。愚意孔云無窮，邵曰無涯，形而上者謂之道也。擬之爲蓋，局之爲渾，形而下者謂之器也。形上爲道，則無窮無涯，而博厚高明悠久之説合；形下爲器，若蓋若渾，匪高非明，匪博匪厚，而惡足以盡天之義邪？故不若兩存之，以孔邵之説窮理，以蓋渾之形推曆。

地理論

傳曰：“俯以察於地理。”又曰：“庖羲氏俯則觀法於地。”理，性命之理也。立地之道曰柔與剛，知柔知剛，所謂察於地理也。法，則也。坤之厚，艮之止，坎之平，泰之交，皆法也。觀坤而厚德載物，觀艮而思不出位，觀坎而不失其信，觀泰而裁成輔相，以左右民，皆所謂觀法於地也。地理之大者，莫大於《夏書・禹貢》，至於九州攸同，四隩既宅，九山[六]刊旅，九川滌源，九澤既陂，四海會同，東漸於海，西被流沙，朔南暨聲教，訖於四方萬世，言治水制賦之方，無踰此書。禹之察於地理何其神！其次則禹所著《山海經》，晋郭參軍璞所注者。總其所以乖，鼓之於一響；成

其所以變，混之於一象。精氣混淆，自相潰薄，遊魂靈怪，
觸象而摀。萬世語閎誕迂奇之物，無踰此書。郭之察於地
理何其奇！又其次則《周禮・地官》，惟王建國，辨方正位，
體國經野，設官分職，以爲民極。乃立地官司徒，使帥其屬
而掌邦教，以佐王安擾邦國。以天下土地之圖，周知九州
之地域，廣輪之數，辨其山林、川澤、丘陵、墳衍、原隰之名
物，而辨其邦國都鄙之數，制其畿疆而溝封之，設其社稷之
壝而樹之田主。萬世語土會、土宜、土圭之灋，無踰此書。
周公之察於地理何其弘！又其次則桑欽所撰《水經》，羅并
四際，總勒一典，凡所引天下之水百三十有七，酈道元注所
引書目百六十有九。錯陳舊纂，以備參鈎，派畫[七]科條，
以罄脉衍。萬世語天一五發[八]之妙，無踰此書。欽之察
於地理者何其詳！又其次則太史公所著《河渠書》，班氏所
著兩漢《地理志》《郡國志》。采獲舊聞，考跡《詩》《書》，推
表山川，以綴《禹貢》。萬世言郡縣本末之故，無踰此書。
遷、固之察於地理何其周！古今地理諸書充棟，而其大者
不過此六種。《易》所云“察於地理”，能外是邪？語其小
者，則今堪輿術家，亦名地理。雖云小道，實關至理。《公
劉》之詩曰：“既景乃岡，相其陰陽。”《定之方中》詩曰：“景
山與京，降觀于桑。卜云其吉，終焉允臧。”此相宅之説也。
《洛誥》之書曰：“予惟乙卯朝至于洛師，我卜河朔黎水，我
乃卜澗水東、瀍水西，惟洛食。我又卜瀍水東，亦惟洛食。
伻來以圖及獻卜，王拜手稽首曰：‘公不敢不敬天之休，來

相宅,其作周匹休。'"此卜都邑之説也。樗里章臺,滕公佳城,景純龍耳,陶公牛眠,此相墓之説也。故郭氏有《葬經》,楊公有《青囊經》《天玉經》《九星倒杖經》,許亮有《太華經》,廖金精有《泄天機經》,張子微有《玉髓經》,顧乃德有《天機會元集》。堪輿諸書,世亦充棟,其驗者亦不過此數種。此察於地理之小者,而自漢晋至今,禍福吉凶,如影隨形,如響應聲。上自天子園陵,下至士庶墳隴,顯究六吉,微察五行,則亦惡得置不講邪?考《周禮‧冢人》,天子之陵屬焉,以次而兆。大喪宗伯治方中,及窆宗伯爲上相,使墓大夫達於天下萬姓,皆知送死之有禮。則冢墓之説,其來久矣。

知幾論

子曰:"知幾其神夫!幾者動之微,吉之先見者也。"即《中庸》"莫見乎隱,莫顯乎微,故君子慎其獨"之謂也。幾即獨也,一也,中也。德惟一,動罔不吉,本無凶也。喜怒哀樂之未發謂之中。中也者,天下之大本,天地以位,萬物以育,本無凶也。幾又即幾希也。平旦之氣,其好惡與人相近,亦本無惡也。《漢書》多一"凶"字,漢儒之誤也。周子因之曰:"幾善惡。"意吉即善,凶即惡,故謂幾有善惡也。不知《易》爲天下之至精,所以極深者至精也;《易》爲天下之至變,所以研幾者至變也。故曰:"夫《易》,聖人所以極深而研幾也。"惟幾也,故能成天下之務。幾而凶也,而惡也，其何以成務乎？羅文恭曰："知幾其神，幾者動之微也。幾[九]者道心，而謂有惡幾，可乎？故曰：動而未形，有無之間。猶曰動[一〇]之云也。而後人以念頭初動當之，遠矣。"或曰：至誠之道，可以前知，禍福將至，善必先知之，不善必先知之。使幾而無凶也，何以曰禍？幾而無惡也，何以曰不善？郭子曰：見乎蓍龜，動乎四體，非動之微也。禎祥如和風慶雲之類，妖孽如日食月食之類，形跡昭灼，朕兆明著，人皆見之，非幾也。幾也者，恍兮忽兮，其中有物，忽兮恍兮，其中有象之謂也。視之不見曰夷，聽之不聞曰希，持之不得曰微，總而名之曰幾。幾也者，動之微也。然必介而石焉，而後見幾。何也？靈臺淨，義理明，太宇定，天光發。惟艮之止而後光明，惟大畜之剛而後光輝。不定而能慮，不居安而能逢原，未之有也。故曰："知至至之，可與幾矣。"知至至之，介如石之謂也。

庶幾論

子曰："回也其庶乎！"解之者曰："庶，近也，言近道也。"他日又曰："顏氏之子其殆庶幾乎！"然後知其所謂庶者，庶幾也[①]。庶幾非知幾也。幾者動之微，吉之先見者也，無不善也。顏子有不善未嘗不知，知之未嘗復行，不遠於復，無祗於悔，故曰庶幾。聖人無復，故知幾其神；顏子

---

① 按：此句旁有夾注："絕頂妙悟。"

有復,故庶幾其殆。此聖賢之辨也。孔子七十而從心所欲,不踰矩,顏子雖欲從之,末由也已。孔子潛心於文王矣,達之;顏子亦潛心於孔子矣,未達一間。於由末由之間,達未達之介,而後知顏子之庶幾,不如孔子之知幾也。揚子曰:"先知其幾於神乎!敢問先知,曰:不知。知其道者其如視,忽、眇、綿作眴。"孔子曰:"吾有知乎哉?無知也。"孔子以無知而有知,揚子以不知爲先知,顏子有不善未嘗不知,未能無知,未能不知,故曰庶幾也。孟子稱齊王庶幾者三矣。一則曰"王之好樂甚,則齊其庶幾乎",一則曰"吾王庶幾無疾病與",一則曰"王庶幾改之,予日望之"。齊王足用爲善,顏子能知不善,其道心之存一也。顏子不遷怒、不貳過,簞瓢陋巷,不改其樂,曰庶幾者,其究竟也。齊王好色、好貨、好勇,雖不諱於孟子,而駁雜於邪心,故孟子曰:"我先攻其邪心。"曰庶幾者,其屬望也。稱庶幾同,所以庶幾異①。

【校勘記】

　　[一]　所:原作"前",據《隋書》卷十九《天文志上》改。

　　[二]　徑:原作"經",據《隋書》卷十九《天文志上》改。

　　[三]　卯:原作"卬",據《書集傳》卷一《舜典》改。

　　[四]　上:原作"下",據《觀物外篇》中之中改。

---

①　按:此段末有批注:"郭公議論未見有甚識見處,不過好自表見,未能脱得□妙風習耳。"

　　〔五〕　折：《太平萬年書》作“析”。

　　〔六〕　山：原作“州”，據《太平萬年書》與《尚書·禹貢》改。

　　〔七〕　畫：原作“盡”，據《水經注研究史料彙編·黄省曾刻〈水經注〉序》改。

　　〔八〕　天一五發：按，黄省曾《刻〈水經注〉序》謂“道生天一，職統材五，發始西極”，此云“天一五發”不通，或郭氏引用有誤。

　　〔九〕　幾：羅洪先《與詹毅齋》作“微”。

　　〔一〇〕　動：此下，羅洪先《與詹毅齋》有“而無動”三字。

附録一：目録題跋

徐氏家藏書目一則

《郭青螺易解》十五卷。子章。（《徐氏家藏書目》卷一，上海古籍出版社二〇一四年版）

澹生堂藏書目一則

《郭司馬易解》六册。十五卷。郭子章。（《澹生堂藏書目》卷一，《明代書目題跋叢刊》，書目文獻出版社一九九四年版）

千頃堂書目一則

郭子章《蠙衣生易解》十五卷。（《千頃堂書目》卷一，上海古籍出版社二〇〇一年版）

明史藝文志一則

郭子章《易解》十五卷。（《明史》卷九六《藝文一》，中華書局一九七四年版）

四庫全書總目一則

《蠙衣生易解》十四卷。江西巡撫採進本。

明郭子章撰。子章字相奎，號青螺，又自號曰蠙衣生。泰和人，隆慶辛未進士，官至兵部尚書。是編成於萬曆丁巳，其歸田以後所作也。卷一爲《易論》六篇，卷二至卷九，六十四卦各爲總論，少者一篇，多者至八篇。總論之外，又標舉文句，發揮其義。自師、謙、噬嗑、復、頤、大過、咸、恒、損、萃、革、鼎、旅、節、中孚、未濟十六卦，無所標舉外，餘卦少者一條，多者至五條。十卷至十四卷，則雜論《繫辭》《説卦》，而《序卦》以下不及焉。其《易論》以《繫辭》"生生之謂易"一句爲本，而以人性當生生之理。其諸卦所論，乃皆不歸此義，往往牽合時事，或闌入雜説。如論謙卦云："漢文、宋仁，皆謙德之君也。尉佗自王，元昊自帝，皆非撝謙之臣，故佗、昊後俱削弱。王導、劉裕，皆勳勞之臣也。周顗之不顧導，劉毅之不敬裕，皆非撝謙之友，故顗、毅終見誅戮。"其論已不切當日情事。至論遯卦，謂懷愍不遯，故青衣行酒，徽欽不遯，故獻俘金廟，當時固執死社稷之説，爲晋宋大臣不學之過，尤紕繆不足與辨。他如論震卦而及於雷之擊人，已非經義。又謂雷之所擊，皆治其宿生之業。孔氏之門，安得是言哉？

（《四庫全書總目》卷七，中華書局二〇〇三年版）

附録二：論易文字

來矣鮮先生易注序

《易》之爲書，潔净精微。古今稱知《易》者，在漢則揚子雲，在宋則邵堯夫。揚之言曰："宓犧氏緜絡天地，經以八卦，文王附六爻，孔子錯其象而象其辭，然後發天地之藏，定萬物之基。"邵之言曰："太極既分，兩儀立矣。陽交於陰、陰交於陽，而生天之四象；剛交於柔、柔交於剛，而生地之四象。八卦相錯，而後萬物生焉。"夫二子之言，非意之也。天地間惟陰陽兩端。獨陽不生，獨陰不成，其氣不得不錯；天道下濟，地道上行，其氣不得不綜，自然之運也。伏犧氏仰觀象於天，俯觀法於地，而作圓圖。圓圖者，一左一右之形也。雖未名錯，而錯義已備。文王繼伏犧，分上經爲十八，分下經爲十八，而作《雜卦》。《雜卦》者，一上一下之説也。雖未名綜，而綜義已備。孔子讀《易》，韋編三絶，鐵摘三折，窮年兀兀，至於五十，始悟伏羲圓圖爲錯，悟文王《雜卦》爲綜。故曰"錯綜其數"，"極其數，遂定天下之象"。嗚呼，盡矣！顧象極於錯，而未知所以錯；象極於綜，而未知所以綜，即孔子未明言也。王弼掃象，范寧比之桀紂。伊川專治文義，不論象數，自云止説得七分。朱子直云象失其傳，理會不得。如子雲緜絡經錯之語，堯夫陽交陰交之訓，似上契羲文，下闡孔氏，又且訾爲覆瓿，譏爲玩世。上下二千年，《易》象悠悠，真如長夜。予友矣鮮，起自梁山，生子雲之鄉，學堯夫之學。一舉孝廉，絕意軒冕，結快活庵，坐九喜榻。晚入求溪萬山中，研心圖象，積三十年，而《易注》始成。其言曰："錯者陰陽相對，陽錯其陰，陰錯其陽。如伏羲圓圖，乾錯坤，坎錯離，八卦相錯是也。綜即今織布帛之綜，一上一下。如屯、蒙之類，本是一卦，在下爲屯，在上爲蒙，載之文王《序[一]卦》是也。定天下之象，如乾坤相錯，則乾馬坤牛之象名；震艮相綜，則震雷艮山之象名是也。"雖然，此猶得之圓圖、《序卦》中也。其論八卦相錯爲乾、坤、坎、離、大過、頤、小過、中孚，有四正錯，有四隅錯；論綜有四正綜，有四隅綜，有以正綜隅，有以隅綜正；論象有卦情之象，有卦畫之象，有大象之象，有中爻之象，有錯卦之象，有綜卦之象，有爻變之象，有占中之象；論變如乾初變即爲姤，兌初變即爲困，離初變即爲旅，震初變即爲豫之類，皆抒千古未發，代四聖欲言。上而玄黃雨雲，下而龍馬龜羊，巨而國家平陂，細而臀膚天劓，微而復道履道，顯而鳴謙鳴豫，一一從錯綜來。不假安排，天然脗合。其言似揚之縣絡經錯，而無《太玄》之艱深，其旨似邵之陰交陽交，而絕《皇極》之枝蔓。使王弼、程、朱三子見之，象不必掃，理自能會。予謂矣鮮《易注》，繼往開來，亘百代而一見者也。其自謂孔子没而《易》已亡，若至今日始明，豈虛語哉？嗟嗟，子雲見嘲劉歆，而桓譚、侯巴謂其必傳；堯夫見嫉於秦玠、鄭夬，而司馬君實以兄事於洛中。予不佞，結交矣鮮，今且白頭，所爲求溪桓侯司馬，非予而誰？後世有來矣鮮，當謂予知言矣。

萬曆辛丑友人泰和郭子章撰[二]。

（《黔草》卷一一，《四庫全書存目叢書》集部第一五五册，齊魯書社一九九七年版）

【校勘記】

[一]　序：原作"雜"，據《易經集注》卷首《附刻來矣鮮先生易注序》改。

[二]　萬曆辛丑友人泰和郭子章撰：原脱，據《易經集注》卷首《附刻來矣鮮先生易注序》補。

乾坤二卦集解序

予既著《經書類解》十有四卷，簡袠頗煩，不敢輕示人。丙辰大水後，幸波不及，而藁帙尚完。予咲曰："不乘此日訂正，恐復有龍宮之災，一生精神付之流澌，可惜也。"乃《易》五經之源，而乾坤爲《易》之門，遂先訂《乾坤二卦解》。《解》成，敬序之。談《易》者有二，曰名理，曰象數，實非兩物也。談名理不諳象數，是説鈴也，名理必不精。談象數不該名理，是皮相也，象數必不透。顧《易》之名理玄矣，象數玄之玄矣。不知來藏往，未可與談；不極深研幾，未可與談；不至精至變至神，未可與談。自有《易》以來，談名理者紛如，而唯程伊川《易傳》、朱晦庵《本義》説理爲正。《易》之象數，王弼求之不得，伊川求之不得，故弼創掃象之説，程有七分之語。唯朱子至虛至公，常自言曰："伏羲畫卦，只此數畫，該盡天地萬物之理。學者於言上會得者淺，於象上會得者深。王輔嗣、程伊川皆不信象，如今却不敢如此説，只可説道不及見這個耳。"此公論也。不謂數千年後，陳應城有《鈎解》，來梁山有錯綜，而象始明。又不謂應城、梁[一]山皆吾友，及吾世而身事之也。義理既精，考索極晰，即使輔嗣復生，亦當面赤，伊川讀之，亦當首肯，文公見之，又不知忻賞若何。愚嘗謂《易傳》《本義》，談《易》名理，未及象也。《鈎解》、錯綜，談《易》象數，兼名理也。嗚呼備矣。予作《乾坤解》，名理取諸程、朱者十九，象數取諸陳、來者十九，而不佞淺衷，昔與陳、來面質者，間筆之書。而羅明德、管東溟、鄧定宇、鄒南皋、周海門五公所論乾元、龍德、潛龍、先天，又予平日所推高者。——著之篇中，竢知《易》者裁焉。

（《傳草》卷二之四，《四庫全書存目叢書》集部第一五五册）

【校勘記】

〔一〕 梁：原作"來"，據上文改。

己易序

子章嘗論易矣。易者，生生之謂也。天地得此生生者爲易，故曰："天地設位，而易行乎其中。"吾人得此生生者爲性，故曰："成性存存，道義之門。"聖人緣此生生者筆之於書爲經，故曰："聖人之作易也，將以順性命之理。"由是以談，天地之易與吾之易，無二易也。則天地之性與吾之性，無二性也。既讀楊慈湖先生《己易》，而後知予之言不甚剌謬矣。己非耳目手足之己也，即性也。性之字從心從生，即生生之易也。天下無一人不有是性，則無一人不具是己。無一人不具是己，則無一人不有是易。故曰《己易》也。曰修己以敬，修此性也，修此易也。曰古之學者爲己，爲此性也，爲此易也。曰成己仁也，成此性也，成此易也。曰己欲立而立人，己欲達而達人，立此性，達此性也，立此易，達此易也。曰有諸己之謂信，有此性，有此易也。曰仁者以天地萬物爲一體，莫非己也。認得爲己，何所不至，認此性也，認此易也。不以耳目手足爲己，而以生生爲己，不以卦爻《彖》《象》爲易，而以生生爲易，孰易非己乎？孰己非易乎？乾爲首，坤爲腹，所以首、所以腹何物？震爲足，巽爲股，所以足、所以股何物？坎爲耳，離爲目，所以耳、所以目何物？艮爲手，兑爲口，所以手、所以口何物？則生生者爲之也。乾健也，坤順也，性之剛柔也。震動也，艮止也，性之動静也。坎陷也，離麗也，性之虚實也。巽入也，兑説也，性之和樂也。則生生者爲之也。生生者性也，一也。伏羲畫卦始於一，所以形容此性也。故曰："易以順性命之理也。"天命之性屬人乎，屬己乎？則楊先生《己易》之旨也。四明屠田叔，楊先生鄉人也。深於《易》，而刻《己易》於水口署中，予爲之論序如此。

（《郭青螺先生遺書》卷一七，清光緒七年冠朝三樂堂刻本）

删補周易本義解注序

《易》歷四聖而書始成，天地鬼神之奥，犂然悉備於其中。詎易窺測？迨漢儒則注疏而傳，第四部繁而八索之淵源遂往，九師作而十翼之壼奥靡聞。剖玄抽秘，以羽翼道真，而大有功於羲文周孔者，蓋無踰於朱子《本義》。奉化成君矩鑴《本義》行於世，其嘉惠後學之盛心可尚也。顧《本義》啥辟簡襘，理趣微渺，輓近士各攄底韞，而喙喙爭鳴者，比肩接踵，總之彌近是而大亂真。某憂之，竊不自揣鄙劣，按《本義》而爲之補，辟如以管窺天，以蠡測海，以筵撞鐘，跡若似迂，然實非妄增繆解也。得其義而曲暢通之，以我會意，不以意泥詞，將天地鬼神盈虛消息之理，直精神會之矣。斯集也，詳而有要，簡而逼真，總歸於奥義之中，令四聖崛起，當年玄解，寧有超此筌蹄外？語曰：玄黃黼黻，貴人服之，天下華貴人之衣。騄駬驊騮，貴人乘之，天下美貴人之馬。夫物有然，而況《易》乎？故玄詞奧義，上聖吐之，世世崇聖人之教。吁！此《本義》之有補於名教也。學《易》者宜日置諸座右可也。

（《郭青螺先生遺書》卷一九）

刻周易本義刪補便蒙解注敍

廬陵郭子章曰：《易》何止五經之原，譚何容易。尼父至聖，猶韋編三絕，況下者乎？彼商瞿、馯臂子弓、田、楊二何之流，斤斤守其師說，歷數十傳而不變，謬矣。蓋至伊川氏而後稱得理，至紫陽氏而後晢於象占。明興，益尊大其說，佈之學宮，天下逢掖之士，習《易》而不由二氏者罷弗用。諸逢掖之士群然而慕爲章甫，旦旦而習之，毋亦商瞿、馯臂之流，守其師說已耶？豫章涵真子，幼警敏，負大志，數從諸先達譚經，往往脫傳注而得經所以云之意。伯氏海春子因讓之曰：此非輪匠之超悟，不可得而幾也。若乃因言求意，其庶乎有得歟？尚日循循焉，依傳注而求其意，無已，則稍發揮之可矣。惟是涵真子唯唯，未幾，作《本義補》若干卷。學官士大夫爭相愛慕，而爲剞劂謀，既以敍屬不佞。不佞展卷番閱之，則一以二氏傳注爲宗，間有二氏所未發者，或有傳注自相牴牾者，皆爲之鈎其微、抉其精焉。辟如大路越席，而五色之變，自有不可勝際者在也。辟如大羹不致，而五味之調，自有不可勝食者在也。辟如正樂者，測管捧絲，引商刻羽，而審聲律、知音樂者，自可按而求也。約而該，旨而邕，令講呫嗶之業者，無苦《易》之難讀。其有功於聖門，詎淺鮮哉？昔者任公子爲大鈎巨緇，蹲乎會稽，垂竿東海，一舉而聯六鰲。夫六鰲者，分奠四極，而東海一竿，乃足以聯之，摻得其要故也。彼揭竿累，趣灌瀆，守鯢鮒者，難乎得六鰲矣。故討究於《易》義者，亦若此矣。則是編也，當今都人士私心津津嚮注也，有以也。萬曆乙未八月朔旦。

（《周易本義刪補便蒙解注》卷首，明楊發吾重刻本）

易論上①

夫易者何也？生生之謂也。生生者何也？易有太極，是生兩儀，兩儀生四象，四象生八卦，八卦定吉凶、生大業，則生生之謂也。而易管是矣。有天地，然後萬物生焉。盈天地之間惟萬物，故受之以屯。屯以下六十四卦以次而受，故曰"生生之謂易"。彼乾、坤者，易之緼也。大生於乾，廣生於坤，生生之易，蘊蓄於乾、坤也。乾、坤毀，則大生、廣生者不生，無以見易。易不可見，生機不暢，則乾、坤或幾乎息矣。曰"毀"、曰"息"，蓋對生生言也。天地之大德曰生，聖人不過以天地生生之德筆之於書，故曰易也。易在天地曰生生，天地以是生生之易畀之於人曰性，故性之字從心從生。《詩》曰"天生烝民，有物有則"，《記》曰"人受天地之中以生"，伊尹曰"天之生此民也，使先知先覺覺後知後覺也"，古聖賢未嘗廢生言性也。其曰"則"，曰"中"，曰"知覺"者，即太極、兩儀、四象之生生也。告子曰"生之謂性"，蓋指食色之蠢然者名之，不知所謂則，所謂中，所謂知覺，所謂太極、兩儀、四象也。知生而不知生生也，則未明於易故也。孟子曰"口之於味，耳之於聲，目之於色，鼻之於臭，性也"，

---

① 按：《易論上》《易論下》二文，内容與《郭氏易解》卷一《易論一》《易論二》《易論三》大體相同，但仍有一定差異，故輯録於此，以備讀者對比研究。

即生之謂性也。而曰"有命焉"，則明於生生之易故也。大哉生生！在天地則爲易，在人則爲性，故曰"天地設位，而易行乎其中矣。成性存存，道義之門"。易也，性也，一也。聖人之作《易》，不過盡天地人之生生者而發明之，故曰：《易》，性命之書也。有天道焉，有地道焉，有人道焉。彼不明於天地人之生生者，未可遽與論《易》也。

易論下

嗟夫！世之注《易》者，吾惑矣。夫《易》，廣矣，大矣，無容注矣。凡書皆始於人，惟《易》始於天。天以生生之機，凝而爲圖而出於河，是《易》之祖也。所謂"《易》者，象也"。伏羲氏畫而象之，八卦有次序、有方位，六十四卦有次序、有方位，所謂"象也者，像也"，是圖之注也。顧有畫無文，民用弗前，文王始圖後天，次序方位稍異於羲，每卦各繫以辭。曰乾、曰坤者，名其卦也。曰元亨利貞、曰元亨利牝馬之貞者，著其辭也。總而名之曰彖，所謂"彖者，材也"，是羲之畫之注也。周公又以象言乎象，未言乎變，每卦一畫又繫以辭，如潛龍、見龍之説，名之曰爻辭，所謂"爻也者，效天下之動者也"，是文之彖之注也。三才之蘊管是矣，聖人之情具是矣。孔子曰：《易》象、彖、爻"吉凶生而悔吝著也"。則亦可以無言矣。而更[一]爲《彖辭》、爲《文言》、爲《小象》、爲《繫辭》、爲《説卦》，何也？意若曰：書不盡言，言不盡意。伏羲立象以盡意，設卦以盡情僞，文周繫辭以盡言。神明默成，存乎其人耳矣。而神明默成者不可得，不得已取文周之辭而備注之，以示萬世。五十學《易》，三絕韋編，故後之注《易》者，無若孔子也。今由乾一卦論之，文王曰"乾，元亨利貞"，孔子解之曰："元者善之長也，亨者嘉之會也，利者義之和也，貞者事之幹也。君子行此四德者，故曰‘乾，元亨利貞’。”自乾而坤，六十四卦莫不注焉。由乾一爻論之，周公曰“初九，潛龍勿用”，孔子解之曰：“龍德而隱者也。”又曰：“陽在下也。”又曰：“陽氣潛藏。”自乾而坤，三百八十四爻莫不注焉。而況十翼又若是其明且悉乎？後之儒者創爲異論，愈多愈晦。孔子曰“生生之謂易”，注《易》者不曰生生。孔曰“元者善之長”，注元者不曰善長。豈其所見果有[二]加於孔子邪？噫！孔注周文，周注文，文注義，義注圖。廣矣大矣，無容注矣。

（《蜀草》卷六，《四庫全書存目叢書》集部第一五四册）

【校勘記】

[一]　更：原作“㪚”，據《郭氏易解》卷一《易論三》改。

[二]　有：原作“右”，據《郭氏易解》卷一《易論三》改。

附録三：傳記資料

明史·郭子章傳

郭子章，泰和人，隆慶五年進士。能文章，尤精吏治。由建寧府推官，累遷至福建左布政使，皆有政績。萬曆二十七年，擢右副都御史，巡撫貴州，兼督理湖北軍務。與總督李化龍共滅楊應龍，化龍奏善後事宜，改所屬五司爲流官。子章亦上疏曰："五司之怨毒於楊應龍也久矣。平其丘隴，妻其婦女，奪其官秩，焚其室廬，戕殺其父兄子弟。其形諸奏牘，止以復讐之故，欲改土爲流。然朝廷合三方之力，費數百萬金錢，豈獨爲五司復讐計哉？夫五司與應龍同類也。昔應龍强而五司弱，則五司以窮歸我。應龍以索五司之故，東寇西擾，業已貽害邊民。今應龍滅而五司復强，復有如應龍者出，弱肉强食，又將爲邊民之害。虎狼不可爲鄰，蛇蝮不可與處。且當日起釁，實在五司，費國家數百萬金錢，虔劉數十萬百姓，貽害將士，死傷百餘人，而彼安然襲職享社如故。凡我被害邊民之子孫，其誰與之？竊按鎮遠龍安新貴改爲流官，其土官俱易以文銜，既不失朝廷興滅繼絕之意，又不釀昔日以强凌弱之禍。如此庶流土相安，邊圉允义矣。"從之。先是，水西安氏與楊氏世爲婚姻，聲勢相倚，衆疑安氏助逆，欲併剿之。子章撫之爲用，破賊有功。播州既設遵義平越二府，所屬儒溪、沙溪、水烟、天旺四里，已爲安氏所占。化龍議歸遵義，會憂去。後總督王象乾復清出百餘里，皆播地爲水西所占者。象乾謂嘉隆以前占者姑與水西，近時占者當歸遵義，而水西爭之不已。子章素厚安氏，與象乾不合，乞休，不允，復上疏曰：“方播逆初呈，臣上遵朝旨，中受樞畫，下同前督臣議，謂當攜安楊之交以間之，用安氏之力以傾之。臣與疆臣盟，頒示賞格，許以爵土。已而大水田之捷，桃溪衛之焚，頗得其力。其後遂大合群策，破囤滅賊。疆臣即不敢希冀寸土，而今復令割地，是爲楊氏復讐也。”按察使楊寅秋亦附子章，爭論五年不決，二人皆寓書於化龍。時化龍已起服總理河道，上疏曰：“賞格所謂分土者，謂不藉朝廷之力，土司能建義自取之也。今兵食之費，騷動海內，土司一旅之師，不啻腹背之蟊毛，猶且多支軍餉，優議敍錄。此亦何負於彼，乃復斄我土地。此一舉也，止爲土司營家事乎？”朝廷不聽，竟如子章之言。三十二年，追敍播功，進右都御史，兼兵部右侍郎，巡撫如故。時用兵之後，瘡痍未起，庫藏虛竭。自興隆至普安，上下三千餘里，都清、新鎮二道，貴陽、思州、銅仁三府，缺官未補。於是仲苗、阿倫、阿牙等，盤踞貴龍平新閒，及水硍山苗爲紅苗羽翼，數出爲盜。明年，子章請於朝，命總兵官陳璘、布政使趙健分將土漢兵二萬，斬獲阿倫等十二人，降其衆萬三千。三十六年，朝議征紅苗，子章以爲不可，疏言：“紅苗蟠據楚、蜀、黔三省之界，即古三苗遺種也。唐虞班師，振旅舞干而後格。高宗三年克之，孔子以爲懲。東漢之初，馬伏波將十二郡募士及弛刑四萬餘人，困於壺頭而卒，即今沅陵東也。本朝嘉靖間大征，始庚子，終癸丑，歷十四年而後定，總督張岳竟卒於沅。此皆往事灼然可鑒者也。假令苗實破城殺吏，負不赦之罪，亦難以此爲解。今雖出沒不時，然未嘗據城以叛也。重則堵剿，輕則追捕，嚴加防禦，不致蔓延，法如是止矣。必欲動大兵，臣未見其可也。黔，小國也。今年征播，明年征皮林，瘡痍未歸，帑藏空虛，朝不謀夕。以朝不謀夕之時，而欲鋤唐虞以來未殄之寇，不可謂智。朝廷西征東討，計費金錢千萬，而復施之銅苗。捐有限之財，興得已之役，不可謂忠。播州戕殺生命不下三萬，皮林不下萬餘。今紅苗賊衆十萬，少殺之當如皮林，多殺之當如播州。大兵之後，必有凶年。傷天地之和氣，以釀凶年，不可謂仁。今臣議罷征，止銅仁人謂臣不武耳。夫權禍莫若輕，權福莫若重。臣以一身蒙不武之名，而猶得免不智不忠不仁之議，臣竊甘之。"疏上，乃止。子章撫黔十餘年，致政歸。萬曆四十年卒，贈太子少保、兵部尚書。子章於書無所不讀，尤精於《易》。督四川學政時，與舉人來知德談《易》，相友善，薦於朝，授翰林院待詔，世多稱之。

（《明史》卷三三三，《續修四庫全書》第三三〇冊，上海古籍出版社二〇〇二年版）

附錄四：著述總目

蠛衣生曰：萬曆丙辰，予年七十有四矣。友人書來，有勸予再出者。予答之曰：犬馬齒踰七望八，比古人懸車之年，已踰四載，際孔孟夕可之日，又偷生二期。匪獨夢寐不到，即道義未可。然於生平著述，不忍雞肋之也。因命門人康仲暘、蕭元卿，自恩貢成均，至今終養歸田，共七十種。內集十四種，共一百九十□卷，外集五十六種，共五百□□□卷。已刻者四十九種，未刻者三十一種。令兒延、太、陵，孫昊等彙而藏之，以俟異日。

書目上

蠛衣生內集
全集共一百九十□卷

自《燕草》至《傳草》，共一百九十□卷。梁山友人來太史知德、臨卭門人劉太史綱序。惜也劉君未見予《黔草》，來君未見予《養草》《苦草》《傳草》。感念故友，爲之三嘆。

來太史序略：青螺先生宦游海內四十年，所至皆有草。督學蜀時，德董管窺十一。今在黔中，以全草見示。德喟然嘆曰：先生於道，辟則造物者乎。東皇造物，隨地而胚其物，因物而鑄其質。道無往不在,物無地不生。楚而蘭,彭澤而菊,會稽而竹,徂徠而松,新甫而柏,嶧陽而桐,殊形異狀,爭美競芳。物之不齊者,物之情。而所以物其物者,非物也。惟文亦然。三才皆可以言物,人成位乎中,威儀文詞之有形者,皆物也。而所以根據之者,則德也。先生爲東西南北之人,則行東西南北之道;行東西南北之道,則洩東西南北之文。其教其議,其約其論,其文其序,其尺牘奏疏,皆道不離乎其身,故文不出乎其位。孔子所謂君子之懿、君子之實、君子之躬行,非先生與?至黔則忠信行於蠻貊,聲教孚於鬼方,較之陽明先生居夷於風清月朗之際,先生居夷於枕戈被甲之時,難易雖別,而所以行道則一也。昔蘇公步處,後人以蘇步名之,千載而下,黔何緣而得理學名臣二妙,步於此地哉?

燕草四卷

《燕草》,隆慶己巳恩貢入燕所作經書時藝也。久已弁髦,束之高閣。友人鄒爾瞻丙辰過予,言此板當留,以傳子孫。即陸象山先生集,亦刻時義,王文成山東程文,至今傳誦。公起家實繇二稿,奈何捐之? 予乃令兒孫收拾刻板。《四書》文二卷,同年朱可大維京序;《易經》文二卷,同年建安黃植庭應槐序。

閩前草六卷

隆慶辛未,予筮仕建寧司理作也。名曰《閩前草》,以別於後《閩藩草》也。

留草十卷

由建李陞南虞部郎,首尾六年。共十卷,名曰《留草》。

粵草十四卷

自留守潮時作也。名曰《粵草》。德清許侍郎孚遠、休寧門人吳廣文子玉序。

吳子序略云：先生束髮遊學庭，踰冠以廩餼生高等貢對大庭，擢上卷第一。連對内史，書李建寧，水衡南都，所在有論著，歲滿篋以爲常。壬午奉命守潮，有《粵草》。丙戌陟蜀，督學使者入蜀，有《蜀草》。其屬得《粵草》七卷刻之蜀，《蜀草》十卷刻之淛。所著或題詮名勝，或揚激先達，或標振風紀。卒業其文，氣勢之崆峒瀩湍，足與塍嶺巨防敵；才力之長輸彌博，足與陸澤鳳城苞；體性之沉寂矜重，足與潮穴昆井鎮；結構之啴絶權奇，足與伏犀擎雷鬥；情采物色之豐蔚庵藹，足與浣花扶荔麗。文具無以佟，豁險不能踰。其文之氣之鋒發，一子長明允之氣；采色之俠佳，一長卿之色。體之雅醇，不啻昌黎之正。而注然勃然，超其天㩿者焉。先生之以其地名是草，子玉不佞，以其地之奇狀切是草，以其地之命代名流而擬先生之草，孰得而昂卑之也？第猶有言焉。嘗謂豫章入明以來，功業、理學、氣節，皆足爲熙代暐曄。至以文章命代，當□□生。然先生理學氣節有可稱者，而功業未□□□□廬山公之門，潛心道奥。當錫貢遊京師時，柄家招之爲其子師，先生謝不往。是先生之文，有理以爲之幹，有德以爲之根菀。不特二馬之弘博，而昌黎之原道，明允之恬退，子瞻之氣節，有兼之者。是以其文率本原六經而持名教，讀者尤當有玩於斯焉。

許公序略云：蓋昔者胡廬山公之學，以一體爲宗，以無欲爲本，以天則爲用，以盡性爲極。誠如是也，千聖惡得而易諸？先生受之矣。其造愈深，則其發愈盛。文固不止是而已也。胡公有云：

文必根諸道，始爲正法眼。漫欲融漢宋爲一冶，通古今爲一轍，以爲斯道傳神，然力終不逮。嗟乎，非先生孰與繼斯志哉？曩孚遠守建武，隨典學關中，與先生蹤跡頗類。嘗與先生邂逅江山之畔，班荊而語，意氣如蘭金，於今八載矣。先生兹來參政我兩浙，屬桐鄉令李君梓行是編，特遺書孚遠而委之序，遂不辭譾陋，謬爲贊論若斯云。

蜀草十四卷

督四川學政所作，名曰《蜀草》，南充陳大學士于陛序。序略云：相奎早成進士，司李建安，已從郎闈出守於潮。畹畹焉强半繩墨亡奇之境，所至以神明績最聞。而能灑滌滓窳，鼓僊靈粹，舂容鉅篇，凌厲作者，余每飫鼎臠珍味不醳。其來董蜀學事，俛對青衿，饜散帖括家言，輶軒歲徧，隃糜日親，神眩於覽閲，腕脱於評竄，未嘗稍稱倦。卻暇輒進博士諸生，相與講業賦詩。而猶下帷讀書，倚馬飛翰，思精璽縷，機迅風雲。《蜀草》數萬言，皆屬構三年間者。其生平鴻製，紛綸滿家，亦復可想，恨未覯薈粹之全耳。意相奎淵識，當有加人數累者。非然，胡以衆難獨易，略不爲塵勞事障所汩縛耶？

浙草十六卷

董儲浙中參政作也。名曰《浙草》。建昌劉銓部文卿、東海屠儀部隆序。序略云：豫章郭相奎先生，湛研古道，博極群書，文章擅當代作者。余觀其下筆，則古師心，煉格鬯氣，隨地布景，因物賦形，外亡窘象，内亡乏思。似緩而嚴，似疏而密，似正而奇，似離而合。厜㕑岸嵣,灂沿澎湃,若陟西峨之巓,倒秋濤之峽也。而又練於世務,澤於理道,持論破的,鑿鑿精深,絶無浮態佻習。先生之所得於靈明者,亦鴻鉅矣。今天下文章家競趨左史,字摹句劋,人人肖也,得亡藝林之優孟乎? 譚笑抵掌,非不儼然,識者知其非真也。先生不屑屑字句左史,而典古雄蕩,自成一家。蓋他人文章得之劋獵,而先生出之靈明也。往歲一楚客與余言:"今文章極盛矣,家琛户珍,顧盼自喜,靡不詫以爲千秋之業。徐而按之,毛革差存,神理不屬,互襲遞剿,意象一耳。吾虞他日突起一亡賴英雄,創立旌干,一掃而盡空之。彼家琛户珍者,恐一朝盡化爲灰煙不傳也。"其言雖過激,有味哉! 即令今文章家盡掃而空,郭先生文當歸然作魯靈光亡疑矣。何者? 劋獵之物自不可常,出之靈明者不可廢也。

晉草十卷

長臬山西按察使所脱草也。名曰《晉草》。太原門人黄孝廉廷綬序。序略云:郭先生當舞象日,固已田大江以西,漁獵百氏,虎視中原。其所撰經義數十百篇,廷綬得而讀之,大者中宫,細者中羽,其圓如璧,其方如邸,吹萬不同,而天籟自已也。意其進於技矣。曰:有若人乎,而當吾世,雖執鞭所欣願焉。無何,先生來掌晉臬,延見吏民,討求故實,百執事顒然嚮風矣,則拔廷綬於泥塗而埏埴之。所著《晉草》,以示廷綬,再拜卒業。賦二篇,詩三十篇,漕論八篇,志、敍、雜體若干篇。美哉洋洋乎! 麗而則,工而典,哀而思,直而有文。其風木之悲,苞桑之慮,意獨至矣。蓋先生宦轍所至,由建州入秣陵,分符海陽,秉文巴蜀,已進治漕使者。所至治行高第,行且萬里。兹觀察晉中,驅車太行,九折之阪,頓轡南瞻,如見所謂獅山十景,而託諸歌詠,如怨如慕,如泣如訴,與狄梁公白雲孤飛之思,千古一致。而《論》《孟》《學》《庸》頗解諸敍,兼出於籧廬寸晷中。玅悟獨知,發前人所未發,而有倫有眷,渙然神解。真褎然大儒哉! 昔宣尼將適晉,臨河而歎曰:"吾之不濟,此命也。"今天下一家,晉楚交轍,先生以命世大儒,踰太行而西,使有汾一曲沾濡風澤。不獨高步遠攬,發其[一]幽渺之思,乃足跡所經,何地非學,何事非功,何言非文? 視子長行天下,不獨以言奇也。而世之奇子長者,獨以言也。則所就逕庭矣。

楚草十三卷

　　由晉梟遷湖廣藩司右丞作也。名曰《楚草》。晉陽王方伯道行、温陵門人蘇督學濬序。

　　王公序略云:郭相奎先生寄《楚草》一帙至自武昌,命王生序之。夫先生移晉梟非久也,所著書已萬七千六百言矣。原本山川,考攬人物,商略道術,奏記便宜,決決乎盛哉! 然意主明理,不以鬐悦爲工。至論學數章,則微言精義,非深於道者,未易解剝也。先生宦轍且萬里,在左廣有《粵草》,蜀有《蜀草》,治漕有《浙草》,掌憲有《晉草》,王生皆縱觀焉。其他著書甚多,而《四書頗解》門下士有傳相私録者,不欲遂行,求晚年之定論未艾也。先生吉郡人,自文成揭良知之旨,有文莊、文恭三先生相與羽翼而發明之,立朝獻納,居鄉□□,信能統一聖真,楷模後進已。先生才如神授,學有師承,自爲舉子,業已盛名聞海内。於書無所不讀,天下事無所不究心,四方之士無所不友。雖以道行不肖,亦引爲臭味焉。先生探討日精,閲歷日熟,以茂遂之年,而好學不倦如此,必務合於經旨,當於

吾心，裨於世用然後已。昭昭然如日月於九昏之途，多士將望風□
靡焉。所謂正人心，息邪説，以承三聖者，將不在兹乎？

　　蘇子序云：余師郭青螺先生，入蜀有《蜀草》，入越有《越草》，
兹入楚又有《楚草》。濬受而卒業焉，則嘆先生之神，何其整且暇
也。楚幅員數千里，郡邑相錯如繡，宗藩棋置，輓輸繩屬，江湖之
區，易剽輕發難，五溪百粵蠢蠢然深菁叢薄間，至繁鉅矣。吏諸藩
者左而書，右而畫，戴星治事，漏下二刻不休，尚思不肅給，惡問其
他哉？先生爲楚藩伯，楚之三事大夫，惟所指授，轉盼解頤，無翼而
飛。而時時問元元疾苦，爲滌其煩，袪其苛，令吏無重繭，野無吠
聲，稱粃寧矣。間以在公之暇，與二三君子往復揚榷，而摳衣負笈
之士，又時時質疑於先生。先生爲之開其關，啓其鑰，源源乎不竭，
津津乎其有味也。濬聞楚故多才，而宦楚者尤多才。若篳路藍縷，
以啓山林，斷胭決腹，以憂社稷，一純一精，靡有不虔，疏穢鎮浮，靡
有不共，此以功重楚者也，然而未馴也。浮湘大招之激也，洞庭雲
夢之誇也。日月薉虧，龍鱗照爛，佹蕙圃蘅蘭之勝，鋪騰遠射干之
觀，此以言重楚也，然而未樹也。迨宋，周茂叔先生以太極先天爲
樞紐，以風光月霽爲心胸，畫爲圖，筆爲書，無言而皆言，無功而皆
功，际被規規於尺寸，而呫呫於盈車者，可同日道邪？今之世大道
岐多，而人各以才相競。佹規恢者，薄無用之雕蟲；工組織者，嗤譚
天之迂論；高言性命者，又笑駢枝弱狗之無當。是是者同，非非者
異，如臧之笑穀，而饔之憐蚿也久矣。先生之學，信理爲功，而不鶩
於功；信心爲言，而不枝於言。故际孝弟忠信，即爲性命，簿書米
鹽，靡非身心。萋稗乎，土苴乎，糟粕煨燼乎，入九天而歷九州乎，
無之而非是也。先生之言曰："上天之載，無聲無臭，至矣。君子之

道，不知不能，至矣。"又曰："思親之當愛，思長之當敬者，思也。思親之當愛而愛，思長之當敬而敬者，學也。"誦斯言也，與遊無極之宇，而坐光風霽月中，得無似之然乎？瀋聞茂叔之學，一傳而溢於洛，再傳而流於閩。今先生繇楚入閩，吾閩且籍先生之言重矣，奚獨楚也？

閩藩草九卷

長閩藩左丞所作，名曰《閩藩草》。晋安翁進士仲益、建溪門人魏督學瀋、豐城門人李進士景春序。序云：公長閩藩之二年，而《閩藩草》成。蓋爲詩文雜著者十七，而所奏記中丞臺若御史臺，及下諸郡國長吏牘牒者十之三也。門人李景春受而讀之，爽然興曰：上臣身都四岳，爲百吏帥，潔己愛人，明微貽遠，非是曷繇哉？夫方伯重臣，比秩三事，第司存泉穀，勢不得譁言出内，以自委蛇。即米鹽煩沓供之簿正，兩臺使者用簡書相周旋，猾胥狡役乾没是常，上下相蒙，莫可究詰。二三小吏，甘餌遺躬，弗克自愛。與其察之淵中，怙終用懲，束以濕薪，失賢者意。孰與明疏厲禁，畍不可犯之爲公且仁哉？公蓋謂出内之弊，獨有二竇，解成而聽其謝碎，甫收而輒自發封，則利盡籠於下，而謗用叢於上。惟毋發原封，斷令成錠，將主藏吏安得高下其手，輸將者安得反復其詞？本司與郡縣有以自潔，而不待自明，計無便此者矣。夫以公之凌貞寅直，昭揭寰中，即百發封、百謝碎，何足以涅不緇之介？且二三長吏漸於羔素，是謂不檄而操已完，誰敢哉負厚雅，犯不韙，以干國憲者？凡以長者御下，恥爲獨清，蓋臣斷國，當爲後法。今誠一疏爲令，經爲文，俾賢者無虞於置喙，而不肖者弗容於濡指。渝染盡捐，經濟益闡，蕪萊桐鄉，偏滿絧墨，是百吏之師也。畫一既定，規隨相因，袞衣雖歸，糾繆如故，是閩中百世之利也。微獨閩中，裁藩就郡，裁郡就邑，推省而直，推直而□内，則天下萬世之利也。最微者，若始之諸猾惡其害己，而竟獲自完，受賜彌溥。譬之不比之音，寧必溷辨風之聽，輪鬱之材，奚足缺成風之斧？然而協之管灰，運以矩矱者，將淑中才，詔來者也。嗣之按牘而理者，將師匠我公，則是編爲之矩律矣。令尹之政，必以告新，彼亦自謂計審，亦自謂慮遠。顧有所告，必有所遺，新以繼新，誰當告者？用心廣狹，顧相邈矣。公起家爲建安李，搴帷遍閩中，故他所條如預定解官，止佃寺田，改造丁册，分別蠲賑，疏免□餉，無慮十餘札，皆閩中鉅利。而獨於釐正解弊一端，詳哉其言之者，竊窺公之用心，不獨厲衆以矯矯，且不忍獨拘己於昭昭也。景春初習爲史，幸佐下風，樂與後之君子共宗成事，以爲程憲。乃不自揣，受簡而敍。若詩與文，公既蔚爲詞宗，世且爭蔀，小子毋敢以一辭贊。

家草八卷

由閩藩請告，里居作也。名曰《家草》。南昌劉太史曰寧、廣陵徐督學來儀序。

劉太史序：往予遊長安，郭先生從方岳覲還，時時過予，意若有求於青原白鷺之間者。問其故，不答。居無何，上書致爲臣。寄予詩曰："乞身明主非充隱，垂釣清溪不在魚。"察先生志，雅堅其歸，而欲就之業甚大。會播州亂，攻破綦江，疆埸大駭。黔邇播，無備兵策，亟請授公節鉞。予謂公處時與裴晉公淮蔡事相似，誼不宜宿於家，遲公再疏不入。無何，公起家開府於黔，蓋前後浹歲。先生里居，日治安輿，奉觴爲太公壽，暇則假尺寸修討論之業，要以因時立事、因事立言，總之不出於家，而遠於汙漫雕鏤之指，題曰《家草》。予惟先生轍跡滿方輿，所至結撰，流布人間，各有志。迺予讀《家草》，如序《己易》微而顯，敍《世譜》法而核，敍贈送誦而箴。蓋總其大言者、小言者，並以賅得失之林，極文質之會，斯亦所謂性情學術，淪浹而輻輳者邪？先生起泰和入黔，予里居，客有造予問者，予唯唯否否，而以先生難播事邪？先生少欲明先王之道，恥爲虛談，固已駿獵神皋，圓鑒區域。即伏軾結靮三十年，要以無所不咨，蓋鼓掌之間，有元昊久矣。西南險塞之故，此無異家人之數聚落而討器用也。播足以難先生耶？吾儕讀公草，當不更端且翹首，讀公露布。居無何，播平。予嘗誦叔孫穆子之言，而心疑之。夫古人之所謂不朽者，離之而三，合之而一者也。予無足以定先生文，竊有望於定先生者，宜略採其性命條奏之言爲一編當著述，山川人物之志爲一編當訓釋，別簡其贈答祝誄之類爲一編當詞賦。昔人亦言乘一總萬，斯亦先生之定論邪？嘻嘻，此可與知者道也。

　　徐督學序略：來儀總角受書，習海内諸大家語，業已奉泰和郭公爲玄茂云。於時問津經義，曾未涉歷乎詞源，而西面望洋，庶幾乎旦暮之矣。越三十春秋，屠維之歲，聖天子命公握大中丞節填黔，來儀幸得執斑管之役，趨風下史。時方有軍務，不敢以文事請。由是縱觀我公式遏之略，赤手扶乾，光靈炳曜，彼戎王鹿駭，直須折箠制之。一或負嵎，即移師撻伐，而舉若承蜩也者。儻所謂社稷之勳非耶？而後乃今知經國大業，殊非僅僅雕蟲士所能辦哉。居無何，樽俎之暇，公親授一編，視來儀曰：“此吾《家草》也。子其序之，以明吾志。”顧來儀愚儒無知，安所當於持論？猥以西河之託不朽者,區區願爲嚆矢耳。受而卒業,凡百二十六篇,則皆古文辭也,名理盡在是矣。觀其揭生生爲性,指血肉非心,辨爲善去惡非格物,而良知之義愈顯,此其大較著者也。至於敬止枌榆,嬰情泉石,如建公一傳,盡然天性之極思,江中丞一札,蓬廬中已制夜郎王之死命,至於今卒用之也。是惟無作,有作必準諸周秦;是惟無詠,有詠必歸諸風雅。豈非弸中彪外,鑿鑿乎有道之言也耶? 即令六一比肩,文成方駕,彼猶將三舍避之矣。

黔草三十七卷

巡撫貴州十載所作,半平播奏疏,半雜文,名曰《黔草》。豐城徐大參節登、麥新丘太史禾實序。

丘太史序: 郭中丞車轍馬跡幾遍天下,而文因之。笥中草各以地名,而《黔草》最後成。《黔草》中詩文才十一,而奏疏、公移十九。丘生曰: 余讀中丞諸草,見公之貌;讀諸草中論學書,見公之神。乃今讀《黔草》,而後知公之貌之神之不可測也。夫文章家雕龍繡虎之業出,而理學二;理學家探玄索珠之鍵啓,而事功二。非自爲二也。好奇者浮,好修者泥,浮者矜己,泥者滯物。是以詞人往往有遺行,而儒者或斤斤守咫尺之義無所見,彼於所謂不二者,未數數然也。余觀中丞爲古文詞,意氣在秦漢上,顧其沉雄渾樸,爲鼎爲彝,又似三代間物,苔封蠹蝕,而精光不可磨滅。至其論學,多發抒所自得,不拘拘於門户。繹之如飲醍醐,令人神醉,如得水於諸,而取火於燧,無其形而有其實。蓋知公無意鉛槧,而徒以緒餘發之。顧其用物弘而取精多,其能以古文辭爲鼎爲彝,則亦其萃九牧之金而成也。故以此謬謂見公之貌,而併見公神。乃公諸草成時，治有績才，見之簿書，功有成才，見之平世。所謂道隱於小成，言隱於榮華，未有若黔之役，一出而嘯風鞭雷，須臾底定者。自今觀《黔草》中，若奏疏，若公移，或出民於湯火，或玩敵於掌上，或倉皇而應一時之卒，或鄭重而周百年之防。算無遺籌，計不再慮，又何其以縫掖之思，斧藻之業，談笑而當虜也？意者公好奇而不爲浮，好修而不爲泥，操不二之精，而禦無窮之變，故於黔若承蜩然。噫！此余所稱讀《黔草》而後知公之貌之神之不可測也。抑余有感焉。公師廬山，而廬山淵源姚江。夫姚江理學文章無論，顧其試於贛而贛平，試於濠而濠執，試於思田而思田服。彼所謂仁者之勇哉！要亦有所以操之也。公既得其所操以爲黔，夫又何二焉？且如黔有文成，又安得不寧也？余異夫文成處困於龍場，公遇屯於播，而皆以亨。蓋文成他日訓諸生，必曰吾得力龍場最多。而公今日亦以黔名草，總之不忘吾黔也。何黔之有厚幸於兩公也？凡我黔人，請求文成集合中丞草爲聯璧，以光黔志，且代甘棠。

　　徐大參序：昔之論文者曰：奏疏宜雅，書論宜理，銘誄尚實，詩賦欲麗。之數者無論，僅僅擅一長，即使並臻其妙，然或從容翰墨之暇，或吟弄風月之辰，於以抽思掞藻，雲蒸霞爛，無難夫□誓師之詞，指麾變三軍之色，露布之文，鋪張壯四方之觀。而況籌運帷幄之中，勝決千里之外，倥傯干戈之際，雍容禮樂之談，斯不亦難乎其爲文哉？故梁武之移魏，立成於裴子野，桓温之征鮮卑，倚馬於袁宏。自昔辭命之工，類假書記之手，未有身親軍旅而手披《詩》《書》者，誠難之也。若今日郭相奎氏，則又有難之難者。蓋一時三大役，西哱東倭而播最黠，同事三大省，左楚右蜀而黔獨弱。夫以弱力當勍敵，時事無艱於此者。聖天子方螫南顧，簡相奎氏授之斧越[二]，而倚以掃犁之寄。藉第令拮据足食之計，以不隕武功，亦已難之，而況能修文事乎？乃今取所爲《黔草》讀之，則見其光焰萬丈，金薤琳瑯，如入錦繡萬花中，接應不暇。其奏疏之忠讜似陸宣公，其策論之才識似賈太傅，銘若陳後山之有法度，誄若韓昌黎之多情思，而詩之探囊嘔心，於李長吉不啻似之。此皆夫人之所擅長於平時者，而公獨得之於有事之日。至若告諭儆巴蜀之文，誓命凜商周之體，而奏凱露布，即于公異所爲收復京邑，能使德宗聽之而感泣者，無以加焉。則又夫人所假手於人者，而公獨親自揮灑而有餘。且所指授方略，控險扼要，如身所嘗經，料敵制變，若持券取責，一一符契不少爽。卒之巢覆種殲，克奏蕩平之績，蓋所謂有用文章也夫。以時若彼，爲文若此，自非其養之素豫，而挾之素弘，安能神閒氣定於臨戎之際，以辦此哉？予每謂儒者之學不明，致令儒者之用不著。居嘗□於談性命，一旦當艱危之寄，輒束手縮胸無措。此腐儒耳。世袛知孔子揖讓壇坫之上，一言而起萊三千，而不知其請具左右司馬以從，則備禦預也。子貢一出而存魯、亂齊、破吳、強晉、霸越，人知其爲説之力，而不知不使回，不使由，而獨以賜，則任用得也。相奎氏蓋學孔子者。予觀其平居嘗蒿目而爲婺婦之憂，則取天下事籌畫之，人材區別之，其胸中若有成算然者。豈倚辦於臨時已哉？予讀其制敵策，至所云“推誠絕交，俾酋所恃以自固者，無一不爲我用，而我所以困酋者，無一不因酋以爲用”，則歎曰：神哉，善用間者也。此所謂廟算勝乎？及讀其善後議，有謂“今日之立紀綱，安漢夷，當圖萬年堅永之策，不當爲目前□□之計者”，則又歎曰：忠哉，爲國謀也。非所謂計久遠者乎？孔子云：“有文事者，必有武備，有武事者，必有文備。”相奎之於文武，蓋兼之也。其庶幾乎儒者之用，而善學孔子者哉？黔故古鬼方地，前有諸葛武侯，南人憎天威，不敢復反；後有王文成公講學龍場，能化夷俗之陋。二公皆儒者作用，至今照耀裔方。相奎氏有武侯之功，而又不讓《出師》二表，有文成之學，而化寧少遜於何陋之居□。他日《傳習錄》之序，予當執筆以竢。

養草七卷

自黔歸養作也。名曰《養草》。

苦草六卷

歸養未幾，遭先司馬公之慼，苦由所作，名曰《苦草》。自序，序刻於《傳草》。

傳草二十四卷

釋先司馬公服時年七十，老而傳也。所作名曰《傳草》。自序，序刻於《傳草》。

疾慧編上下二卷

疾慧者何？人有德慧，恒存疢疾。予拊黔十載，亡日不疢疾，繇疾生慧，僅窺一班，隨意筆之，故曰疾慧。分上下二卷，自爲序，序刻在《黔草》。同年管子登志道序略：吾友郭子相奎督師平播之後，遺我《疾慧編》兩卷，使序之。疾慧云者，志此編之出，自兵荒疢疾中也。編中首揭悟修止敬，次剖君子中庸，又次敷格物本末之義，以及不學不慮之知能，相近相遠之性習，盡性忍性之淵旨，存心放心之微幾，用舍行藏之欛柄，崇效卑法之匙鑰，舜孔生而知、學而知之關鍵，孔孟畏大人、藐大人之幾希，聖祖續道統之直接堯舜、取天下之遠軼漢唐，一一若寫我心曲中事。而筆端之變化出没，旨甚遠而辭甚文，正程伯子之所謂《西銘》吾亦見得，但無子厚筆力者也。

書目下

蠔衣生外集共五百九十□卷
聖旨日記五卷

子章歷官奏疏共一百三十五疏，奉旨者録其旨集之，自爲序。序刻在《黔草》。

聖門人物志十二卷　重校聖門人物志仍十二卷

予掌憲晉中，已遷楚藩司右丞，南樂魏見泉中丞留予集此書，一月而成。予自序，馮宗伯琦序，刻於晉中。中多未庀，歸田後稍暇重校之，名曰《重校聖門人物志》。予復序之，屬刻於建寧知府門人羅文寶，文寶序。

馮宗伯序：《聖門人物志》者，魏中丞意，而郭憲使所緝也。凡游聖門與私淑而得從祀者，皆人傳其略，而贊以詞。其志博，其裁衷，逾兩月而告成，問序於余。余讀史，至仲尼弟子傳，何其略也！稍可考見者三十五人，其餘名藉耳。彼以爲未睹厥容貌則論言，其言大略皆出《魯論》，非《魯論》而傳者，其事不雅馴。《人物志》乃出二千載後，其人若斯，而言與事若旷列也。彼專據孔氏古文，而此編兼採百家衆氏，執百家衆氏之餘文，爲孔氏紀載，十不得五。然離百家衆氏，而以臆意之，十不得一。夫其過而廢之也，寧過而存之，矧其未必過[二]也。吾以爲史紀簡，不如爲《人物志》詳。史所據孔氏，未必孔氏也。孔氏弟子藉，豈其諸弟子皆略，而獨端木氏詳？此非端木氏，而託端木氏以附於孔氏者也。是詳與略兩失之也。百家衆氏豈無託而附於孔氏者？然而皆尊孔子者也。今人而未識其高曾者，見其所與游，亟問焉。得一語一事，必謹識之。此百家衆氏者，或及與聖賢同時，或後之而猶得聞其風烈，此亦學士大夫所宜亟問而謹識之者也。是編也，凡傳聖人之學，祀於其庭者，盡在是矣。登其堂，思其人，其人亡，而言與事存，千百世而知其解者，旦暮遇之也。士希賢聖，必從是編始。後之學者，其無忘中丞憲使公之勤。

官釋十卷

以我明官制爲題，而釋其名義也。作《官釋》。自序，序刻於《傳草》。

豫章書一百二十六卷

總目共一百二十六卷。內大記二十卷，志二十八卷，表十卷，事紀二卷，列傳六十六卷。大記、志、表、事紀、列傳俱有自序，序刻於《黔草》。

廣豫章郡邑記十卷

此亦《豫章書》之一種，而漳浦陳大參公一洙序而刻之。陳公序略：夫括地之書，作者代有。然才有所及，而識不必究，藻有所騈，而實不必副，均無當也。今公所選述，始之以圖，而山川如列眉矣；繼之以沿革，而累代如貫珠矣；終之以表志圖説，而十三郡之風土如指掌矣。其他户口賦税之畢書，兵屯驛遞之必詳，無不本舊志而廣之。識足究才，實足副藻，一開卷而形勝風俗，瞭然於心目間矣。

廣豫章災祥記六卷

此亦《豫章書》之一種，而甬東丁中丞公繼嗣序而刻之。丁公序略：《廣豫章災祥志》者何？豫章災祥郡邑故有志，大中丞泰和青螺郭公廣而輯之也。中丞横經絳帳，搦管詞壇，爲世儒宗。至其談象緯、風角、妖祥、災眚之故，則超覽如陸，廣蓄如帑，不爽錙銖。及視師貴竹，值播夷甚張，疏十數上，請兵益餉，召諸材官健兒，習枹鼓之事，若無暇於操觚者之爲。乃自其行間，倣劉氏《五行志》，以豫章災祥分隷而志之，約爲卷者六，以畀余。余唯天人之際，其故難言矣。《洪範》九疇，於五行不言用，皇極不言數，其用徧，其數不可盡也。貌木、言金、視水、聽火、思土，五者本不蒙，惟人以根合之，以極主之，故能於其中横見有事。如衣摇空得風，氣呵物得水，想大□而熱，思巨浸而寒。凡有妖祥，均我之自致。兆龜數著，聖人契之五行，無不應者，非徒應之也，蓋將有其事焉。方今祝融煽殃，陵谷易位，太白或以經天，蝗蟲或以被野。所謂天不言，以行與事示之者，可以三不足之説進乎？此中丞所爲思，而志是編也。

豫章詩話六卷

姑胥張給事公鼎思序。序略云：青螺先生伻來自黔，以《黔草》見寄。先生宦轍所至，必有撰著。《黔草》者，則今撫黔中諸作也。又以未刻《豫章詩話》見寄，且屬一言弁其端。余自愧款啓寡聞，而可授簡先生邪？則念當播酋之匪茹，而逆我王師也，三省騷然，而黔更無備。朝廷推轂先生，由閩伯往撫，而膺鈇鉞之命。夫以兵食兩虛之地如黔者，而抗雄張之寇，謂當目不交睫，衣不解帶，猶將弗及是懼。乃先生乘雲騁風，坐帷帳而鞭撻之，方略指授，折衝無前，不數月而累百年逋誅之酋，一朝授首，俘孚梟俊，蕩掃巢穴，若撥虋。而事有當聞於朝者，有當移於鄰境者，有當檄於屬國者，有當昭告於鬼神者，口占手揮，文不加點，若馳駿。而又用其餘晷，以游息於篇章。凡登臨、讌集、感遇，靡不有紀有咏。凡有叩而請者，靡不有應，不少遜於楚、於越、於閩蜀時。而至於《詩話》一編，雖未必盡出於黔，然而成於黔也。夫子謂有武事者必有文備，此豈特緩帶橫槊者儔哉？《詩話》而曰豫章者，其人豫章之人也，不然則其與也，不然則宦而遊，過而登覽者，豫章之山川也。網羅見聞，拱柙今古，運之以卓識眇論，而一於詩乎發焉。大都人是先而詞次之，或累牘而未卒，或數言而已殫，靡不具有指歸焉。余諷之再過，竊謂此非徒說詩也者，蓋詩史也。

續豫章詩話十二卷

予既作《豫章詩話》，張憲長刻於豫章矣。久而續之，又十二卷，乃分爲三十八類，际前倍徙焉。

豫章雜記六卷

《豫章書》《豫章詩話》《續詩話》識其大者，《豫章雜記》識其小者。以其龐雜不馴雅，故曰《雜記》。

吉志補二十五卷

《吉志》刻矣，曰補者，亡者補之，略者詳之，誤者證之也。志首《星土志補》，次《藝文志補》《科第志補》《明列卿年表補》《王侯傳補》《宦政傳補》《鄉賢傳補》《理學傳補》《忠節傳補》《文苑傳補》《隱逸傳補》《流寓傳補》《列女傳補》《雜傳補》，《考誤》終焉。共二十五卷。自序，序刻在《黔草》。

白下記四十卷

此即《泰和縣志》，曰《白下記》者，泰和故名白下也。書凡四十卷，首《大紀》，次《名碩傳》《大臣傳》《理學傳》《忠臣傳》《孝友傳》《儒林傳》《文苑傳》《棲逸傳》《義惠傳》《寓士傳》，皆鄉賢也。又次《帝王傳》《宦賢傳》《死事傳》，皆宦蹟也。又次《方外傳》，附寺觀庵廟。又次《輿圖志》，自一都起，至七十都，皆載焉。又次《藝文志》上下。又次《薦辟表》。又次《科貢表》終焉，共四十卷。予自序，序刻在《黔草》。

郡縣釋名三十卷

以明省直郡縣爲題，而釋其名義也。自序刻於各省直，俱有小序。大中丞王大蒙先生合刻於豫章而序之。序曰：夫有物必有名，有名必有義。成湯問夏棘曰："古初有物乎？"夏棘曰："古初無物，今烏得物？"蓋自卑高陳而物群分矣，蒼蒼者何物耶？名之曰天。於是定爲三辰，爲五經二十八緯，則名。茫茫者何物耶？名之曰地。於是別爲五嶽四瀆，爲十二州，爲千八百國，則名。狌狌蠢蠢者何物耶？名之曰人。於是界爲夷夏，繫以姓氏族類，則名。此皆智刱無前，獨開渾沌，而彼蒼蒼者，茫茫者，狌狌蠢蠢者，範圍其中而不過，曲成而不遺。《易》曰："后以裁成天地之道，輔相天地之宜，以左右民。"此之謂也。郡縣非古也。郡縣之名不自秦始，比物取類，天文地理人事之紀備焉。是豈名一草木、一鳥獸，斤斤爲經生博洽資者哉？禮莫備於《周官》，姬公用之以致太平，而紫陽朱子謂從廣大心中流出，則郡縣可推矣。大司馬青螺郭公於墳典記乘百家諸説無不考，於天人性命禮樂經制無不究，東西南北唯天子命，於三吳、閩、越、晋、楚、蜀、黔無不仕，孜孜矻矻於在公在疚，觀風登覽問政問俗無不學。從黔歸養，繼而離倚廬，以一編示。佐啓視之，則江省郡縣釋名云。讀之卒業，佐孋然曰：此經世書也。獨江省爾，不詠不徧，不足以備大觀，請得全帙。梓行十之八矣，餘五省直方脱藁。佐並取而字句比櫛之，再四往返，正其亥豕，補其缺逸，謀諸左伯麻城李君、觀察桐鄉沈君，覆訂而付之梓人。夫封建之不能不易而爲郡縣也，勢也。郡縣之不能復爲封建，亦勢也。子張問十世，夫子謂殷因於夏，周因於殷，雖百世可知。封建必不可復，此將歷之元會運世而不變焉。宗子家相，冀登三五，不離密勿，而進九垓八埏於几席。匹夫壯天子之獻，不出户而知天下。公所云猶賢於多識鳥獸草木，毋乃公自道歟？三皇之世，若存若亡，六合之外，存而不論。羅長源作《路史》，始自初三皇，訖於疏仡，豈不創未有之觀？然多令人遊無懷葛天之域，而恍惚無之。論治者法後王，孰若闡明時制，爲天下萬世法？而況開闢以來，文爲損益，神化宜民，原無乎不備也。佐不能窺司馬一班，姑表而出之，以俟經世者，勿作釋名觀，斯知公之深者矣。

古今郡國名類四卷

以古今郡國名，分天時、地理、人倫、卦名、宮室、珍寶、五色、花木、數目、器用、通用、禽獸、夷狄，爲十三類，共四卷。自序，序刻在《傳草》。

黔記六十卷

貴州故有通志，然尚未庀。予搜括古今遺典，作《黔記》，共六十卷。内大記二卷，志二十五卷，表五卷，紀一卷，列傳二十六卷，夷論二卷。麥新丘太史禾實、都勻陳給事尚象序。

丘序曰：今天下開府置官屬之地十有三，而黔最後。黔非特後也，藉黔之入，不足以當中土一大郡，又漢夷錯居，而夷倍莲焉。以此宇内往往少黔。其官於黔者，或不欲至，至則意旦夕代去，固無怪其然。乃士生其間，或亦謬自陋，通藉後往往藉其先世故里，視黔若將浼焉。余居嘗每嘆之嗟，謂黔不足治乎？是越不章甫，而蜀不雅化也。謂黔不足興乎？是陳良不產於楚，而由余不生於戎也。有是哉？第地之重人也以山川，而人之重地也以文獻。黔入國朝，始爲冠帶之國，文獻闕焉，地奈何得重？余間考鄉先輩，非無崛起於時者，旋就湮没。載稽、故府牒及列郡乘，俱散漫磨滅不可讀，有無乘者。夫其湮没也，豈非無以表章之？而其散漫磨滅且無乘也，又豈非黔士大夫之過也？余不佞，嘗讀郡志，而有志焉。自以學闇典墳，捃羅未廣，懼爲山川羞。乃今有郭中丞青螺公《黔記》也。中丞讀書盡天下，其記黔也，直取兵於武庫，不勞更鑄。第中丞自平播以來，拮据戎馬兵食間，宜無餘力。而游翰所染，輒至充棟。余曾不聞杜元凱平吳，裴中立平淮，有所論著也。且中丞望重中書久矣，獨不意旦夕代去邪？余觀《大事記》，黔之故實犖然指掌，雖黔人不諗也。至讀《賢宦傳》，見鄉先輩一二典刑，爛然如昨，而身或不知。又如《宣慰傳》中所載昂兄弟詩，蔚然風雅，想見其人。土流有此，何論華族？而《黔記》未成時，輒併湮没。由此以譚，未嘗表章之，不可謂無獻，則未嘗修之，固不可謂無文也。中丞所爲詩文，在在殺青，而其肆筆爲史，則黔獨著。中丞豈亦有意爲黔文邪？書成，紙貴海内，士與寓目焉。由此必有樂至其地，以紹中丞之業者。若黔土既發醢雞之覆，其亦將得寶於家，而不暇外索乎？此非《黔記》，誰啓之也？《記》今自重天下，不藉余爲玄晏。第余樂桑梓文獻有歸，且見君子之有益於人國如此，因紀其實而序之。若文之工不工，自是黔驢之技，所不計也。

陳序曰：大中丞郭公撫余黔之癸卯歲，出所著《黔記》示。昔子欲居九夷，《魯論》紀其答問之語，炳如日星。正德中，文成王公官龍場署中，書有《何陋軒記》。今翰墨淋漓壁間，似若神物護持之者。嗟！孔子所云九夷，豈必即羅施之區？先生兹記，毋亦爲鄙夷余黔者廣乎？以今睹青螺先生《黔記》，益可念也。嘗觀名山大川，載在圖經，宇内寥廓昭曠之士，恨不旦暮遇。乃退陬僻壤，豈無一丘一壑，爲造化所含奇者？即輶軒過之，不肯經覽。人情貴耳賤目，貴近賤遠，大抵然也。夫黔畍中土，亦何以異此？且黔自我明建藩來，不二百餘年乎？二祖之所創造，累朝之所覆育，皇祖與皇上之所觀文成化，亦既等之雄藩矣。民鼓舞於恬熙，士涵詠於《詩》《書》，亦既彬彬質有其文矣。第遊譚之士，尚往往以其意輕[四]之。

又士大夫聞除目一下，輒厭薄不欲往。此寧獨以邊徼故，抑或以文獻尠少，興起爲難？故雖千載下，猶未離於或人之見耳。乃今有中丞公《黔記》矣。其文[五]與獻可考鏡矣。余黔人，何敢侈譚黔事？試即記中所載，則理學、文章、忠孝、節義種種具備，何其盛也？豪傑之士，丁時奮樹，如所稱二三君子，褎然名世，何其偉也？又如名公巨卿之所經略，遷客碩儒之所講明，勛華增天地之光，道德作譽髦之式，抑何造物之有意於黔也？由斯以譚，則今日之黔，孰與曩昔乎？士亦何必徒以耳食邪？今夫天地之元氣，愈漸漬則愈精華，國家之文治，愈薰蒸則愈彪炳。而是精華彪炳者，得發抒於蓋代之手。其人重，則其地與之俱重，黔蓋兼而有之。貴山富水與龍山龍場，行且有聞於天下萬世矣。世有寥廓昭曠之士，亦必於黔乎神往矣。非公兹記，其疇與張之？在昔賦三都、兩京者，一出而貴洛陽之紙價，膾士林之口吻。然或感時諷諫，或折衷群言，且皆成於十年。視公投戈染翰，刻燭賦詩，備一代之典章，垂千秋之信史，其遲速輕重，固天淵矣。記成，當與黔並永，不特海內番然改觀，固知孔子何陋之言，與陽明先生名軒之意，俱得公而益信也。象不揣固陋，附言末簡，豈惟無能發公表章之意，抑亦恐爲斯記之羞。公儻謂其爲黔産也，而載其言，以存汙樽土缶之一端邪。

黔類十八卷

予居黔，類古人逸事共十八卷。分天部、時部、行部、地部、人部、倫部、情部、閨部、禮部、樂部、官部、治部、兵部、譽部、刺部、文部、讀部、身部、諺部、服部、食部、器部、寶部、室部、釋部、玄部、醫部、神部、夢部、藝部、荒部、夷部、草部、禽獸部、禽部、獸部、蟲

部、魚部、化部。安居門人周柱、史達刻於金陵。予自序，序刻於
《黔草》。

黔小志二卷

上卷山川黔産，下卷滇黔本草。滇南馬少參燁如刻於黔而序
之。序略：右司馬郭公異才天挺，於學無所不窺，宦轍所至，而晉、
而楚、而蜀、而越、而閩，皆以文章德業，彪炳一時。凡一咳一唾，人
争奇而藏之，不啻木難火齊之寶於衆也。比撫黔垂十稔，轍跡幾徧
夜郎。舉山川風物之奇之異，靡不醉之心目、習之風謠，且見之經
綸也。則以其宏且鉅者，筆之爲《黔草》，爲《黔記》。其於安攘大
概、忠孝大節，豈不燦然備載乎？兹復以其緒餘土苴，出而爲《小
志》。夫《小志》云者，無亦類稗家之卮言，僅爲譚藪資哉？而非也。
其稱名也小，其取類也大。按志中所載，姑無論銀汞丹砂，啓二酉
之秘，蓮僧寶藏，現西竺之珍。即如三男之表人瑞，三始之破天荒，
率皆和協感孚，精神昭格，神尸而天應焉。夫豈細故哉？又如佳山
勝水，異卉祥葩，皆《山海經》之所未載，志草木者之所未賅也。又
如本草樂[六]目，炎帝或未之嘗。以至結草之夢，走陰之談，幾於怪
矣。齊諧倘亦未志乎？夫以公一代偉人，千秋鴻筆，黔之山川風
物，待以標表，若益增而奇且異焉，則是志洵非小也。

黔臺校藝録二卷

予在黔平播後，進諸生孝廉講學，間及時藝。又四方門人送舉
子業文來質正者，選而刻之，名曰《黔臺校藝録》。自序，序刻在《黔
草》。教黔士之爲舉子業也。

城書四卷

予入黔征播，賊裏攻城，爲城守作也。刻於黔，分給將士。自序，序刻在《黔草》。後滇有武定之叛，滇周柱史懋相再刻於滇而序之，又再刻於吉州守備府，湖西吳觀察正志序。序曰：《博物志》推本作城，强者攻，弱者守。夫攻城者，逼則臨衝，紆則隧道。或高高，或下下，惟力是視，惟恐不克，固知非强者勿能辦也。若守則有險可憑，而且以主待客，以逸待勞，但使備禦足賴，何慮乎乘堙，何憂乎闞地？不得已而至於易子析骸，則病甚矣。然苟上下戮力，猶可以免城下之盟，而況其他乎？故善守者，誠講求乎備禦之術，强固可，弱亦可，特恃陋而狎敵不可耳。郭大司馬委身從事，亦既獨賢，水西一役，蓋嘗身親旗鼓，與將士共周旋於魚麗鵝鸛之間，而因攻思守，每飯不忘雉堞。故所著《城書》，規則以盡常，機宜以盡變，與夫整整其器械，詻詻其號令，皆鑿鑿可行。一日，出以示予。予謂未雨綢繆之計，豈獨邊徼所當留意，凡有兵戎之寄者，皆當置一册於座右。遂命萬安營白守備重付剞劂，令湖西將吏按策而預圖之，即遇流寇，不能爲害，則公之嘉惠桑梓大矣。

利器解二卷

予征播，彙集諸家火器作也。刻於黔，自序，序刻在《黔草》。再刻於吉州守備府，湖西吳觀察正志序。序曰：孫武子論火攻，厥義有五，總其大歸，不過按方遵時，乘順風而縱之，使彼步伍自亂、蓄積自空而已。其末籠火箭頭，飛墜營中，即今火器類。而古不盡用，乃邇來遏敵取勝，舍此則其術無繇，固知祝融氏靈秘，經千餘年而始大泄也。郭相奎司馬德稟陽精，胸羅武庫，所著《利器解》一書，皆曲盡用火之妙。而又博詢異人，兼采外國，故其制度精奇，迥絕今古。蓋嘗用之羅施，經百戰而百不挫，而又欲移以禦虜。夫虜之來也，其矢如飛雨，其騎如飄風，我軍當之，無不立敗。所恃火器紛紜，有以制其死命，而尤幸引火諸具，皆産東南，北虜不得而有之。此正天之所以私中國也。而我不能善用其私，以遏敵而取勝，將使匈奴得志而過陰山，笑中國用火攻，故出下策。司馬聞之，當爲氣短。然匈奴無過自跳樑，邊境多事，中國且相司馬矣。

四賢潮語四卷

　　子章自序。四賢者何？韓公愈、蘇公軾、文公天祥、王公思也。韓、文、王三公寓潮語潮，蘇公寓惠語潮也。古今寓潮、惠者多矣，寧獨四公？寓潮、惠語者亦多矣，寧獨四公？賢不必文，文不必賢，而文則四公也。四公之文亦富矣，棄其全而堇堇潮語，何也？孔子在魯曰魯論，在齊曰齊論；孟子作七篇，在梁曰梁，在滕曰滕；《左氏春秋外傳》晉語、越語等類，皆是例也。不必其全也。或曰：韓、蘇之文，文、王之忠，若是班乎？非也。易其地爲之，其辨王庭湊、志范滂者，可文可王也。讀制策、讀獵虎疏，可韓可蘇也。幸則文，不幸則忠，其爲百代殊絕人物一也。嗟乎，是其風於潮者遠也。婆娑海水，簸弄明月，斌斌鄒魯矣。蔡迪功死梅，馬寨正死潮，炳炳忠義矣，則四公之烈也。余與韓、蘇同宦其地，而文、王余鄉先也。舊國舊邑，望之暢然，矧其人也，見見聞聞者也。是子章所爲刻《潮語》也。

潮中雜記十二卷

　　子章自序略：《潮州郡志》，予先伯大父春震守潮時集而刻之，今四十餘年矣。比予來潮，博士叔與京手而授之，曰："是書先人筆削稍嚴，其故頗略。春秋彌曠，子其卒之。"子章敬諾。入潮三月，校士於簾，已入覲於燕，逾年始還潮。目昧簿書，手桎朱墨，舌敝狂狂，腰折逢迎。朝而堂皇以罷其肢，夕而床第以焦其思。髮毵毵，齒搖搖矣。年餘，日稍陳，始修博士叔語，下令搜十邑之故而來其籍。至，貯之於篋，堇堇耳。聞之人言，多備規軸，減溜大成，備不多則成不大。又搜之山穴殘碑、故族半編。久之篋盈，解之曰：是可以志矣。稍次之，已事七八，後事二三，不大增於先志，始歇其役。無何，而予持三年牘入奏矣。又計之，儳而場，儳而覯，黜陟去留，不可前識。迴际篋中，紙猶雞肋然。遂雜次其略，凡通志、前志載者不書，書其逸者、新者若干卷，命之曰《潮中雜記》，而託之剞劂。

儀瓜志十卷

南京工部故有榷司在儀真，兼榷瓜州。子章承乏，輯榷事而志之。今司久裁，板存故署。

蕪關則例志二卷

予督榷蕪湖抽分時作也。自序，序刻在《留草》，志板在蕪湖分司。

六語六卷

六語一曰諺語，二曰謠語，三曰讖語，四曰譏語，五曰諧語，六曰隱語，總名曰六語。每一語自序，共六序。序刻於《黔草》。門人顧柱史造、張柱史養正刻於金陵。

老子集解上下二卷

古今解老，自《韓非子》以下，不下百種。予取其當於予心者集之，名曰《老子集解》。上下二卷，自序，序刻於《傳草》。門人謝柱史正蒙刻於維揚。

兩浙由票便覽十一卷

是全浙十一郡之由票也。刻於杭州督糧道署中。子章自序略曰：國家租賦倚辦吳越，法令修明，無敢增羨多入，而借分毫銖釐絲忽之細，以眩愚民之視聽而漁其利，往往而是。當事者創為由票，大之計億事、材兆物、收經入、行姤極，細之積微隙、遊積麥、指節毫、分縷析，所以惠恤元元甚渥。猶慮不家喻也，刻石國門。猶慮夫石一而民千億也，給赫蹄里正，以轉告閭閻。法具矣。不佞承乏司會，入武林，士大夫問票者比比，不佞茫無以應。稽之故，謂司會一手足，不足以覈十一郡之煩挐，而十一郡之奸胥多湛浮其數，莫可方物。乃分而覈之，守巡郡國，輒以其票聽守巡覈。而司會者遂為駢枝，盈縮不以聞，輸逋不以告。不佞大懼。漢文帝問周勃天下錢穀一歲出入幾何，勃謝不知，陳平對曰："有主者。"唐崔仁師遷度支，口陳移用費數千名，詔杜正倫持簿使對唱，無一謬。有如上詔吏持簿而問主者，子章敢謝不知而謬對乎？乃以其事請之撫臺傅公、巡臺黃公，二公交是之，令郡縣歲上票一聽守巡覈，上票一於司會，以稽盈縮而責輸逋。令既具，不佞復惟之國門之石，果不足告人人，里正匿赫蹄，不轉告納戶，則亡或乎士大夫之罔聞，而齊庶之苦無訴也。於是令郡縣分刻之，而彙其木於署。郡以分授其鄉之士大夫，縣以分給窮陬，而當年之科頭臨期以布。庶幾分毫銖釐絲忽之間，彼得按籍而稽，持籌而算。而蠚蠆蛊蛣之毒，亦因之少息乎。

潮州府季考録四卷

自序略：予來守潮，校官諸生有教矣，會文社學有約矣。及校士韓山，刻其文序之矣。大都引之誦法韓子，進之孔子，而要之立誠。辟之橡，登之黍，而歸之敦實。顧未合郡邑諸生都試之也，及今試之矣，尊令甲也。且刻其文若干篇。

賭誡二卷

自序略：潮故無博，起於二三豪家，浸淫成俗。嘉靖間，倭奴入寇，山賊内訌，民救死扶傷不贍，毋暇博。隆、萬以來，竟内稍敉定，又以制錢壅滯，遂競出錢賭，名曰蓋寶，即古掩錢意。至於今，填閭巷，蔽市井矣。識者稱盜往往從博徒起，余憂焉，爰集古今博事，釐爲上下二篇。起大明律，至左祥復，凡五十九條，皆聖賢屬博禁語。下篇起井公，至樗蒲經，凡六十四條，皆愚不肖罹博禍語。命之曰《賭誡》，而刻之郡中。

韓山校士録三卷

自序略：萬曆癸未秋月，予偕二三僚友蒼梧何君敢復、石門梅君鷥、滇南王君用賓，聚諸文學諸生，講業韓山之陽。日亭午，振衣山椒，求志所稱韓木不可得。予惟魯檜秦松，今尚蓊蔚，豈唐之植而潮獨遺？稍倦，坐翠微，父老折木枝，并進其實。予執眎之，橡也。以眎三君，三君曰："橡也。橡凡植在在著地，潮人何神其名曰韓木，且韓子奚取焉？"父老曰："不然。潮無橡，橡始韓子。韓植橡兹山，移其種之佗山，不橡也，故名曰韓木。木華於春，簇簇附枝如桃，邦人以卜科第興衰。"予反復惟之，物莫病於華而無其實者，夫諸士文亦若是矣。氣靡鴻漸，言必鵬運，假珍玉樹，而顛墜鬼神，華也。曠而不溢，奢而無玷，有實而無乎處，有長而無乎本，剽文之橡也。韓子植橡，百千年後，猶稱曰韓木。予植士，士稍改柯易葉，十年不中橡，廿年不中屋，百千年後，不曰郭士羞乎，而焉用文之。諸文學諸生湛思，若有深省。予與三君取其文，四分校之，約曰：最其橡者[七]，殿其非橡者。進之則周之蓮、曾之棗也，又進之則孔之黍也。嗟乎！夫使予登黍矣，又毋論橡矣。

夢徵錄十八卷

集古今夢語夢事而類分之，爲十八部。一敍夢，二天文，三地理，四時令，五人倫，六科第，七文史，八草木，九飲食，十珍寶，十一身體，十二衣服，十三宮寶[八]，十四器用，十五仙什[九]，十六鬼神，十七魚龍，十八鳥獸。共十八卷。

蜀餘錄十卷

自序略：昔之評蜀士者曰：蜀士文章乃其餘事。而先嚴君平等爲第一儔，則蜀固自有其鉅者。予安得佗其餘，爲諸士赤志乎？因彙刻試卷，而題之曰《蜀餘錄》。令四方觀者知爲坤維，諸士之餘也。嗟嗟，寧獨蜀士？子言之："行有餘力，則以學文。"道故如是。

書程彙編六卷

自序略：予入蜀，未都試諸生。已校官縣令上月試季試課，始讀之，意氣駿爽，神色馥采，蔚然可掬。徐味之，各師成心，茫亡根據，雖抒巧意，危敗亦多。匪獨文也，字畫布白，偏側鹵莽，頭瘠尾肥，左縮右伸。乃於學約中讀[一〇]書書法二章，諄諄矣。又懼書亡日程，字闇始音，猶然弊也。乃裒輯何信陽先生《學約書程》，程思勉先生《分年日程》，王氏柏先生《正始之音》，而四書、《小學》《孝經》字稍難辨者，備爲音釋。間折其三言四言者，類爲蒙訓，總名之曰《書程彙編》。共六卷，刻之成都。

聖諭鄉約録二卷

自序略：萬曆丁亥，四方郡國奏水旱。上宵旰焦慮之至，召輔臣煖閣，議賑恤。令頒海宇，於是豫章都御史魏公上封事，其一曰得士召和之本，土蓬累時，在明德義，明德義無如行鄉約，講習高皇帝聖諭六事。上下其議宗伯，宗伯沈公議，魏都御史言是。上復下其議各省直令，督學官勤率郡縣有司，著圖説，編俚語，俾閭巷士民易遵循。子章承乏三川，懼亡以稱上意指，乃首刻聖諭六條，次三原王尚書注先師胡廬山先生疏，并律條勸戒爲一卷，次朱文公增定藍田呂氏鄉約爲一卷，敬書今上俞魏沈二公疏，冠於篇首，題曰《聖諭鄉約録》。

鹽井圖説一卷

自序略：予讀杜詩“負鹽出井此溪女”，意蜀鹽井猶夫往來井井者。及入蜀，臨井視之，大謬不然。古井百一，竹井十九。竹井者，形大如竹，堇可容竹也。其鑿之甚艱，其入之甚深，其汲之甚苦。至於鐵釬、漕釬、刮筒、吞筒等制，纖悉具備。竊意古先聖人，創此以活西氓。不然，蜀距海遠，安所得鹽而食之？予過射洪，同馬令明衡三問竈丁井匠，頗得其詳，顧命岳諭方記之。岳諭前爲圖，後記其事，末言苦在竈丁，利入商囊，徵輸告急，勢多流徙，則庶幾仁人言哉。

四書頗解四卷

四書俱有解，以不盡解，故曰《頗解》。有四小序，刻在《晋草》。

經書類解十四卷

集四書五經諸家之解，當於經書之旨者，從其類續之，名曰《類解》。共十四卷。

童蒙初告六卷

自序略：予舞象時，先王父方伯公授予《蒙求》《千文》及《明心寶鑑》諸書。予白首夢寐不能諼，王荊公所謂先人之言爲主是也。比壯遊四方，讀歸德吕天理翁《小兒語》，忻然當於予心。顧多北音，南兒未甚解。已入黔，夜郎皮林既平，蘭錡之隙，乃以先王父所授書及《小兒語》，并友人鄒爾瞻、來矣鮮所寄書與詩之切近者，分類輯之，以教黔中兒，名曰《童蒙初告》。首孝弟，至內則，共四十九條。門人陳廬陵令圭刻於吉州。

泉志八卷

泉，錢也。類古今錢法而集之，名曰《泉志》。

瀒論六卷

貴陽太守吳來庭集予諸論而刻之，共六卷，予自序，刻於《黔草》，名曰《瀒論》。泉一見一否曰瀒。吳序曰：郭司馬公論鍥成，來庭問名，得瀒。始義略以終對，尚未悉具材神妙，復爲之跋曰：夫泉有五德，其仁淖弱以清，好灑人惡；其精視黑而白；其正量之不概，至滿而止；其義唯無不流，至平而止；其卑人皆赴高，己獨赴下。故道室王器存焉，五量宗之，五色質之，五味中之，萬物準之，神哉泉乎！公《瀒論》數百萬言，談經義時政、人物史事，直發千古所未發，至仁至精，至正至義。猶曰以其否者受彈射，是卑之象也。惟卑故虛，惟虛故神，神則與水合德，豈但揮戈八極、游刃千秋，如淵泉足以洗濯黔士，即化天下。水一則人心正，水清則民心易，蕩滌八紘，固瀒之樞所由以根苑者耳。公德行、文章、事業汪瀒如水，來庭日飲江河，故敢因序瀒者而并贅之。

眉壽五封録八卷

子章自序略：家大人以萬曆壬寅孟秋壽躋八裹，先是，辛丑冬十月，主上冊立東宮，詔京官三品以上，得封贈祖父，於是家大人以封左布政使改封都察院右副都御史。蓋自貤恩以來，至是五封云。於是哀集綸誥及諸大夫壽篇，合而刻之，名曰《眉壽五封録》。

眉壽六封録八卷

子章自序：萬曆壬寅，家大人年八十，以今上立東朝，覃恩封都察院右副都御史。是時家大人膺封誥五矣。予師申少師翁題其卷曰眉壽五封，既成帙，刻爲録八卷。越三載乙巳，以子章平播功，

晋封資政大夫、右都御史兼兵部右侍郎，蓋六封云。太宰蔡見蘢先
生、太史黄慎軒先生，俱大書"眉壽六封"字，自吳蜀見遺。於是諸
學士大夫疊詠聯篇，子章乃命兒陵臨二公手書於簡端，首刻誥命，
次奏疏旨意，次部咨，又次文若干篇，詩若干首，名曰《眉壽六封
録》。嘻！子章羈萬里外，七歷春秋，乞身乞罷不俞，乞養不俞，未
能飛入玉關，趣就子舍，爲老親浣厠牏。乃邀絲綸於主上，邀珠璣
於師友，而壽之梓，庶幾贖不孝皋萬之一云耳。

師中家慶集二卷

孔太序曰：王父年八十有一，以主上册立東朝，覃恩受五封，
爲副都御史。又明年，以家大人平播功，受六封，爲右都御史兼兵
部右侍郎。申少師翁題册曰眉壽六封，諸學士大夫詠歌之，家大人
次第爲集，付之剞劂矣。太史董公思白書來壽册，如命題字。顧環
衛殊錫，比於分茅，四字中當並見之，更擬曰"師中家慶"。昔人以
壽親爲拜家慶，而師與家人皆卦名也。容賦拙詩，附以不朽。家大
人敬諾，命不肖太以師中家慶名集，勾南中學士大夫更詠歌之。既
成帙，太記得家大人李建州時，王父年五十，初受封，曾王父贈中
丞。公在堂，建州趙進士秉忠題一册，曰汾陽家慶，自爲序，序汾陽
王多壽多男，而以父五州刺史公不禄爲汾陽恨，且羨家大人重慶。
是時家大人以文學初起家，何敢比汾陽，而趙公以爲比擬，制敕中
又有"國恩有赫，家慶彌昌"句，與趙公語合。更三十年，而有夜郎
之役。家大人與李少保、江司馬二公同事，二公皆以奪情竣役，而
王父始督家大人戰有勝爲功臣、否爲忠臣語。賊平，家大人乞養，
有經理未竣、無以家爲語。比聖天子殊恩六錫，王父實躬承之，則

董公所云師中家慶良然，而趙公曩所云汾陽家慶似爲之兆也。又家大人未釋褐時，王父病，病母夫人侍藥倦，夢之帝所，親聞帝命王父頻封等語。豈非莫莫者宰之，故前定耶？太史公命題，卷卷以《易》之師與家人爲言。師中天寵，主恩渥矣。家人之《彖》曰："父父、子子、兄兄、弟弟而家道正，正家而天下定。"先兄建鄉試出董公門，太兄弟私淑有年，太史公屬望予家父子兄弟之意，豈淺哉，豈淺哉？

賜養恩紀七卷

卷一聖旨四道，卷二奏疏，卷三尺牘，卷四贈文，卷五、卷六、卷七贈詩，共七卷。

敬哀録十卷

章自序略：不孝孤自萬曆丁未乞養，皇上俞孤請，歸養十月，不幸至於大故。几筵之祭，菹醢之獻，勿勿饗之，惡敢不敬。第犬馬齒踰六望七，不能盡哀，悵愴稍暇，乃著先君年譜一卷。又句狀、句銘、句傳、神道碑於大人長者，集之共若干卷，所以寫哀也。已復草疏，乞恤於皇上，上予之祭，并及先慈，予葬具四百金。孤集聖旨諭祭文爲一卷，公移奏疏爲一卷。外而僚友屬吏門生，內而宗黨姻黨，俱有奠詞挽章，集之共若干卷，所以抒敬也。總名之曰《敬哀録》。孤豈敢自謂知禮，聊以逭聖門不仁之誅耳。

旌懿録二卷

《旌懿録》爲先蕭夫人作也。制曰："雖慈儀云邈，而華問具存，宜錫懋綸,以旌淑懿。"故曰旌懿。乃彙石角塘志銘碑銘、獅山十景詩而總刻之,共二卷。晋靖安王題於首。

枝幹釋七卷

自序略:予歸田多暇,集《枝幹釋》。首列古今支干統論,次枝幹原始,次甲子會紀,次雜纂,次詩話,次姓名終焉。即不敢謂正《論衡》丙寅之疑,亦庶幾免"三豕渡河"之謬云。

年歲紀十卷

年歲紀總論一卷,自彌月至八十、九十、百歲、千歲、萬歲九卷,共十卷。自序,序刻在《傳草》。

古蹟考六卷

自序。序曰:宇内古蹟多矣。有名亡實者,如黃金臺、滕王閣、化劍閣、黃鶴樓之類是也。有名亡實而僞飾可疑者,如老柏機石,皆後人爲之,非其實也;有名有實而轉徙亡常,如傳國璽、博古圖、彝鼎是也;有名有實而常存者,如周宣石鼓、孔子庭檜、旌陽鐵柱、武夷瓦缸、房山石經之類是也。予作宇内古蹟考,凡亡者、轉徙者不書,獨存其疑者,書其實者,共若干條,分直隷十三省,共六卷。

痘書四卷

專爲稀痘治痘言也。自序,序刻在《傳草》。原有《稀痘方論》,刻於金陵杭州。今總名《痘書》,虔州李別駕若素刻於虔。

人形志六卷

合古今人物奇形異相而類集之也。名曰《人形志》，共六卷。

大明三藏聖教目録二卷

子章既建忠孝寺，而請大藏經，經至，故有經目二卷，求觀者紛紛，恐其觸汙，故刻經目二卷而自序之。序刻在《傳草》。

名馬記上下二卷

予集古今名馬爲二卷而自序之。序云：韓退之曰："千里馬常有，伯樂不常有。"予不謂然。馬之千里，人之聖也。攬轡舒節，凌雲光螭，歷塊過都，瞬息八極者，千里馬也。智籠二儀，才擅萬物，見本知末，觀指睹歸者，聖人也。如曰"千里馬常有，伯樂不常有"，是云聖人常有，識聖人者不常有也。千里一士，百世一聖，聖人果常有乎？知聖人則知馬矣。周穆王時，天子主車，則造父爲御，太丙爲右，柏天主車，則參伯爲御，奔戎爲右，董得八駿。東漢之末，善相馬者，有西河子輿。子輿傳西河儀長孺，長孺傳茂陵丁君都，君都傳成紀楊子阿，子阿傳馬伏波文淵。然猶鼓銅鑄馬，未睹實驥。由是言之，伯樂千里馬孰爲常有？子曰："不患人之不己知，患其不能。"夫馬何患伯樂之不知哉？患不千里耳。於是采古今名馬，爲記二卷。上卷自伏義至宋，皆帝王公侯所馭者，得八十八條。下卷據傳記所載者，得十有七條。刻於杭，陳眉公復收入《秘笈》，刻於吳。

名劍記上下二卷

予集古今名劍爲二卷，刻於杭。李大將軍承勛續而刻之，爲之引曰：《説文》云：“劍者，檢也。所以防檢非常也。”故士君子佩之，不斯須去身。曼倩必櫑具見暴直指者，有以夫。矧古豪傑按劍叱咤，辟易萬人，作其驍勇之氣，以爭雄長，又弗能闚璠玞之屬焉。《名馬記》輯自泰和郭司馬，已刻浙紫薇署中。不佞時承乏浙闈，幸得攬觀，因謬綴數語末簡。兹《名劍記》，編輯與《名馬記》相埒，似宜并傳，以勘英雄壯氣。故解橐中奉遺刻之，既告成事，敢敍簡端，以紀歲月。陳眉公復收入《秘笈》，刻於吳。

校定天玉經六注十卷

《天玉經》，楊筠松公書也。元明之際，泰和歐陽二明始傳其書，深明其理，以遺子孫，子孫昌大，天玉始著。予家故藏二注，又得歐陽二注，近得豐城本一注，山東本一注，名曰《天玉六注》，而自序之。序刻在《傳草》。

阿育王寺志十卷

阿育王志[一]在明州，即今寧波府也。予爲輯其山志而序之。序略：兒陵以萬曆壬子赴試留都，乃先渡錢塘，踰鄞嶺，覲阿育王寺真身舍利。一入殿堂，如善財之升彌勒樓閣，無着之登竹林精舍。已禮舍利，獲睹種種祥瑞，宿種既萌，法雨復潤，未發者發，已發者增長。即於塔前發弘誓，願施旃檀寶龕一座，鏤刻精緻，復施種種供具，兼爲勸募，修葺殿塔，重新先朝御製扁額。是時舍利殿住持理公，通名理，諳教相，勘徒衆精焚修，莊嚴净土於是焉賴。理公嘗有意山志，乃持是編示陵。陵歸，復持是編進余。余因倣《普陀山志》，條以義類，立爲十門，門説四偈，令各爲一卷。譌者正之，缺者補之。若高僧則尋《傳燈録》補之以傳，删取機緣爲宗門提唱。使後之作者隨類編入，無續集之勞。蓋將以舍利爲如來，衆製爲説法，余偈爲注脚。如《華嚴》之塵説、依説、正説，主伴重重，無非華藏莊嚴。不亦鄮山三佛地一盛事乎？

牛禁編五卷

予自序略：予類集古今牛戒、牛報、牛經，共五卷。首大明律例、會典，次群書牛戒，又次生牛善報，又次屠牛惡報，又次大藏牛經，名曰《牛禁編》。江西參政鄔公鳴雷刻於湖西而爲之序。序曰：凡物皆不可殺，而牛爲甚。牛，順物也。犁耙之功，至能粒我蒸民。牛又犉物也，屠宰之利，尤能寔緐盜賊。故盜不戢，則良善何以安生；牛不禁，則攘竊胡由息焰。嗚呼！此郭大司馬《牛禁編》之所由作也。司馬仁心爲質，滿腔惻隱。近益崇信金僊氏之教，不殺生，不茹葷，勤修精進，即山中苦行僧不過。故凡肖翹蠕動之物，有觸於中，必庸乎情。其所以利養生全者，不獨一牛也。而惟牛是禁，何居？夫亦謂爲治有術，弭亂有方。養馬者去其害馬，計莫如禦盜，而清流者必先澄源，又莫如禁牛。豫章固瘠區也，民之所恃以活者，獨有買犢而耕，暴背而耘，而不肖者恒耽耽焉。試觀今之潛蹤如鬼，鼓刀以屠者，有一非牛之以？又觀今之桎梏滿庭，日煩刑書者，有一非盜牛之以？始而濫觴，終而滔天，甚且瞋目語難，矯命雄行，豈代之性則然哉？無乃居上者無善教以化導於先，而徒恃嚴刑以救弊於後，是理亂絲而禁之也，亦何益之與有？故是編首律令以示王制之當遵，次群書以示古戒之當守，又次報應俾知因果之決不爽，而以大藏牛經終焉,亦見諸佛所説,斷無虛妄,仁人君子,留心相術,蓋重牛若斯之至也。噫嘻!民可使由,不可使知,此其終身爲行不著、習不察之民也。故釋氏慈悲法,使人知,以輔儒術之不逮。讀是編者,誠惕然知殺牛之禍如彼,又躍然知全牛之福若此,必將父勉其子,兄勸其弟,牛永其年,代若其性,上無煩刑,下皆樂業,熙熙乎太平盛治,將躬遇之矣。豈曰小補之哉? 則謂司馬此編,仁覆天下可也。遂壽諸梓以公之。

先天九曜圖一卷

此五星書也。天有十一曜,日月二曜,金、木、水、火、土五行,羅、計、炁、孛四餘也。今除日月,止存五行四餘,故曰九曜。以六十年一輪,便於日者查五星耳。予自序。序刻於《黔草》。

四十二章經輯注四卷

《佛説四十二章經》者,佛因事誡約勸諸弟子,成四十二章也。經者,梵語云修多羅,此云爲經。經訓常也,常者言其真常不易之法也。刻板存忠孝寺。

(《傳草》卷一六至一七,《四庫全書存目叢書》集部第一五六册)

【校勘記】

[一]　發其:原稿不清,據《晋草》卷首黄廷綬《晋草敍》補。

[二]　越:疑當作"鉞"。

[三]　過:原稿不清,據《聖門人物志》卷首馮琦《聖門人物志序》補。

[四]　輕:原稿不清,據《黔記》卷首陳尚象《黔記序》補。

［五］　文：原稿不清，據《黔記》卷首陳尚象《黔記序》補。

［六］　樂：疑當作“藥”。

［七］　者：原稿不清，據《粵草》卷一《韓山校士録序》補。

［八］　寶：疑當作“室”。

［九］　什：疑當作“釋”。

［一〇］　讀：原稿不清，據《蜀草》卷一《書程彙編序》補。

［一一］　志：疑當作“寺”。

附録五:《太平萬年書》所載《郭氏易解》九説

天文説

賁之《象》曰:"觀乎天文,以察時變。"傳曰:"仰以觀於天文。"天道隱而難測,可見莫如文;天文遠而難究,可考莫如書。今之論天體者,不過蓋天渾天二家。《隋天文志》曰:"顓帝造渾儀,黄帝爲蓋天。此二器者,皆古之所制,特傳説者失其用耳。"漢世談天者,推揚雄、蔡邕,邕所謂周髀者,即蓋天之説也。其本庖羲氏立周天曆度,其所傳則周公受於殷商,周人志之,故曰周髀。髀,股也。股者,表也。其言天似蓋笠,地法覆槃,天地各中高外下,北極之下爲天地之中,其地最高,而滂沱四隤,三光隱映,以爲晝夜。天中高於外衡冬至日之所在六萬里,北極下地高於外衡下地亦六萬里,外衡高於北極下地二萬里。天地隆高相從,日去地常八萬里,日麗天而平轉,分冬夏之間日前行道爲七衡六間,每衡周經里數,各依算術,用句股重差推晷影極游,以爲遠近之數,皆得於表股,故曰周髀。邕於朔方上書,言宣夜之學,絶無師法,周髀術數具存,考驗天狀,多所違失,惟渾天近得其情。今史官候臺所用銅儀,則其法也。蓋曰"多違",渾曰"得情",蔡之學主渾矣。揚雄《法言》:"或問渾天,曰:'洛下閎營之,鮮于妄人度之,耿壽昌象之,幾乎幾乎,莫之能違也.'請問蓋天,曰:'蓋哉蓋哉,應難未幾也.'"渾曰"幾",蓋曰"未幾",揚之學主渾矣.《書》"在璇璣玉衡以齊七政",蔡元定注有覆盆卵黄之喻,則元定之學亦主渾矣.而未有合渾蓋爲一者.張行成曰:"蓋天之學,惟唐一行知其與渾天不異.蓋天之法如繪像,止得其半,渾天之法如塑像,能得其全.堯之曆象,蓋天法也.舜之璣衡,渾天法也.渾天密於蓋天,創意者尚畧,述作者愈詳."則合渾蓋而一之者.唯孔子、邵子似主蓋天.孔子之言曰:"日月得天而能久照."又曰:"日月麗乎天."又曰:"懸象著明莫大乎日月."《中庸》曰:"今夫天,斯昭昭之多,及其無窮,日月星辰繫焉."曰"得",曰"麗",曰"懸",曰"繫",未聞有一日一周之説,乃蓋天之旨也.堯夫曰:"天圓而地方,天南高而北下,是以望之如倚蓋然.地東南下,西北高,是以東南多水,西北多山也.天覆地,地載天,天地相函,故天上有地,地下有天."又曰:"天以理可盡,而不可以形盡.渾天之術以形盡天,可乎?"明是蓋而非渾者.又曰:"天依乎地,地附乎天.天依形,地附氣.其形也有涯,其氣也無涯."則渾天以形蓋天之非,益可見矣.至明,高帝嘗與群臣論天與日月五星之行.翰林傅藻、典籍黄麟、考功丞郭傳等,皆以蔡氏左旋之説對.帝曰:"二十八宿,經也,附天體而不動.日月星辰,緯乎天者也.朕嘗於天氣清爽之夜,指一宿爲主,太陰居是宿之西,相去丈許,盡一夜,則太陰漸過而東矣.由此觀之,則是右旋.此曆家亦嘗論之.蔡氏謂爲左旋,此則儒家之説,爾等不析而論之,豈所謂格物致知之學乎?"後鑄渾天儀成,自是渾儀大行,而蓋天之説益微矣.甚矣夫天文之未易言也.若非今日西士之專天學,微妙精察,順天求合者,其孰能與於此哉? 然愚猶以爲孔曰無窮,邵曰無涯,形而

上者謂之道也。擬之爲蓋，擬之爲渾，形而下者謂之器也。形上爲
道，則無窮無涯，而博厚高明悠久之説合；形下爲器，若蓋若渾，匪
高非明，匪博匪厚，而惡足以盡天之義耶？故不若兩存之，以孔邵
之説窮理，以蓋渾之形推曆，庶幾有合天學諸先生之旨云。

地理説

傳曰："俯以察於地理。"又曰："庖羲氏俯則觀法於地。"理，性
命之理也。立地之道曰柔與剛，知柔知剛，所謂察於地理也。法，
則也。坤之厚，艮之止，坎之平，泰之交，皆法也。觀坤而厚德載
物，觀艮而思不出位，觀坎而不失其信，觀泰而裁成輔相，以左右
民，皆所以觀法於地也。地理之大者，莫大於《夏書・禹貢》，至於
九州攸同，四隩既宅，九山刊旅，九川滌源，九澤既陂，四海會同，東
漸於海，西被流沙，朔南暨聲教，訖於四海。萬世言治水制賦之方，
無踰此書。禹之察於地理何其神！其次則禹所著《山海經》，晉參
軍郭璞所注者。總其所以乖，鼓之於一響；成其所以變，混之於一
象。精氣混淆，自相瀆薄，遊魂靈怪，觸象而構。萬世語閎誕迂奇
之物，無踰此書。郭之察於地理何其奇！又其次則《周禮・地官》，
惟王建國，辨方正位，體國經野，設官分職，以爲民極。乃立地官司
徒，使率其屬而掌邦教，以佐王安擾邦國。以天下土地之圖，周知
九州之地域，廣輪之數，辨其山林、川澤、丘陵、墳衍、原隰之名物，
而辨其邦國都鄙之數，制其畿疆而溝封之，設其社稷之壇而樹之田
主。萬世語土會、土宜、土圭之濾，無踰此書。周公之察於地理何
其弘！又其次則桑欽所撰《水經》，羅并四際，總勒一典，凡所引天
下之水百三十有七，酈道元注所引書目百六十有九。錯陳舊纂，以

備參鈎，派盡科條，以罄脉衍。萬世語天一五發之妙，無踰此書。
欽之察於地理者何其詳！又其次則太史公所著《河渠書》，班氏所
著兩漢《地理志》《郡國志》。采獲舊聞，考跡《詩》《書》，推表山川，
以綴《禹貢》。萬世言郡縣本末之故，無踰此書。遷、固之察於地理
何其周！古今地理諸書充棟，而其大者不過此六種。《易》所云"察
於地理"，能外是邪？語其小者，則今堪輿術家，亦名地理。雖云妄
誕，頗關至理。《公劉》之詩曰："既景乃岡，相其陰陽。"《定之方中》
詩曰："景山與京，降觀于桑。卜云其吉，終焉允臧。"此相宅之説
也。《洛誥》之書曰："予惟乙卯朝至于洛師，我卜河朔黎水，我乃卜
澗水東、瀍水西，惟洛食。我又卜瀍水東，亦惟洛食。伻來以圖及
獻卜，王拜手稽首曰：'公不敢不敬天之休，來相宅，其作周匹休。'"
此卜都邑之説也。樗里章臺，滕公佳城，景純龍耳，陶公牛眠，此相
墓之説也。故郭氏有《葬經》，楊氏有《青囊經》《天玉經》《九星倒杖
經》，許亮有《太華經》，廖金精有《泄天機經》，張子微有《玉髓經》，
顧乃德有《天機會元集》。堪輿諸書，充棟汗牛，雖皆未必盡驗，然
亦可謂察於地理之小者。而自漢晋至今，上自天子園陵，下至士庶
墳隴，顯究六吉，微察五行，似亦不得均置之於不講也。再考《周
禮·塚人》，天子之陵屬焉，以次而兆。大喪宗伯治方中，及窆宗伯
爲上相，使墓大夫達於天下萬姓，皆知送死之有禮。則塚墓之説，
又其來久矣。

太極説

或問：人言太極者理，陰陽者氣，當初元無一物，只有此理，便
會動而生陽、静而生陰。此不可解之語。以理論太極，則太極之理

分爲陰陽之理；以氣論太極，則太極之氣分爲陰陽之氣。今謂理生氣，似理爲父，氣爲子，吾不知也。又問：周子曰："無極而太極。"謂太極無矣。傳曰："易有太極。"謂太極有矣。陸子執傳文以議周子，鵝湖之辨，紛紛至今不息，何以説也？愚意曰：理氣本無先後，有理即有氣，有氣即有理，未聞理生氣也。陰陽皆有動靜。夫乾其靜也專，其動也直，是以大生。夫坤其靜也翕，其動也闢，是以廣生。未聞太極動而生陽、靜而生陰也。"易有太極"，有非有無之有也。易即"夫易何爲"之易，"易有太極"即"易有聖人之道四焉"之有、"易有四象"之有也。陸子執此，以明太極之有，以駁周子之無，是泥於有也。第周子於太極之上，加以無極，是泥於無也。朱子曰："易者陰陽之變，太極者其理也。"是泥於理也。不若邵子之言曰"道爲太極""心爲太極"爲妥，又曰"太極一也""太極性也"爲精。而伯溫之説又曰："太極者，有物之先，本已混成，有物之後，本無虧損。"蓋得之庭訓，發爲至論，聖人復起，無以易斯言矣。雖然，其原出於《老子》與《中庸》也。《老子》曰："有物混成，在天地先。"詎非《易注》所謂帝者天之主宰乎？故邵子曰："太極，天之性也。"《中庸》曰："其爲物不貳，則其生物不測。"邵子又曰："太極一也。"明薛文清瑄曰："格物只是格個性。性者，天命也，即太極也。"是太極也，謂之天可也，謂之性可也，謂之道可也，謂之心可也，謂之一可也，謂之中可也，謂之物可也。故格物者格此太極，而後謂之真格物；致中者致此太極，而後謂之真致中；知天者知此太極，而後謂之真知天；得一者得此太極，而後謂之真得一；明道者明此太極，而後謂之真明道；洗心者洗此太極，而後謂之真洗心；知性者知此太極，而後謂之真知性。故老子、邵子之言，庶幾亦有合於文清之説。然則求太極者,當求之於寂然不動之時,喜怒哀樂未發之頃。是乎否耶? 敬請求質於今日天學諸先生之高明者。

帝出乎震説

蘇子曰:"'帝出乎震'一節,古有是説。'萬物出乎震'至'妙萬物而爲言',是孔子從而釋之也。曰: 是萬物之盛衰於四時之間者也。皆其自然,莫或使之,而謂之帝者,萬物之中,有妙於物者焉,此其神也,而謂之帝云爾者。"即注所謂帝者天之主宰也。但愚按:以"帝出乎震"爲古文,以"萬物出乎震"爲釋詞,則於"故曰"字有着落。以八卦爲萬物之盛衰終始,而以神爲妙萬物,則於"帝"字有着落。此蘇子精於《易》也。後儒以"神也者"二句屬下節,便不妙物。至於成始成終,是宇宙間一大生死也。神妙萬物,則無始無終,不生不死,故曰神。

河圖洛書説

《大傳》曰:"河出圖,洛出書,聖人則之。"則之以作《易》也。《易》作於羲皇,則圖書皆出羲時,不應以圖屬羲,以書屬禹,又不應作《易》之内,益以作疇也。宋儒乃曰:"則河圖者虛其中,則洛書者總其實。"若然,則聖人則之,并以屬禹邪? 非孔子意矣。考之《正義》,《春秋緯》云:"河以通乾出天苞,洛以流坤吐地符。河龍圖發,洛龜書感。"未明著羲與禹也。《禮緯含文嘉》云:"伏羲德合上下,天應以鳥獸文章,地應以河圖洛書,則而象之,乃作八卦。"則圖書俱出於羲明甚。張行成曰:"先天圖外圓爲天,内方爲地。圓者河圖之數也,方者洛書之文也。《繫辭》曰:'聖人則之。'畫《易》之初,

蓋兼河洛之數,備方圓之理矣。惟變易之道,以天爲宗,大禹重衍
《洪範》,以地承天。"則書出於羲,禹不過重演之耳。然圖書亦非獨
羲時有也。《魏志》:"《易》博士淳于俊曰:包羲因燧皇之圖而制八
卦。"則燧人之河圖也。《河紀》:"堯時受河圖,龍銜赤文,綠色龍
形,象馬。"則唐堯之河圖也。《世紀》云:"黄帝遊洛水,見大魚,魚
流於海,得圖書。"則黄帝之洛書也。堯沈龜於洛,大龜負圖,則唐
堯之洛書也。《晋志》:"大禹觀河而受綠字。"則夏禹之河書也。誰
謂羲之時,圖書不並出耶? 又非獨上古帝王之世爲然也。魏青龍
四年,張掖川溢,寶石負圖,蒼質素章,麟鳳龜馬,煥煥成文,又有若
八卦列宿之象。晋大始三年,張掖太守焦勝言,氐池縣太柳莊有元
石一所,白晝成文。唐高祖時,北都獲瑞石,有文曰"李淵萬吉"。
貞觀十七年,涼州鴻池谷有十五,青質白文,成字八十八字。則圖
書之詳,或負於馬龜,或見於山石,即小康之時,亦間有之,而況於
帝王之世乎? 特聖人能則之以作《易》,後世徒目之爲瑞物耳矣。
乃歐陽子以河圖洛書爲怪妄之尤者,不亦宜乎?

幽明死生鬼神説（略,見《郭氏易解》卷十一《幽明死生鬼神論》）

通乎晝夜之道説上

愚讀《易》,至"通乎晝夜之道而知",微乎微乎! 既讀王文成
《傳習録》,門人問晝夜之道,答曰:"知晝則知夜。"蓋似孔子答季路
"未知生,焉知死"意同,引而不發,待學者自悟耳。嗟乎! 使晝與
夜辨於一明一晦邪,則何難知,而晝與夜之道,不盡於一晦一明邪?
談何容易。趙閲道晝之所爲,夜必焚香告天,宋儒晝卜諸妻子,夜

卜諸夢寐，密矣。而隔於天，隔於妻子，隔於夢寐，猶二之也，未通也。孟子云："日夜之所息，平旦之氣，其好惡與人相近也者幾希，而旦晝之所爲，又牿亡之。"無論牿之反復，即相近、幾希，猶二之也，未通也。文王繫乾九三爻辭"君子終日乾乾，夕惕若，厲无咎"，孔子《象》曰："終日乾乾，反復道也。"道即晝夜之道。乾乾反復，益密矣。而曰"厲"，曰"无咎"，猶未大通也。孔子云："逝者如斯，不舍晝夜。"此道在宇宙，無晝無夜，無始無終，無作無息。通也者，兼晝夜，合始終，聯作息，而一以貫之者也。夫道不可須臾離，可離非道，須臾離之則非通，無須臾離之則通。其文王不顯不已之純耶，其孔子不厭不倦之識耶？語通至是，即一日三省者非通，而仁爲己任，死而後已，猶已也，已非通也。即日月至焉者非通，而三月不違，三月之後猶違也，違非通也。何也？通晝夜而知其道，其神无方而易无體。子曰："知變化之道者，其知神之所爲乎？神也者，妙萬物而爲言者也。"孟子曰："聖而不可知之神。"其孰能與於此哉？古之聰明睿智、神武不殺者夫？

晝夜説下

晝夜一也，有近言之者，有遠言之者。近言之，一晦一明，一日之晝夜也；寒來暑往，一歲之晝夜也；一生一死，一身之晝夜也。遠言之，自開闢至今，古今之晝夜也。伏羲以前，不知幾混沌、幾開闢，終今以還，又不知幾混沌、幾開闢。若康節之以十二萬九千六百年爲一元，釋氏之以八千萬萬億百千八百萬歲爲一劫者，雖皆妄誕不經，然亦可以借喻無窮之晝夜也。一日之晝夜，必如黃帝居民上，搖搖恐夕不至朝，慄慄恐朝不及夕，如顏子一日克復，天下歸

仁，如孟子雞鳴而起，孳孳爲善，而始通。一歲之晝夜，必反復其
道，七日來復，見天地之心，會貞元之運，而始通。一身之晝夜，必
原始反終，朝聞夕可，而始通。古今之晝夜，必天地合德，日月合
明，鬼神合靈，四時合信，先天不違，後天奉時，而始通。無窮之晝
夜，必神以知來，知以藏往，大明終始，六位時成，時乘六龍以御天，
而始通。嗚呼，非天下之至神，其孰能與於此？而愚以爲邵、釋二
氏一元一劫之晝夜，安非亦一日之晝夜之積乎？以是無二晝夜也。
大明終始以御天，亦一日克己復禮之積也，無二通也。而惟吾孔子
足以當之。其曰“五十而知天命”，蓋通晝夜之道而知者也。而耳
順，而從心不踰矩，則無方無體，神易莫測之境也。若云“五十而知
天命”爲知天命之性，則四十年間不惑者何物耶？以孔子天縱之
聖，五十始知性，則下此者終無知性之期邪？管子登謂孔子知天
命，非知天命之性也，然乎否耶？

與天地相似故不違説（略，見《郭氏易解》卷十一《與天地相似》）

圖書在版編目(CIP)數據

郭氏易解 /（明）郭子章著；謝輝點校. —上海：
上海古籍出版社，2017.11
ISBN 978-7-5325-8591-5

Ⅰ.①郭⋯ Ⅱ.①郭⋯ ②謝⋯ Ⅲ.①《周易》—研
究 Ⅳ.①B221.5

中國版本圖書館 CIP 數據核字(2017)第 215095 號

郭 氏 易 解

[明] 郭子章 著

謝 輝 點校

上海古籍出版社 出版發行

（上海瑞金二路 272 號 郵政編碼 200020）

(1) 網址：www.guji.com.cn

(2) E-mail：gujil@guji.com.cn

(3) 易文網網址：www.ewen.co

啓東市人民印刷有限公司印刷

開本 890×1240 1/32 印張 10 插頁 2 字數 200,000
2017 年 11 月第 1 版 2017 年 11 月第 1 次印刷
印數 1—2,100

ISBN 978-7-5325-8591-5

B·1029 定價：38.00 元
如有質量問題,請與承印公司聯繫